中國學術思想 研究輯刊

十四編

林慶彰 主編

第4冊

世變中的經學：
王闓運《春秋》學思想研究

魏綵瑩 著

花木蘭文化出版社

國家圖書館出版品預行編目資料

世變中的經學：王闓運《春秋》學思想研究／魏綵瑩 著－－初
版 －－ 新北市：花木蘭文化出版社，2012〔民 101〕

目 2+192 面：19×26 公分

（中國學術思想研究輯刊 十四編：第 4 冊）

ISBN：978-986-322-014-5（精裝）

1. 王闓運　2. 春秋（經書）　3. 研究考訂

030.8　　　　　　　　　　　　　　　　　101015184

ISBN-978-986-322-014-5

9 789863 220145

中國學術思想研究輯刊

十四編　第 四 冊　　　　　　　ISBN：978-986-322-014-5

世變中的經學：王闓運《春秋》學思想研究

作　　　者　魏綵瑩
主　　　編　林慶彰
總 編 輯　杜潔祥
出　　　版　花木蘭文化出版社
發 行 所　花木蘭文化出版社
發 行 人　高小娟
聯絡地址　新北市永和區中正路五九五號七樓
　　　　　　電話：02-2923-1455／傳眞：02-2923-1452
網　　　址　http://www.huamulan.tw 信箱 sut81518@gmail.com
印　　　刷　普羅文化出版廣告事業
封面設計　劉開工作室
初　　　版　2012 年 9 月
定　　　價　十四編 34 冊（精裝）新台幣 56,000 元

世變中的經學：
王闓運《春秋》學思想研究

魏綵瑩　著

作者簡介

魏綵瑩，原名怡昱，台灣台中人。中國文化大學史學研究所碩士。目前為台灣師範大學歷史研究所博士候選人。研究與關注領域為晚清經學、近代學術與思想文化史。

提　　要

　　清末民初是中國思想界的大變局，一向懷抱「通經致用」的知識份子，不能自外於如此的局勢，而起回應。經學與政治是王闓運生命的關懷，他是一個傳統的知識份子，他堅定的相信傳統的經學可以淑世，經典的理想可以重新安排社會秩序。在衰亂之世，他於五經之中選擇了《春秋》作為撥亂的基點。這種理念，當然在相當程度上是受到清代《公羊》學的影響，王闓運對《春秋》的闡發，也以《公羊》學的思想為主。其實傳統的經學能否因應現實，在今天來看，這個答案已經不言可喻了，但是對當時一些傳統知識分子來講，他們不能相信古聖人的教誨會受到考驗，然而事實的衝擊，與他們心中的理想，卻又是差距甚遠，於是，他們認為經典本身沒有問題，出了問題的是後世的人對經典的理解，王闓運就是這樣的人物。他既認為後人不能真正理解孔子的《春秋》，因此，一切的注疏都不盡可靠，甚至傳經的傳文亦有瑕疵，因此他要返求《春秋》經文，探尋孔子的原意。雖然他有許多的理念，都是跟隨《公羊》學的說法，他在晚清時也是以治《公羊》學名家，但是在他的意識深層，並不是要以當一個傳承《公羊》學的學者為滿足，而是以一個孔子《春秋》的解讀者自居，這也是本論文題目何以不稱為「王闓運《公羊》學思想研究」，而要名為「王闓運《春秋》學思想研究」的最根本原因。而他返經的思想也相當程度的啟發了後來的廖平並於康有為，故王闓運在近代學術上乃具有關鍵性的地位。又王闓運在時局劇烈的變動中，思欲從傳統經典《春秋》中，向內作自我的反省，希望以《春秋》的理想，圖興中國，進一步和諧整個國際社會，這展現了「通經致用」的另一種面相，相較於其他晚清的《公羊》學者，自有其獨特風格之處。

目
次

第壹章　緒　論

第一節　研究動機與目的

　　王闓運是清末名士，也是一個享有盛名的學者，他的著作宏富，遍及經、史、子、集，但是經學與政治，是他畢生的關懷，在認識王闓運時，我們不能忽略了一個「經學家王闓運」的重要角色。

　　王闓運的經學，是晚清今文經學運動中的一環，錢基博在民國二十五年《中國現代文學史》第四版增訂識語之中特別指出，五十年來的疑古非聖之風，其發端在於湖南的王闓運。〔註1〕儘管王闓運在清末享有盛名，但是在現今的學術研究中，他仍是一個鮮少被注意的人物，而錢基博當初將他定位為疑古非聖這種學術思想界大風潮的開端人物，其真相如何，這也相當程度的引起了筆者欲對其學術一探究竟的動力。細究其著作，可以發現他在近代經學與思想發展上，具有特殊性與關鍵性，本文希冀透過對王闓運經學思想的釐清與了解，不但看到王闓運個人學術思想的特殊性，也可以對近代的中國思想發展有較深刻的認識。

　　再者，清末民初是中國思想界的大變局，一向懷抱「通經致用」的知識份子，不能自外於如此的局勢，而起回應。經學與政治是王闓運生命的關懷，他是一個傳統的知識份子，他堅定的相信傳統的經學可以淑世，經典的理想可以重新安排社會秩序。在衰亂之世，他於五經之中選擇了《春秋》作為撥亂的基點。這種理念，當然在相當程度上是受到清代《公羊》學的影響，王

〔註1〕錢基博，《中國現代文學史》（台北：文學出版，1965年9月），頁1。

闓運對《春秋》的闡發，也以《公羊》學的思想為主。其實傳統的經學能否因應現實，在今天來看，這個答案已經不言可喻了，但是對當時一些傳統知識份子來講，他們不能相信古聖人的教誨會受到考驗，然而事實的衝擊，與他們心中的理想，卻又是差距甚遠，於是，他們認為經典本身沒有問題，出了問題的是後世的人對經典的理解，王闓運就是這樣的人物，他既認為後人不能真正理解孔子的《春秋》，因此，一切的注疏都不盡可靠，甚至傳經的傳文亦有瑕疵，因此他要返求《春秋》經文，探尋孔子的原意。雖然他有許多的理念，都是跟隨《公羊》學的說法，他在晚清時也是以治《公羊》學名家，但是在他的意識深層，並不是要以當一個傳承公羊學的學者為滿足，而是以一個孔子《春秋》的解讀者自居，這也是本論文題目何以不稱為「王闓運《公羊》學思想研究」，而要名為「王闓運《春秋》學思想研究」的最根本原因。又王闓運在時局劇烈的變動中，思欲從傳統經典《春秋》中，向內作自我的反省，希望以《春秋》的理想，圖興中國，進一步和諧整個國際社會，這展現了「通經致用」的另一種面相，相較於其他晚清的《公羊》學者，自有其獨特風格之處。

第二節　研究範圍、方法與程序

一、研究範圍與方法

　　由於王闓運在清代今文學的系統中，較諸年代較前的學者，他不如劉逢祿、龔自珍、魏源等的受重視；較諸其後的學者，他也不如廖平、康有為等的學術地位已被肯定，因此王闓運的經學著作，未曾有人作過完善的年代考證和釐清，欲對其思想作一個有系統的探討，這是一個必要的準備工作。此論文側重於闡發王闓運春秋經學的精神和主旨，因此在史料的選擇上，以他的春秋學著作為主，主要有《穀梁申義》、《春秋公羊傳箋》、《春秋例表》（包括兩個版本）。這三書先前未有人作過專題的研究，尤其兩個版本的《春秋例表》，現今全台灣只有中央研究院傅斯年圖書館所藏的清代刊印之線裝書孤本，為了研究方便，也為了使史料能夠得到較廣泛的流傳與保存，筆者透過館際合作，申請付印一冊，藏於中國文化大學圖書館中。

　　本文研究範圍以王闓運春秋學的思想為對象，在史料上固然是以其春秋

學著作爲主，但是在他的日記、文集、友朋書信或是專著如《論語訓》之中，均有大量的資料表達其思想或是學思的歷程，這些都是不可忽視的重要一手史料。除了考察分析這些資料以顯現其內涵外，並博採其他相關可供參考的資料，經歸納可分爲以下幾類：

（一）傳記類

從《清史稿》、《清代樸學大師列傳》、《清代七百名人傳》、《王湘綺傳記資料》、《王湘綺評傳》，以及《清王湘綺先生闓運年譜》等書中，可以得知王闓運的家世、性格、志趣、出處、一生行跡、著作、門生等。

（二）《春秋》類

主要是以清代公羊學爲主。從《皇清經解》、《皇清經解續編》等書中，考察清代中葉以後興起的公羊學狀況，再探索王闓運受前人思想的影響，並比較他與其他公羊學者的不同之處，以見其特色。

另有專門的公羊學或是三傳方面的著述，與本文有關者，亦爲參考佐證之資料。如陳立的《公羊義疏》、陳柱的《公羊家哲學》、李新霖的《春秋公羊傳要義》、傅隸樸的《春秋三傳比義》等書，有助於筆者對《春秋》三傳奧義之基本理解，並進而剖析王闓運春秋學之深義。

（三）經學史及學術思想史類

從皮錫瑞的《經學歷史》、梁啓超的《清代學術概論》、錢穆的《中國近三百年學術史》、陸寶千的《清代思想史》、孫春在的《清末的公羊思想》等書，可以探知整個清代學術思想發展的概念，並從而探討王闓運在清代學術史上的地位。

（四）專題研究類

如吳月美的《王闓運觀世變》、吳明德的《王闓運及其詩研究》等書，雖然不是研究王闓運的春秋學專著，但是從中可汲取不少王闓運的思想，對研究其學術亦有啓發。

本文扣緊王闓運春秋學思想中一個相當重要的論題：《春秋》是「經」，具有恆常不變的性質，是聖人垂法於後世之書，因其具有恆常不變的真理性，故能作爲一個經世撥亂的大法。他春秋學思想的發揮，其實也是他對時局的回應。此外，對王闓運春秋學的研究，欲尋其特色與地位，也必須間接的旁及與清代其他公羊學者的比較。而王闓運春秋學思想與當日政治、社會現實的關係，以

及在清末學術上的意義與影響，也是李師朝津所再三提示的研究重點。

二、撰寫程序

本文撰寫的程序，第壹章是緒論，說明研究動機與目的，以及研究方法、資料來源與撰寫程序，並對前人關於王闓運的經學研究與評論作一個回顧。第貳章敘述王闓運的生平、經學著作與講學，重點放在對其經學著作的考證，以及他於尊經書院講學的重要性。第參章論清代的今文學與王闓運。王闓運的春秋學，是清代今文經學發展中的一環。王闓運的經學觀，有一個內在的根本理念，就是要通經致用，這種理念，表現在他對清代的漢宋學觀點之上。在他眼中，重考證的漢學與重義理的宋學都不足以致用，他的學術理路，傾向於致用性較強的今文經學傳統。但是在今文經學的傳統中，相較於其他的經師，王氏卻有他的獨特風格，這種風格是不措意於學術史今、古文之間的內部爭辯，而專意於通經致用理想的發揮，這從他的學術特質中可以看出來。第肆章接續著前一章，闡發其通經致用的理念。清末論通經致用的學者不乏其人，但是王闓運以經典致用的內涵，和其他講「經世」的學者，還是有很大的不同。王闓運心目中經典的理想，是向內作自我的反省，並以此淑世、安排社會秩序，使民風淳美，以此挽救頹靡的衰世，而不是向外求取國富兵強。五經之中，他獨崇《春秋》，是認為《春秋》旨在撥亂，可以作為亂世的致用大法，這又有一個根本的命題，就是《春秋》是一部可以永久垂法於後世的經書，這也是孔子為萬世制法概念的起源。這種理念，表現在他對《春秋》的認知，以及解經的方式之上，這也是他在清末的學術地位上有其關鍵之處。第伍章說明他對春秋學通則的建立，這是他將春秋學的撥亂理念，與實際的局勢作一個結合的發揮，他從中闡發如何以春秋學淑世，包括社會與國際秩序的安排。最後一章為結論，概括王闓運春秋學思想的評價，與本文問題之解決及努力的方向。

第三節　王闓運春秋學與經學研究的回顧

王闓運是一位具有研究價值的晚清經學家。但是歷來對王闓運學術的研究不僅數量少，而且也沒有一個特定的評論。王闓運既然在清末享有盛名，以治經名家，而在王闓運的年代，與他同時期的學者，以及後來的研究者，

對他的評論，似乎並不相同。筆者在此以學人的年代區分成三個時期，將前人對王氏學術上的評價作一番交代。在此補充說明的是，本論文雖以王闓運春秋學的思想爲主軸，不過前人對王氏的學術評價不盡然只針對春秋學，然其春秋學已包含於他的整個學術架構中，觀前人對他整個學術的評價，亦可包含其春秋學的特色。

一、第一時期的學人──以王闓運爲傳統經學殿軍

第一時期是略與王闓運同時期的學人，在此舉出三位較具代表性者，即皮錫瑞、葉德輝、廖平。在皮名振編著的皮錫瑞年譜，光緒十九年中有一段話：

> 十二月，得四川尊經課藝，知川學宗旨，大抵出於王壬秋先生。公云，王先生說《易》先通文理，不用象數爻辰，其旨亦本於焦里堂而推闡之；《詩》不主毛，亦非盡用三家；《春秋》兼用《公羊》、《穀梁》新義，間出前人之外；禮經尤精，說《易》說《詩》，皆以《禮》證之，故其說雖新而有據，異於宋明諸人，與予說經之旨相同，惟予不敢過求新異耳。〔註2〕

皮錫瑞的這一段話，對王闓運解經的特色，作了一個總評價。他說王氏說《易》先通文理，不用象數爻辰，這是本於焦循說《易》之旨而推闡的；說《詩》不主古文家的毛傳，但也非盡用今文的三家；《春秋》則用《公羊》與《穀梁》，其中的義理有許多不同於前人之處；說《禮》尤其卓越，並以《禮》的內容來證《易》、《詩》。所以其經說雖然新穎但是有根據，與宋明學人不同。〔註3〕這說出了王闓運說經的特質，不拘守前人的成說。

皮錫瑞在此時（光緒十九年十二月）提到「川學宗旨」，可以與《皮氏年譜》光緒十九年六月條的記載合看。《年譜》中說：「六月，文學士道希由京寄書論學，欲公不講常州及川學。公謂陽湖莊氏（莊存與）之學，嘗蹈宋人改經陋習，川學即廖季平一派，分別今古文，各自爲學，甚是，然多失之附會。」〔註4〕他說「川學」是廖平一派，缺點是失之附會。到了十二月，得到

〔註2〕皮名振，《清皮鹿門先生錫瑞年譜》（台北：台灣商務印書館，1978年），頁26～27。

〔註3〕皮錫瑞在《經學歷史》中，把宋朝經學稱爲「經學變古時代」，宋人不信注疏，因不信注疏而有了疑經、改經的情況。元、明人說經類似的情形很多，是宋朝傳下來的風氣。

〔註4〕皮名振，《清皮鹿門先生錫瑞年譜》，頁26。

了四川尊經書院的課藝，認為川學的宗旨大抵出於王闓運。可見皮錫瑞認為王闓運之學啓導了後來的川學。不過皮氏對王闓運說經的特色大體上是持肯定的態度，而且「其說雖新而有據」，沒有像後來的川學一樣流於附會，並說這樣的說經之旨與自己相同。這樣的評價算是很高的，只是他又說「惟予个敢過求新異耳。」則顯示皮錫瑞認為王闓運的經說似有過於新異之處。

湘籍學人葉德輝在〈與戴宣翹校官書〉中說：

> 劉申受之於《公羊》，陳恭甫之於《尚書大傳》，凌曉樓之於《春秋繁露》，宋于庭之於《論語》，漸為西京之學。魏默深、龔定盦、戴子高繼之，毅然破乾嘉之門面，自成一軍。今日恢劉、宋之統者，湘綺樓也。〔註5〕

葉德輝的評論，是針對王闓運的公羊學來立論的。他在〈與戴宣翹校官書〉中說，劉逢祿的公羊學，凌曙的研究《春秋繁露》、〔註6〕宋翔鳳的論語學，陳澧的《尚書大傳》出，今文經學逐漸的興起。葉氏接下來的這一段話則較難理解。他說：「魏默深、龔定盦、戴子高繼之，毅然破乾嘉之門面，自成一軍。今日恢劉、宋之統者，湘綺樓也。」蕭艾在《王湘綺評傳》中將這一段話解釋為王闓運是繼承了魏源、龔自珍的統緒加以發揚，是常州學派援引經義論政的後勁。但是若作如此的解釋，為何葉氏在說完魏源、龔自珍、戴望「自成一軍」之後，卻說王闓運是恢弘劉逢祿、宋翔鳳的統緒，而不說是恢弘魏源、龔自珍、戴望之統？筆者的看法是，葉德輝認為魏源、龔自珍、戴望的思想相較於劉、宋是較為急進的，因為《公羊》學到了龔、魏時期有了一個不小的轉折，即是援引《公羊》之義暢論時政，引出學習西方的「師夷」思想。葉德輝在晚清時期是一個保守思想的典型，〔註7〕不見得能欣賞這樣的論

〔註5〕 蘇輿輯，《翼教叢編》（台北：台聯國風出版社，民國59年），頁434。

〔註6〕 凌曙著有《春秋繁露注》。

〔註7〕 葉德輝，字奐份，一作煥彬，湖南湘潭人，生於清同治三年（1864），卒於民國十六年（1927）。葉德輝是中國近代史上具代表性的保守派。光緒二十三年（1897），湖南推行新政時，葉德輝因同王先謙（1842～1917）聯合反對新政而聲名大噪。光緒二十六年（1900），唐才常（1867～1900）在武漢發動自立軍起義失敗，葉德輝、王先謙二人在湖南協助湘撫俞廉三搜捕黨人。宣統二年（1910），長沙搶米風潮爆發，葉德輝居間運用群眾，以與維新派官僚角力。辛亥革命成功，葉德輝把復辟的夢想寄託在北洋軍閥的身上。民國四年（1915），擔任湖南教育會會長，尊孔讀經，並擔任「籌安會湖南分會」副會長，為袁世凱（1859～1916）的帝制野心效力。民國十三年（1924），葉德輝更三次致書章太炎（1869～1936），反對湘省

學風格，他認爲這樣的學說，已經歧出了當初劉逢祿、宋翔鳳的論學，所以今日能夠恢弘劉、宋的統緒者，反而是相較之下較爲平實的王闓運。

葉德輝又在〈答友人書〉中說：

> 近日無知之夫，乃欲依附康門，表章異學，似此無父無君之學，天下之人皆得而攻之。……考康有爲之學出於蜀人廖平，而廖平爲湘綺樓下弟子，淵源所自，咸有聞知，乃或因其流毒而轉咎湘人，則是李斯滅學，罪墮荀卿；莊生毀經，獄歸子夏，夫豈其然！三傳互有短長，前人論之詳矣。至以專門而論，湘綺樓實上接胡、董眞傳，觀其所爲傳箋，並不拘守任城之例，遺經獨抱，自有千秋。此鄙人至公至允之評，後世必有讀其書而知其人者。〔註8〕

保守的葉德輝反變法，反維新，對於康有爲之學多所批駁，康有爲的思想又受廖平的影響。但葉德輝認爲，如果因爲廖平受業於王闓運，就認爲廖平較爲「急進」的思想是受其師王闓運影響，這就如同「李斯滅學，罪墮荀卿；莊生毀經，獄歸子夏」一樣的荒謬了。他又認爲王闓運是上接胡毋生、董仲舒的眞傳，遺經獨抱，自有千秋，這樣的推崇是很高的。譚嗣同、皮錫瑞、葉德輝皆爲湖南人，在此可以看出，王闓運在當時湖南的學術界是有不小的聲望和地位的。當然，葉德輝對王闓運的學術，也不是完全沒有批評的地方，例如葉德輝的《聖學通誥》中就曾說王氏「箋《詩》補《禮》，抹殺前人訓詁，開著書簡易之風。」從這些地方中，也可以看出王闓運學術風格的一些端倪，包括前述的皮錫瑞說他「過求新異」，葉德輝說他「不拘守任城（何休）之例」、「抹殺前人訓詁」，不論是稱讚或批評，這都點出了王闓運說經不拘守前人成說的風格。

但是王闓運的學術地位，在時人的眼中，是否有其普遍性？王氏的成名弟子中，學術上有突出成就的首數廖平。廖平接受《公羊》，確實是受了王闓運的啓發，但是廖平本身很少提及王闓運，根據《王湘綺評傳》的記載，廖平甚至曾哂王闓運的經學爲「半路出家」。曾經親炙於王闓運的廖平，在其心目中，王闓運的經學造詣似乎不是那麼高深，相較於譚嗣同、皮錫瑞、葉德

自治及湖南省憲法，爲吳佩孚（1874～1939）的「武力統一」政策張幟。葉德輝終其一生反對維新與革命，不改其保守的政治立場。麥洪妙娟，《葉德輝的政治思想與活動》（國立清華大學碩士論文，民國87年7月），頁1～2。

〔註 8〕蘇輿輯，《翼教叢編》，頁439～440。

輝等人的推崇，有一番的差距。這是什麼原因造成的？王氏的學術內涵究竟如何？這都是筆者欲探討的地方。

二、第二時期的學人——以王闓運經學無創造性

其實若要以與王闓運年代同時與否來區分第一時期與第二時期的學人，並不是那麼的嚴密，因為在年代上，他們與王闓運多有重疊之處。不過此時期的學人，相較於第一時期諸人，年代稍後於王闓運，而且由於年代稍後，從後學者的眼光來看待王闓運的成就，觀點與視野自然也不盡同於第一時期的學人，因此將王氏學術的評論分期探討，目的即在於此。這時期的言論，較具代表性的有如下幾位，而他們的學術地位高，言論也深刻的影響到後世的人對王闓運的評價。

梁啟超在《中國近三百年學術史》中曾說：

> 晚清則王壬秋著《公羊箋》，然拘拘於例，無甚發明。其弟子廖季平關於《公羊》著述尤多，然穿鑿過甚，幾成怪了。康先生（有為）從廖氏一轉手而歸於醇正，著有《春秋董氏學》、《孔子改制考》等書，於新思想之發生，間接有力焉。

又於《清代學術概論》中說：

> 闓運以治《公羊》聞於時。然故文人耳，經學所造甚淺。其所著《公羊箋》，尚不逮孔廣森。

梁啟超這裡的「拘拘於例，無甚發明」相較於皮錫瑞、葉德輝所說的「新異」、「不拘守任城之例」、「抹殺前人訓詁」是完全不同的說法。何以出現這種兩個極端的情況呢？蓋梁啟超時期的《公羊》學概況，屬於以己意解說的時期，當時維新派志士援引《公羊》之義以言三世，並大肆的牽合比附時政，相較之下，王闓運的《春秋公羊傳箋》就顯得拘謹少有發明了。梁氏指出，廖平的《公羊》學穿鑿過甚而成怪誕，這是許多人所認同的，但他說「康先生（有為）從廖氏一轉手而歸於醇正」，這就未免曲說了，因為康有為的《公羊》學，亦有許多的穿鑿附會之說，梁氏說其歸於醇正，或許是為了尊重師說。王闓運的《公羊》學，與廖、康相較而言，固然顯得較為拘謹，但是在與他同時代及其之前的學人相較起來，他已經是不墨守前人成說而顯得新異了。此處作這樣的理解，是綜合皮錫瑞、葉德輝與梁啟超諸人的評價分析而得出的一個假設性的答案。不論王闓運的學說在時代上如何的具有新意，抑或是拘於成例

無所發明，至今未曾有人眞正從其著作中來作一個較全面性的探討。梁啓超說王氏所著的《公羊箋》「尙不逮孔廣森」，爲什麼要與孔廣森相較呢？這必須注意梁氏對孔廣森的看法。梁啓超曾說孔廣森「不明家法」，可見孔廣森的《公羊通義》在梁啓超的心目中地位並不高，而王闓運又不如孔廣森，則梁氏對王氏的評價可想而知了。梁啓超又說《公羊箋》「拘拘於例，無甚發明」，用一句較爲明白的話來講，就是王闓運的學術地位不高，這種概括性的論斷，今天的學者仍然深受影響。

　　章太炎對王闓運亦曾有過類似的定論性批評。他在《國學槪論》中說：

> 常州學派自莊存與崛起，他的外甥劉逢祿、宋翔鳳承繼他的學說。莊氏治《公羊》，卻信東晉古文《尚書》，並習《周禮》；劉氏亦講《公羊》，卻有意弄奇；康有爲的離奇主張，是從他的主張演繹出來的；但他一方面又信〈書序〉，這兩人不能說純粹的今文學家。宋氏以《公羊》治《論語》，極爲離奇，「孔教」是由他們這一般人促成的。今文學家的後起，王闓運、廖平、康有爲輩一無足取，今文學家因此大衰了。〔註9〕

章太炎不僅批評王闓運，同時將王氏與廖平、康有爲並提，指他們「一無足取」，這乍看是難以令人理解的事。先撇開王、廖不談，康有爲本身是今文學的集大成者，若是連康氏都不足取，那麼今文學的價值對章氏來講，又建立在何處呢？這必需回到章氏本身的學術性格來討論。陳平原在《中國現代學術之建立》一書中認爲，章太炎論學以實事求是爲眞，致用爲俗；雖然不忘情於經世致用，卻更爲注重「學術之獨立價值及深遠影響」。章太炎出身詁經精舍，繼承了乾嘉考據的精神。然而與其同時而稍早的康有爲則力主致用，推崇具有微言大義而能發揮大用的今文經學，並批評清儒的學問「破碎無用」。章太炎在與康有爲論爭時則極度崇尙「求是」而批判「致用」的態度。因此章太炎此處批評康有爲，乃至於王闓運、廖平，都可以放在這樣的角度來看待。章太炎對於王闓運的學術，在其他地方，有較爲具體的敘述。1924年秋，支偉成撰《清代樸學大師列傳》，初擬將王闓運列於「常州派今文學家」中，與莊存與、劉逢祿、宋翔鳳、戴望、邵懿辰諸家爲一系，將目錄呈章太炎請教，章太炎以爲不恰當，其理由是闓運治經兼采古、今文，且箋有《周官》，與邵懿辰等攻擊古文者有區別。於是支氏遂遵從章太炎之意，把王闓運

〔註9〕章太炎，《國學槪論》（台北：法嚴出版社，民國89年1月），頁59～60。

獨立於惠、戴二派之外，列爲「湖南派古今兼采經學家」，與鄒漢勛、皮錫瑞放在一起。章太炎在《國學概論》中指王氏是今文經學家，此處則認爲不恰當，這是否矛盾，尚待考察。

相對於梁啓超、章太炎的說法，錢基博則將王闓運的成就放在他尊經書院的教學，啓發後進，以成蜀學之上。他說：

> 疑古非聖，五十年來學風之變，其機發自湘之王闓運，由湘而蜀（廖平），由蜀而粵（康有爲、梁啓超）而皖（胡適、陳獨秀）以匯合於蜀（吳虞），其所由來者漸矣，非一朝一夕之故也。

錢基博認爲，王闓運的成就是啓導了蜀學，最後造成了疑古非聖之風，不過也有人覺得這樣的推崇太過，例如，胥端甫在〈王湘綺與尊經書院〉中曾說：「廖平弟子吳虞與陳獨秀非孔廢經，說者以王湘綺再傳而有吳虞，亦猶太炎門人之有周樹人等。」總之，錢基博站在民國二十年代往過去回溯，認爲從清末到民國二十年代的一股疑古風潮，最初的啓導者是王闓運，這種評價將王闓運的定位放置得很高，相較於梁啓超等人的說法，又是完全不同的境地。

三、第三時期的學人──重新發掘王闓運之特色

這一時期的學人，透過前人的評論，知道王闓運在清末享有大名，但他們並未見過王闓運學術的具體研究成果，因此，他們便試著從王闓運學術的片段中找尋特色，並用他們認爲的特色爲王闓運定位。田漢雲、孫春在等即是這樣的例子。

田漢雲在《中國近代經學史·考據與經世》中，稱王闓運的學術可以代表咸豐、同治時期的特色：「兼綜經今古文學」。他說：「王闓運的經學著作不如康有爲等暢達，但是在當時也是很有影響的一家，這是因爲他的學術傾向代表著咸豐、同治年間古、今兼採的經學思潮。」認爲王闓運的經學有古今兼採的特色，先前章太炎、支偉成也有注意過，不過田漢雲則進一步的將王闓運對今、古文的態度落在當時今古文之爭的議題上來談。這分兩方面來說，一是對《周官》、《左傳》的態度，一是治經方法之上。在對《周官》、《左傳》的態度上，田漢雲指出，王闓運在肯定《公羊》家《春秋》之說的同時，又推崇《周官》爲周公的偉大著作，作爲政制，「無慮不周」，這個觀點和章太炎、支偉成一樣。對於《左傳》，王闓運雖然和其他今文家一樣，評價較低，但這不是今、古文的門戶之見，只是認爲《左傳》專於史事，非傳經義。在治經方法上，王闓運曾

就「讀經之法」提出如下的說法：首先，六經之文，「字無虛字」，「亦無煉字」，
所以解經淺陋不詞與怪誕晦澀都不可取。其次，說經必須先通文理，「章句之
學通然後可以言訓詁義理」。其三，解經必須注意經文含義的深刻性與豐富性，如
讀《易》當知「一字有無數用法」，讀《詩》當知「男女歌詠不足以頒學宮、對
君父。」田漢雲認爲，如果說前兩點側重於糾正今文經學家好發新奇可怪的偏
向，第三點則是反對古文經學家專尚考據而略輕義理的不足。總之，田漢雲從
王闓運對《周官》、《左傳》的態度，以及教導學生的治經之法來觀察，認爲他
的學術特色可以代表咸、同年間古、今兼採的經學思潮。這種觀察，相較於前
人的說法較爲具體，無疑有其深刻性。

　　孫春在於《清末的公羊思想》一書中，將清末的《公羊》思想分爲三期：
準備期（1884～1894）、興盛期（1895～1898）、完備及蛻變期。他將王闓運
以及廖平前期的思想置於準備期，即是清末公羊學的開端。孫春在指出，清
末《公羊》學的開端設定在一八八四年，是因爲可稱爲清末《公羊》學的發端
者的師徒二人──王闓運和廖平，各自完成了一本《公羊》學的著作，即王闓
運的《春秋例表》和廖平的《何氏公羊春秋十論》。雖然孫春在指出，這兩部
書大抵接續著清中葉諸公羊學者的趨向，續作個人的發皇，「並無特殊驚人之
論」，但這是相對於公羊學晚期的發展而言的。孫春在認爲這兩部書的思想，
比起清中葉以前，已經有所不同，呈現著由清中葉到末葉中的一種「過渡」
性。他又說，這段期間所表現出的開創性要大於其繼承性，它與戊戌變法前
後公羊思想的發展是一氣連貫的，而與太平天國之前的《公羊》學者的距離則
比較遠些，這是由於太平天國、捻亂、回變、英法聯軍等內外大事共同形成
的。孫春在並指出，王闓運的《春秋例表》最重要的特色是突出《春秋》的
「撥亂」作用，所以特別強調「撥亂」，是因爲看到了清末內外亂局之後的有
感之言。不過，孫春在認爲王闓運所闡發的「撥亂」之義是很保守的，並未
對時局提出什麼具體的看法。〔註10〕總之，他是從王闓運《春秋》「撥亂」的
特色，再結合上時代背景，因而得出王氏的思想是從清中葉到清末葉的《公羊》
思想「過渡」中的一個環節。

　　不過，筆者的疑問是「撥亂」的具體內容爲何？爲什麼他的「撥亂」是
很保守的？孫春在於書中大概限於篇幅，沒有詳細討論。另外，準備期的另

〔註10〕孫春在，《清末的公羊思想》（台北：台灣商務印書館，民國74年10月），頁
　　　　75～77。

一個代表人物是廖平。孫氏指出，比起其師王闓運，廖平的著作有創意得多，影響也較大，清末《公羊》思想的特殊性實自廖平始。孫氏將王闓運和其弟子廖平在同一年各自完成的作品一同置入準備期中，那麼王闓運的思想是否有影響到廖平？這都是值得探討的問題。

第貳章　王闓運的生平與著作

第一節　家世與教育

　　王闓運，初名開運，三十五歲時改爲闓運，初字紉秋，取「紉秋蘭以爲佩」之意，友人稱壬秋，五十歲後改爲壬甫，又作壬父，湖南湘潭七都移風常安里人。因自署所居曰「湘綺樓」，學者稱湘綺先生。生於清宣宗道光十二年（1832）十一月二十九日，卒於民國五年（1916）九月二十四日，年八十五歲。

　　王家從明代起，由江西贛州輾轉遷徙到湖南湘潭。高曾祖朝僑，字惠人，居石泥塘，王家於此時期家道最爲興盛，田產達數百畝。曾祖中傅，字石泉，性澹靜，不營世事，以詩酒自娛，有子二人，長子之駿，字遜齋，入縣學爲秀才，知醫術。不過王家於道光初年就漸趨衰敗，田產變賣殆盡，王之駿帶領家人遷居善化，以行醫爲業，頗有名氣，生有兩子，長子名士璠，字奐若；次子名麟，字步洲。闓運即是士璠之子。

　　闓運出生那一年，祖父王之駿去世，家境更不如前，父親王士璠只好棄儒從商，以貿易維持生計；叔父王麟以教館糊口，收入也不豐。闓運自幼穎悟，三歲時，其母蔡氏教以古歌謠及唐五言諸詩，即能識字。六歲喪父，家境更加困苦。七歲時從祖母之命，入家鄉附近的私塾，跟隨善化的李鼎臣先生就學，讀《論語》、《孟子》。九歲時畢誦五經，能屬文。〔註1〕十歲時欲學做八股文，

─────────────────────

〔註1〕《清史稿‧儒林傳》及費行簡《近代名人小傳》均謂王闓運資質鈍魯，就學

家貧不能延師，祖母乃命闓運跟從在教館教書的叔父王麟（王步洲）學習，並授以作文之法。〔註2〕十二歲時祖母去世，無以爲葬，家裡不得已將幾間房屋變賣，賃屋而居。叔父王步洲將教館移至宜昌縣署，闓運從之游學，益厲志於經史詞章，昕夕不輟。〔註3〕因此王闓運的幼年與少年時期，是在孤貧的環境中成長，艱困的環境激勵他努力的向學。多年之後，他曾經爲十歲的孤兒劉錫慶作了一首詩〈送劉樹義子錫慶詩〉，其中說道：「孤兒易成人，有父恆驕痴。送爾忽自念，戚然臨路歧。……」〔註4〕透露了凄涼自傷的意識。

十五歲時，叔父王步洲因爲歷年來應州縣書記之聘，來往不定，闓運從學不便，於是居家侍母一年。當時他的家中沒有藏書，欲往省城求書又至爲艱難，爲了多讀書，往往輾轉相借，選擇要點鈔錄之，並且「自恨孤陋，遂一意於取友」。王闓運一生行跡所至，友朋無數，遍及朝野，從文集、日記以及酬作之詩文來看，不下百餘人。吳明德在《王闓運及其詩研究》中將王氏交往的對象分爲：知己文士、名公巨卿、方外之交三大類，足見他交游的廣泛，〔註5〕這都是肇端於年少之時欲廣聞見的心念有以致之。不過，他並不熱衷於科舉之業。〔註6〕王闓運十六歲時，從劉煥藻讀書。十七歲時，讀書於營

三年，日誦不及百言，同塾皆嗤笑之，後乃發憤。蕭艾認爲此種說法極不可信，果眞如此，何以能在九歲畢誦四書五經？見蕭艾，《王湘綺評傳》（湖南：嶽麓書社，1997年12月），頁51。又《年譜》道光二十年條下，王闓運九歲時的記載爲「是歲畢誦五經，能屬文，時姑家子郭正齋新楷少有神童之目，亦少孤，居省城，兩家族黨過從者咸敬異焉。」將王闓運與被目爲神童的郭新楷並提，並指出兩家族黨過從者皆敬異之，可見王闓運當時也是被視爲年少有才者，並非資質鈍魯之輩。

〔註2〕《年譜》，道光二十一年條，頁8。

〔註3〕《年譜》，道光二十三年條，頁8～9。

〔註4〕此詩收於「詩集」卷十一，序曰：「保山劉樹義罷豐都，客死成都。其子錫慶年十歲，來辭行，云從母將寓長安。感其進退有成人之度，作詩送之。」見《湘綺樓詩文集》（湖南：嶽麓書社，1992年），頁1506。

〔註5〕吳明德指出，將王闓運交往的對象分爲知己文士、名公巨卿、方外之交三大類。知己文士有鄧輔綸、鄧繹、龍汝霖、李壽蓉、丁取忠、陳景雍、李仁元、嚴咸、高心夔、黃淳熙、董文渙、陳士杰、鄭文焯、樊增祥、沈曾植、易佩紳。名公巨卿有肅順、曾國藩、彭玉麟、郭嵩燾、尹耕雲、周壽昌、張之洞、左宗棠、丁寶楨、薛福成、吳大澂、端方。方外之交有釋敬安。見吳明德，《王闓運及其詩研究》（國立台灣師範大學國文研究所碩士論文，民國78年5月），頁29～49。吳明德所歸納的這些人是與王闓運過從最密者，而王闓運所交往過的人遠遠超過這樣的數量。

〔註6〕《年譜》，道光二十六年條，頁9～10。而王闓運雖不熱衷於科舉，不過爲了

盤街戴家祠，始應童子試。於此時因文才而認識城南書院諸生，並於道光二十九年，十八歲時就學於城南書院。十九歲，在城南書院以文章展露頭角的王闓運，應縣試時，以文章有奇氣受考官賞識，拔置第一，取中秀才。

　　城南書院位於湖南省城南門外的妙高峰下，本爲宋儒張栻所建，地偏而勝，但年久廢頹，明朝正德、嘉靖年間及清朝康熙年間屢修屢廢，終於堂室無存。乾隆十年，湖南巡撫楊錫紱以湖南僅有嶽麓書院爲全省士子肄業之所，故建書院於城內東南隅的都司廢署，仍沿用城南書院之名，延師課讀。不過從乾隆十年至道光年間七十餘年以來，生童肄業者多而潛心於學問者少，蓋因地近城市，塵囂擾壞，學風不振。道光元年，湖南巡撫左輔認爲，妙高峰下的張栻城南書院舊址，遠塵俗之囂，爲清幽勝地，可興崇文教，故上奏改建。〔註7〕在道光末年，王闓運就學期間，學風應已有所不同。〔註8〕王闓運一生眞正的從師問學時期，就在十九歲以前。他沒有顯赫的家世背景，也沒有家學淵源，他日後的學術成就，主要是靠自己的資質與辛勤學習得來。王闓運的性格以及出處的選擇，與他這樣的家世也不無關係。平凡的出身，靠一己之力苦學有成者，通常自視較高，相較於書香門第、家學淵源出身的子弟，多少有些不同。王闓運的性格中，有著一份狂者自負的特質，雖說是氣質自然生成，但與家庭背景也有密切的關係。又王闓運在出處之際，願意選擇一輩子作個平民，研究學術，與他的出身不是顯貴世家也有關係，顯貴世家出身者通常較爲熱衷官場，但王闓運本生長於平民之家，在出仕與歸隱的抉擇之間，甘心選擇過一個平民的生活。因此在理解王闓運的生平志趣時，他的家世是值得注意的一個基本環節。

隨順世俗，他在數十年中也參加了三次考試，均遭落第的命運，故終生只有一個舉人的頭銜。光緒三十二年（1906），張之洞請欽賜「進士及第」的虛名。光緒三十四年（1908）四月，湖南巡撫岑春萱奏薦爲「翰林院檢討」。

〔註7〕余正煥輯，《城南書院志》卷一，收錄於趙所生、薛正興主編，《中國歷代書院志》（江蘇教育出版社，1995年），第五冊，頁8～10。

〔註8〕城南書院改建後的成效，筆者未見足夠的史料可資證明，不過從王代功述的《年譜》，道光二十九年條指出：「自道光二十六年，湖南瀕湖圍田水災後，復連年水旱，是歲東南各直省復大水，飢民入長沙者數萬，新寧土匪李沅發因連歲飢饉，聚黨倡亂，殺知縣，據縣城，擾及廣西邊境，廣西亦因旱，飢民日思亂，於時承平日久，自廣東燒煙事起，宣宗尤畏疆臣生事，故各省大吏均以鎮靜爲主，諸生肄業者猶謹守臥碑聖諭諸訓，不敢論列天下事，雖亂象已成，而士子欣欣鄉學，湖南風氣頗與道光初年異矣。」當時湖南僅有嶽麓、城南兩書院，於水旱災、盜匪倡亂之際仍能潛心向學，足見學風已盛。

第二節　出處與志趣

　　王闓運是一個有強烈用世精神的知識份子，卻於三十三歲的青壯年之際歸隱，這其中的心路歷程頗耐人尋味。王闓運身處亂世，本著傳統士大夫悲天憫人的胸懷，亦想有一番作為。他在刻苦勵學，誦讀經史百家之後，也自信能為經國濟世之業。咸豐九年應禮部試，入都，當時肅順柄政，聲勢烜赫，震於一時，而王闓運的摯友龍皞臣、李篁仙已在肅順幕中，因之肅順延為上賓，約為異姓兄弟，軍事多諮而行。這一年，王闓運二十八歲。在這一年的年譜中記載著：

> 時龍丈皞臣居戶部尚書肅慎公宅授其子讀，李丈篁仙供職戶部主事，為肅所重賞。肅公才識開朗，文宗信任之，聲勢烜赫，震於一時。思欲延攬英雄，以收物望。一見府君激賞之，八旗習俗，喜約異姓為兄弟，又欲為府君入貲為郎，府君固未許也。〔註9〕

從上引的年譜資料可見肅順對他的器重，亦可以知道，有舉人而沒有進士及第的王闓運，並不是完全沒有做官的機會，但王闓運堅持他的原則，不以納貲入仕，因而辭謝了肅順的善意，這也是他風骨的表現。

　　正當良馬遇到伯樂，王闓運正欲一展其才的時候，不料辛酉政變發生，孝欽皇后（即慈禧）用事，肅順獲誅，這不論是對王闓運的精神或仕途，都是一個相當大的打擊。在政變發生時，王闓運曾冒死力陳庶母后不得臨朝之義，致書曾國藩，要他入宮阻止垂簾聽政之事，然而曾國藩向來謹慎，以自己功高，恐致權臣干政之嫌，所以不加以採納。後來時局益亂，王闓運每每想起此事，未嘗不無遺憾。在年譜的咸豐十一年辛酉，王闓運三十歲這一年，詳細記載著：

> 是歲七月，文宗顯皇帝晏駕熱河，怡鄭諸王以宗姻受顧命，立皇太子，改元祺祥，請太后同省章奏。府君與曾書，言宜親賢並用，以輔幼主，恭親王宜當國，曾宜自請入覲，申明祖制，庶母后不得臨朝，……曾素謹慎，自以功名大盛，恐蹈權臣干政之嫌，得書不報，厥後朝局紛更，遂致變亂，府君每太息，痛恨於其言之不用也。〔註10〕

有人認為，王闓運在三十三歲時會歸隱，是因為坐肅黨之故，致使任用的機

〔註9〕　《年譜》，咸豐九年條，頁32～33。
〔註10〕　《年譜》，咸豐十一年條，頁36～37。

會受阻。〔註11〕不能否認的，「肅黨」的影響，必然會挫折他的仕進之路，不過王闓運會選擇歸隱，卻不僅僅是如此外在的原因，還包括一己的性格、曾國藩的態度，以及自己對宦海無常的感慨。

王闓運客游於曾國藩的幕府，這是不爭的事實，但是王闓運並沒有正式入幕。王、曾的關係如何呢？《年譜》中第一次提到曾國藩，是在咸豐元年，王氏二十歲時。《年譜》咸豐元年條記載：

> 李丈篁仙既耽吟詠，遂約同人倡立詩社。龍丈皞臣年最長，次李，次二鄧，次府君，每擬題分詠各賦一詩，標曰蘭林詞社。……先是，湖南有六名士之目，謂翰林何子貞、進士魏默深、舉人楊性農、生員鄒叔績、監生楊子卿、童生劉霞仙諸先生，風流文采，傾動一時，李丈乃目蘭林詞社諸人為湘中五子以敵之，自相標榜，誇耀於人，以為湖南文學盡在是矣。後以語曾文正公國藩，時羅忠節公澤南在曾幕中居恆講論，以道學為歸，尤惡文人浮薄。一日李丈於曾所言五子近狀，羅公於睡中驚起，問曰：有《近思錄》耶？李聞言勃然，曾公笑解之。〔註12〕

這一段話指出，咸豐元年，王闓運和同樣喜好詩文的龍皞臣、李篁仙、鄧輔綸兄弟五人組成蘭林詞社，互相酬作，自相標榜，李篁仙並將此等情況告訴曾國藩。羅澤南厭惡文人浮薄，故對李氏有輕視之言，致使李氏動怒，曾國藩笑而為之排解。李篁仙固然為王闓運的好友，曾國藩亦應已聽聞王闓運之名，但從這一年的記載仍然看不出曾國藩是否認識王闓運。王闓運與曾國藩有較為具體的接觸，是在咸豐三年以後。《年譜》記載：

> 方（咸豐）二年十月，寇之解圍東下也，十一月破岳州，十二月陷武昌，三年二月遂陷江寧，據為偽都。曾文正公以丁憂侍郎，奉寄諭幫辦本省團練，人民得上書言事，府君屢論事，曾公輒嘉納之。〔註13〕

咸豐三年，曾國藩幫辦團練，王闓運常上書言事，受到曾國藩的稱許嘉納。《年譜》又說：

〔註11〕例如錢基博說他：「既以肅黨擯不用於時，大治群經，出所學以開教授。」見錢基博，《中國現代文學史》（台北：文學出版，1965年9月），頁38。
〔註12〕《年譜》，咸豐元年條，頁15～16。
〔註13〕《年譜》，咸豐四年條，頁22～23。

> 彭剛直公玉麟方率水師爲營官，陳丈雋丞士杰方居陸軍參謀畫，皆
> 與府君友善，論兵事多相合，乃約府君從軍。馮樹唐先生卓懷獨於
> 曾公前力言行軍死地，王某孤子，新婚未有子嗣，儻有不測，無以
> 慰節母之心。曾公疑府君不樂從行，故浣馮言之心頗不懌而無以難
> 之，府君亦不欲自明乃止。〔註14〕

這是說明咸豐四年，王闓運本欲從軍，彭玉麟、陳士杰等人都是曾國藩幕府
的重要人物，王闓運與之相友善，並欲從行於曾國藩，後遂停止的本末。

王闓運在未遇肅順前，曾幾次對曾國藩陳軍策，均不被採納，見於記載
的，約有五次。如咸豐四年十月：

> 曾軍之攻九江也，夏丈憩庭廷蔭方署湖北布政使，與府君議攻堅之
> 不便，請府君作書向曾侍郎陳五利五害，謂宜回屯武漢，厚集其陳，
> 始可東下，無根本之虞。曾公以羅君大捷半壁江山，水師亦連勝，……
> 宜乘銳氣，直搗金陵，遂不用其計。……其後水師被襲，曾公始服
> 其先見。〔註15〕

咸豐六年正月，王闓運又上「與曾侍郎言兵事書」，建議曾國藩撤團防、廢
捐輸、清理田賦以蘇民困而清盜源，亦未被曾國藩採納。〔註16〕咸豐十年
四月，曾國藩始授兩江總督之命，進駐祁門，王闓運於八月出京，往祁門視
曾國藩，建議即刻渡江，以固吳會之人心，並使曾國荃攻安慶，左宗棠出浙
江，與皖相應，若不得已，亦宜駐徽州以固寧國之守。但曾國藩「念業已上
奏，若遽改圖，恐動軍心，……遂不聽。已而寧國失陷，……徽州復陷，賊
黨環繞，祁門曾軍幾潰退。」〔註17〕知道這件事的人，都嘆服王闓運的先

〔註14〕《年譜》，咸豐四年條，頁24。
〔註15〕《年譜》，咸豐四年條，頁25。
〔註16〕《年譜》，咸豐六年條，頁28。
〔註17〕《年譜》，咸豐十年條，頁35。另有一說指出，王闓運到祁門，是向曾國藩
　　　　獻策，希望曾軍以湘鄂爲根本，割據東南，不要急於向太平軍發動進攻，
　　　　等到時機成熟，還可以與太平軍達成協議，到那時推翻滿清政府，驅逐洋
　　　　人在華勢力，也就水到渠成了。根據傳家主「湖南先賢事略」，王曾經面見
　　　　曾國藩，藉論文進行遊說，勸曾不要學韓愈的文章，要學諸葛亮、曹操的
　　　　文章，意思是要擁兵獨立，與清廷、太平天國形成三國割據。曾國藩一邊
　　　　談話，一邊在紙上畫字，趁曾偶然起身離座，王抬身看曾所寫的，原來是
　　　　滿紙的「謬」字。轉引自李壽岡，〈王壬秋評傳〉，《中國憲政》，第二十六
　　　　卷，第七期，頁31。這樣的說法可信度如何？王氏在他的「蕉雲山館詩文
　　　　集序」中曾說：「文正欲從韓文以追蹤西漢，逆而難；若自葛、曹以入東漢，

見，而對於王闓運而言，這自然又是一個挫折，他在這件事情之後寫下了〈發祁門雜詩〉二十二首，（原題爲〈發祁門雜詩二十二首寄曾總督國藩兼呈同行諸君子〉）其中有「獨慚攜短劍，眞爲看山來」、「只慚臣力盡，敢恨主恩遲」等句子，悵然的心情流露於其間。咸豐十一年，辛酉政變發生，王上奏曾國藩，認爲恭親王宜當國，庶母后不得臨朝，言未見用。此事在先前提到王闓運與肅順的關係時已述及。同治三年六月，太平天國之亂平，十月，王闓運由廣州回到長沙，再轉入南京，以懷玉求售的心情謁訪曾國藩，仍未見用，乃作〈思歸引並序〉，定計歸隱，專務講學與著述，這一歸隱，直到民國元年應袁世凱之召，任國史館館長爲止，竟將近了五十年之久。

王闓運歸隱之後，致力於學問的研求，整治群經，並從事教育工作，光緒五年，應四川總督丁寶楨之聘，掌成都尊經書院。光緒十二年歸返湖南，光緒十三年郭嵩燾請其主講思賢講舍，復受彭玉麟之聘，主持衡州船山書院。光緒二十九年，江西巡撫夏時，延闓運爲江西大學堂總教習，光緒三十年四月，任江西南昌豫章書院總教習。光緒三十四年，湖南巡府岑春萱奏薦耆儒，奉上諭授翰林院檢討。宣統三年正月，加翰林院侍講銜。

入民國後，袁世凱三次電邀王闓運就任國史館館長職，有人告之曰：「袁性猜忌，宜俟至鄂後，即日引疾告歸」，王闓運喟然嘆曰：「我生不辰，命也，奈何今已屆行期，八十之年，何能輕脫袁招，辭誠懇，亦宜於相見後一窮其情，如用吾言或能救世，今干戈滿眼，居此能安乎？」〔註18〕抑積一輩子的救國大志，欲藉此機會展現，但是袁世凱的本意只是要藉著拉攏耆老作爲稱帝之後盾，闓運亦悟袁氏政權之不可恃，遂離京歸湘。民國五年九月二十四日（陽曆十月二十日）卒，享年八十五歲。

第三節 講學與教育及經學著作

一、講學與教育

王闓運在歸隱之後，從事講學與教育。王氏一生，造就人才甚多，但是

順而易。」透露了他縱橫遊說的一點蛛絲馬跡。不過，縱橫割據之說，從王氏自己的著作來看十分的隱諱，因此沒有足夠的證據可以證明之，在此僅錄這樣的說法以供參考。

〔註18〕《年譜》，民國三年條，頁321。

以在成都尊經書院的講學，成效最大，影響也最廣，故本節的研究，以王闓運在尊經書院的講學與影響爲重點，加以敘述。

（一）尊經書院的創設

尊經書院爲張之洞奏請設立，建成於光緒元年。尊經書院的創建蘊含著時代背景與創設者的理想，以下分別敘述之。

1、四川學風的低落

明清之際以來，四川的文教便呈現長期的衰落，造成這樣的現象，大略有以下三個原因：第一，明清之際的動亂。明末清初之時，四川履遭兵燹的摧殘，張獻忠之亂，帶給四川空前的浩劫，清初三十餘年，雖略有起色，又經歷了吳三桂的叛亂，在四川攻殺復達二十餘年，災荒相連，〔註 19〕以致川中殘破，休養生息已不遑，更無暇談及文教的振興。第二，清廷的政策影響。康雍乾時代，朝廷大興文字獄，禁止學子結社游談，一方面實行八股策士，固蔽士子的思想，四川自然不能例外。第三，四川地理位置的邊遠。前述第二點清廷政策的影響固然是全國性的，但是四川地理位置的邊遠與文教的不振，又自有其特殊性。清代學術文化的重心在江南，江南由於經濟繁榮，民生富庶，爲學術的孕育提供了良好的條件。蘇州、杭州、常熟、無錫等城市長久以來就是圖書收藏與出版的中心。〔註 20〕清代學術的主流，在前半期爲考證學，後半期爲今文學，〔註 21〕兩者皆是由江南地區興起。江南士子透過科舉、入翰林院供職或爲清廷修書的機會，把江南學術的風格帶入北京，並遍及於全國。清代眾多的學術流派也通常是根據與江南學派的關係遠近來劃分的。〔註 22〕四川從物產與人文來說，不算是一個落後的省份，但是僻處西南，與清代學術主流的接觸自然較少，既無濃厚的學術風氣，唯以習八股制藝爲務，缺乏學術追求的理想。〔註 23〕

〔註 19〕柳定生，《四川史話》（台北：正中書局，民國 64 年 11 月），頁 78。

〔註 20〕艾爾曼著，趙岡譯，《從理學到樸學──中華帝國晚期思想與社會變化面面觀》（江蘇人民出版社，1992 年，9 月），頁 9。

〔註 21〕梁啓超，《清代學術概論》（台北：台灣商務印書館，1994 年 1 月，台二版第一次印刷），頁 3。

〔註 22〕艾爾曼著，趙岡譯，《從理學到樸學──中華帝國晚期思想與社會變化面面觀》，頁 9。

〔註 23〕清初四川的學者，較著名的有新繁的費密和達縣的唐甄，費密流寓江蘇泰州，師孫夏峰，抨擊宋儒，爲思想界革命的先鋒；唐甄避地吳縣，頗闡名理，但二人皆終老於江蘇，對四川本地影響不大。

四川學風更令人側目的，是士林風氣的敗壞，腐化墮落，生徒一心只想通過科舉踏上仕途，不擇手段。當時四川的考試，舞弊情形十分嚴重，諸如尋找槍替、販賣科名、廩保漁利，無所不至，以致於寒士短氣，匪徒生心，訟端日多。〔註24〕當時四川學術的不上正軌，也可以從當地私人教育的內容看出，如當地士大夫有將理學、釋老、方技揉和在一起著書授徒，或請仙扶乩者，當時的四川學政張之洞對這種情況尤為痛惡，認為是人心風俗之大患，甚至以「魔道」視之。〔註25〕由於張之洞來川之後，深知四川學術、風俗上的積弊，思有所整頓，因而有尊經書院的創設。

2、張之洞的理想

為了挽救士風，振興蜀學，也為了化民成俗，維護社會的安定，張之洞希望透過教育的方式，由其新建的書院貫徹自己的改革主張，培養一批通經致用的人才，並以此影響、帶動全四川的學風。同治十三年，四川學政張之洞會商四川總督吳棠、工部侍郎蜀人薛煥議設一書院，之後便由薛煥聯絡官紳十五人上書，請辦一所專門研究經史的書院，得准，遂於光緒元年春建成。張之洞在創辦書院時，就有很深的用意，並寄予厚望，因此，他不僅慷慨捐出自己的薪俸購買書籍千餘卷送給書院，而且為了啟導書院學生讀書的方法，還親自撰寫了《輶軒語》和《書目答問》二書作為指引。《書目答問》是為書院學生開列的閱讀書目，共二千餘種，而《輶軒語》則匯集了張之洞對各地生員的教戒之語。他創辦書院的目的，是要把士子們納入到儒家正統的軌道上來，將書院命名為「尊經」，即可見其心意，而最終的目的是在培養「通

〔註24〕張之洞在〈整頓川省試場積弊疏〉（收錄於《道咸同光四朝奏議》第七冊，台北：台灣商務印書館）中對川省試場舞弊的情形有詳細的敘述，他說：「川省槍替之多，固不待言，尤可惡者，莫如販賣。廩保於府州縣試時，多撰空名，覓人代卷，院試時則雇槍頂名朦取，並代覆試，懸價出售，賣與同姓之人，名曰一根蔥，其府縣試卷，早已暗賄禮書抽換，無從覈對筆跡，且有此人頂買，又得善價，遂覆轉賣，有販至三人者，以致彼此互訐，真己而偽人，直同兒戲。……」又說：「考試弊端，各省皆有，然未有如川省今日之甚者，弊實日巧，盤結日深，幾乎併為一局，牢不可破。士子以舞弊為常談，廩保視漁利為本分，以致寒士短氣，匪徒生心，訟端日多，士習日散，於人才風俗，大有關係。」

〔註25〕張之洞曾說：「近年川省陋習，扶箕之風大盛，為其術者，將理學、釋老、方技合而為一，……將《陰騭文》、《感應篇》世俗道流所謂《九皇經》、《覺世經》與《大學》、《中庸》雜揉牽引，忽言性理，忽言《易》道，忽言神靈果報，忽言丹鼎符籙，鄙俚拉雜，有如病狂，此大為人心風俗之害，當即痛訶而麾去之，明理之士急宜猛醒，要知此乃俗語所謂「魔道」，即與二氏亦無涉也。」

博之士，致用之才」。〔註26〕

　　張之洞希望書院學生所學習的內容方向，從其著的《輶軒語》、《書目答問》以及〈尊經書院記〉中，可以看到一個較為詳細的情形。筆者歸納尊經書院的教育內容，認為可以分成三個方面，包括人品的砥礪、通經致用的為學方向、漢學為主的研究基調。前兩者成了書院自始至終的一貫精神，本文不擬詳述，而較具深刻性的是漢學為主的研究基調。

　　張氏認為經世之本在學術，學術之本在經學，而欲通經又必須先懂小學，由文字、音韻、訓詁入手。關於漢、宋之學，他雖然曾在《輶軒語》中說過「漢學學也，宋學亦學也，不必嗜甘而忌辛也。」勉人為學不要區分門戶，但是從《書目答問》一書中，可以察覺出他的為學其實是傾向較為重視考據的漢學的，尤其是教人從阮元刊刻的《學海堂經解》以及《段注說文》入手，更是漢學家治學的入門方法。於是，這種漢學趨向便為尊經書院初期的幾年奠定了為學的基調，也可以說隱然承繼著阮元等人的詁經經社、學海堂書院的為學方向，以漢學為主要的研究對象。

　　由張之洞定下的教學指導思想，再加上歷任書院山長都是博學多識的名士宿儒，尊經書院在一定程度上改變了一般書院為科舉預備場所的狀況，成為士子研習儒家義理，講求經世致用之術的機構。〔註27〕書院成立之後，禮聘了多位名流學者主講，如錢鐵江、錢徐山、楊聰等人。而光緒四年年底，王闓運就任書院山長之後，又把書院的氣象帶入了另一個新的境界。

（二）王闓運注入新學風

　　書院成立之初，薛煥即已聘請王闓運為主講，王氏未至，故先聘他人主講，〔註28〕之後四川總督丁寶楨欽其學，五次相請，王闓運才於光緒四年的十二月底來到成都，次年二月就任尊經書院山長。《年譜》於光緒四年十二月下記載著：

　　　丁丈稚璜（丁寶楨）請府君主講尊經書院，因言凡國無教則不立，
　　　蜀中之教始於文翁，遣諸生詣京師，意在進取，故蜀人多務於名，

〔註26〕張之洞，〈四川尊經書院記〉，《叢書集成續編》（台北：藝文印書館，民國 59 年），社會科學類第 62 冊。
〔註27〕熊明安等主編，《四川教育史稿》（四川教育出版社，1993 年 7 月），頁 181。
〔註28〕根據廖宗澤的〈六譯先生年譜〉中指出，光緒元年，薛煥聘王氏主講尊經書院，王不至，於是乃以錢塘的錢鐵江及其弟錢徐山權主其事。收錄於廖幼平編，《廖季平年譜》（成都：巴蜀書社，1985 年），頁 16～17。

遂有題橋之陋。今欲救其弊，必先務於實。以府君生當中興，與曾、
胡諸公游而能不事進取，一意著述，足挽務名之弊，故以立教相託
焉。〔註29〕

由這段話可以看出，書院禮聘王闓運，一方面是他學術的聲望，一方面是看
重其人格，以王氏交遊公卿，仍能不務名利，專意於學術，以此身教可作為
士子的榜樣，故將教育之重任相託之。而他就任山長之後，最重要的貢獻，
就是為書院注入新的學風，這可從兩方面來討論，即是以教育轉移風氣以及
實學的繼承與創新。

1、以教育轉移風氣

王闓運到院之後，最重視的一件事，就是要挽回四川的風俗，務使歸於
淳厚，在與友人的書信中，常可見到他對挽回四川風俗的自許。他說：

蜀中陋習，言不由衷。貪慕官權，巧於趨避。一以刑治，俄頃肅清。
若崇德化，奸人萬變。……今古流傳咸欲尚嚴，免而無恥，害成風
俗，上亦受禍，亡不旋踵。今幸有孝達（張之洞）創設經教，丁公
（丁寶楨）繼之，大宏禮道。……闓運冀謂挽回澆薄，必在此時。
〔註30〕

王闓運認為，惡劣的習尚若是用嚴刑峻法，雖一時有其成效，但是只能「免
而無恥」，若是要移風易俗，最根本的方法只有從教育著手。他又在致丁寶楨
的信中說：

蜀俗久漸佻薄，其風壞於州縣。……闓運承流宣化，未敢自輕，亦
嘗奉達德意，期於遠大，所言所行，竊欲開其心胸。〔註31〕

王闓運是主張以教育轉移風氣的人，他認為社會不良，是教育的問題，靠著
教育可以轉變社會的弊端，而他身負教育的責任，所以他無處不在想辦法陶
冶學生，例如由書院中師生共同生活的制度，培養院生彼此敬愛的態度。他
在日記中曾說：「書院有相敬愛之風，然後知王道之易。」所以他任山長時期，
不僅在課士，尤其在語默出處之間，必使合乎禮樂，篤尚廉恥，並提倡尊師
重道。他說：

書院講席乃古人明農之事，周公去攝王而居之，故教化風行後世，

〔註29〕《年譜》，光緒四年條，頁 87。
〔註30〕王闓運，〈致朱詹事〉，《箋啟》卷三，《湘綺樓詩文集》，頁 900。
〔註31〕王闓運，〈致丁親家〉，《箋啟》卷四，《湘綺樓詩文集》，頁 945。

以待者英，實有古意。記曰：「師道嚴而後道尊，道尊而後民知敬學。」
王者之所以不臣師，凡以示民也。闓運在蜀，自督部將軍皆執弟子
禮，雖司道側目，而學士歸心。〔註32〕

從「自督部將軍皆執弟子禮」一句話，可以看山王闓運刻意的提倡尊師重道
之風，而學子們也能服膺他的教導。總之，在以教育轉移風氣方面，王闓運
確實是投入了不小的心力。他教人去富貴，專經史，以德操感人，後世學者
認爲較張之洞時代，更躍進了一步。〔註33〕柳定生也說，王闓運力挽頹風，
以實學教諸生，以德操感士子，且以經義論貶當世，所以四川學術界的空氣
一變而成摯厚清高。他在對四川頹風的挽回之上，是有其貢獻而受後世學者
所肯定的。

　　2、實學的繼承與創新

　　在學術的教導傳授方面，則有兩個方面值得討論。王闓運一方面繼承著
張之洞訂下的院規，切實的執行實學的內容，更重要的一方面，是帶入了新
的學風，即是春秋公羊學的傳入。

　　王闓運主持書院期間，以實學爲目標，主張以經史詞章教授諸生，教諸
生讀十三經注疏、二十四史及文選之法，嚴格督促，有空閒則帶領諸生習禮，
如鄉飲投壺之類，只三年的時間已彬彬進於禮樂。他不主張生徒以舉業爲目
的，他曾說：「帖括之學，一第爲榮，既得入官，又須折磨，壯年消耗，白髮
心灰，正途之誤人甚矣！」在日記中也說：「范生溶來談經史之業，勸其早勤
學，恐登第則不暇矣。」這些觀念，與張之洞當初創立書院時的目標、方向
是一致的，從光緒十一年，王闓運就任山長時所刊刻的尊經書院課卷（尊經
書院初集、二集），也可以看到當時學生學習的內容。從《尊經書院初集》的
課卷中可以看到，學生作學問的內容包括經、史、詞章，尤其是經典（十三
經）的考證與研求似爲最大的重點。十二卷課卷中，經學的考證即佔了八卷。
（《尊經書院》二集的課卷內容與初集相差不大，故不贅述。）因此王闓運在
這方面可說是繼承了張之洞經史考證的爲學方式，而更加的屬行督促之，使
教學成效更加的顯著。

　　但是王闓運除了繼承張之洞實學的督導以外，更重要的是，他是第一個

〔註32〕王闓運，〈致裴船政〉，《箋啓》卷一，《湘綺樓詩文集》，頁828。
〔註33〕胥端甫，〈王湘綺與尊經書院〉，收錄於朱傳譽主編，《王湘綺傳記資料》（台
　　　　北：天一出版社，民國68年11月），頁143～146。

將今文經學透過尊經書院傳入四川的人物。前已述及，在王闓運主持尊經書院以前，書院盛行的是重視考據的漢學，這是張之洞創辦書院時就已定下的基調。張之洞創辦書院之初，已隱然上承阮元創辦書院的精神，以重文字考據的漢學內容爲辦學方向。漢學在治學方法和學風等方面接近漢代的古文經學，具有重名物訓詁，學風樸實的特點，但是又有繁瑣和脫離實際的弊端。

在漢學興盛的乾嘉年間，興起了以《公羊》學爲主的今文經學。今文經學的特點是講求微言大義，晚清今文學者常將自己的政治、社會觀點，與今文經學聯繫，說成爲聖人微言大義之所在，以經義論政，因此經術與現實政治能夠進一步的結合，達成通經致用之目的。王氏爲學的傾向，重微言大義，在主講尊經書院後，打破了這個書院以前唯重漢學的風氣。王氏雖然不喜歡名物訓詁，而從前述的尊經書院課卷來看，他教學並沒有廢棄考證的功夫，他是在這樣的基礎上，又加入了《公羊》學的理念。王闓運以《公羊》學教導尊經弟子的直接史料雖然不多，但是從一些零碎的資料，依然可以看出一些端倪。考察王闓運治經的歷程，他入主尊經書院時，年四十七歲，正是用力於春秋公羊學之時。此外，在光緒五年的日記中有言：「終日爲諸生講說，多發明公羊春秋之義例。」〔註 34〕又可作爲另一佐證。在他的誘導下，學生們紛紛由信守漢學變爲接受今文經學。〔註 35〕四川兵備使者王祖源爲《尊經書院初集》作序時說：

> 湘潭王壬秋先生，學本成天，言能化物，盡發何、鄭之覆，直升屈、宋之堂，豈曰今之學人，實乃古之達士。院生喜於得師，勇於改轍，宵昕不輟，蒸蒸向上。〔註36〕

這裡所謂的「勇於改轍」即是對這一學風轉變的描述。這一段話，在廖平的年譜中，光緒五年條下亦提及，足見後人對王氏在書院影響的肯定：

> 二月王闓運至院後，「院生喜於得師，勇於改轍，宵昕不輟，蒸蒸向上。」

又說：

> 是時先生（廖平）與張祥齡均有志於《公羊春秋》。先生初見王闓運，

〔註34〕《日記》，光緒五年，二月二十三日。

〔註35〕黃開國，〈王闓運與廖平的經學〉，收入林慶彰編，《中國經學史論文選集》（台北：文史哲出版社，民國82年3月），頁688。

〔註36〕王祖源，〈尊經書院初集序〉，收錄於趙所生、薛正興主編，《中國歷代書院志》（南京：江蘇教育出版社，1995年），第16冊，頁3。

王詢知有志習《春秋》，……常就王闓運請業，每至深夜。〔註37〕

廖平是近代四川第一個今文經學家，他治學原由漢學入手，後轉而攻今文，關鍵即是王闓運的啓發。當時尊經書院的高第弟子除了廖平以外，還有宋育仁、胡從簡、劉子雄、岳森等等，他們治經能不爲阮元的經解（漢學取向）所囿，號曰「蜀學」，而這些人與近代中國的政治也產生了密切的關係。何一民認爲，經世致用思潮在四川傳播出現了新的特點，就是尊經弟子廖平、宋育仁等人將老師王闓運的思想加以「發揚光大」，推衍出「託古改制」的觀點，〔註38〕其實王氏的學術思想是否有這麼大的影響，還值得再議，但是今文經學託古改制的思想，確實是由尊經書院的弟子首肇其端，而王闓運是第一個將今文經學透過尊經書院傳入四川的學者。四川近代知識份子中不少著名的人物，如前述的廖平、宋育仁之外，還有戊戌六君子中的楊銳、劉光第、革命先列彭家珍、新文化運動健將吳虞、吳玉章等，均曾肄業於尊經書院，此外還有許多著名人物，在此不一一列述。可以說，尊經書院是四川早期近代知識份子的搖籃，張之洞創院之功不可沒，而王闓運在起導學風之上可說是佔了一個承先啓後的關鍵，王闓運大半生從事講學與教育，他在尊經書院的影響最爲人所注意，值得一書。

二、經學著作

王闓運於五經皆有著述，以下則將其經學著作的成書經過、版本、體例作一個考察與敘述。

（一）《詩》

王闓運關於《詩》學方面的著作爲《詩經補箋》二十卷。王氏於二十八歲時始治《詩經》，曾作《詩演》數卷，〔註39〕並未留存下來。同治十二年，王氏四十二歲時，開始作《詩經補箋》，於光緒元年，四十四歲時完成。光緒十四年，又進行修改，此後一直到晚年，每當讀書講學有所得，輒有改定，〔註40〕這也是王氏治學一貫的風格。所以他的許多著作雖然成於晚年，卻是累積了他一生

〔註37〕廖幼平編，《廖季平年譜》（成都：巴蜀書社，1985年），頁20～21。

〔註38〕何一民，《轉型時期的社會新群體——近代知識份子與晚清四川社會研究》（四川大學出版社，1992年2月），頁4。

〔註39〕《年譜》，咸豐九年條。

〔註40〕例如，《年譜》光緒二十三年四月條下云：「講《詩補箋》，時有改定。」

的心血所得。

　　《詩經補箋》在著作形式上是對《毛傳》及鄭玄《詩箋》作補正性的箋釋。從文本的選擇上，王氏兼重古文的《毛詩》與今文的《三家詩》在《詩經》的文句之卜，首列义字校勘的意見，在箋釋資料的過程中，對今古文經典的傳說都是持兼容並蓄的立場。又他在肯定《毛傳》及鄭玄《詩箋》內容的同時，又往往對其不當之處施以嚴格的批評。此書依然留意於名物典制的考證，不過他的考證顯而易見的力避繁瑣，唯有力求簡易，這就和清代許多樸學家的風格大不相同，這也是王氏箋釋經典的特色所在。

　　此書曾於光緒十九年由東州書院刊刻，之後王氏又有改定，光緒三十年又付交江西書局以鉛字版印之，今收入民國十二年長沙彙印的《王湘綺先生全集》二十六種中。

　　（二）《書》

　　王闓運二十五歲時開始治今古文《尚書》，在這方面的著作共有三部：《尚書箋》三十卷、《尚書大傳補注》七卷、《尚書今古文注》三十卷。

　　1、《尚書箋》三十卷

　　王氏三十八歲時開始爲《尚書》作箋。《尚書箋》共三十卷，據《年譜》所記，初稿成於同治十一年九月，四十一歲時。〔註41〕於光緒二十五年、二十七年、二十八年均有修改，光緒二十九年刻成。《年譜》同治八年條記載：「始箋《尚書》。以爲《尚書》之學，東晉以來經傳淆僞，大義不明，自國朝高宗刊正群言，始辨眞僞。江（艮庭）段（茂堂）之倫承風撰述，陽湖孫星衍書稍後出，最稱詳審，古書佚說一字咸搜，猶病其采輯〈大誓〉違於馬義，又仍用舊讀，句絕多僞，爰取孫本再加刊正焉。」可知王氏對於清代《尚書》的著作，推崇孫星衍（1753～1818）的《尚書今古文注疏》，〔註42〕認爲能夠存師說，上紹淵源，〔註43〕但是王氏認爲，孫星衍的疏證仍有違背馬融大義

〔註41〕《年譜》，同治十一年條。
〔註42〕孫星衍，字伯淵，號淵如，江蘇陽湖人，乾隆五十二年進士，授翰林院編修。生平博極群書，治經不取宋以後之說，通九流之學，貫通周秦古書，尤深於《尚書》，嘗輯古文《尚書》馬鄭注十卷，晚歲復成《尚書今古文注疏》三十卷。所著尚有《周易集解》十卷、《夏小正傳校正》三卷、平津館闊金石萃編二十卷等近五十種，總二百餘卷。
〔註43〕王闓運曾言：「師說存者如鄭君《詩》、《禮》，何公《春秋》，皆具有本末，成爲家學，其已絕復明者，若李鼎祚《周易集解》，孫星衍《尚書疏證》，亦能

的地方，因此取孫氏的本子再加以刊正。

　　是書對《尚書》的篇目有一個詳細的考定，分亡逸及百篇次第。鄭玄認為虞夏書有二十篇，王氏認為應作十九篇，因為鄭玄云〈大禹謨〉已亡逸，但王氏以〈大禹〉、〈皋陶謨〉當為一篇。在商書方面，鄭玄認為有四十篇，王氏從《史記》補入〈大戊〉一篇，共為四十一篇。則虞夏書的十九篇與商書的四十一篇，再加上周書的四十篇，總共是一百篇。王氏又指出，大小夏侯章句傳伏生本《尚書》二十九篇，而歐陽章句卻說有三十一卷，這是因為歐陽章句分盤庚為三篇，所以才得三十一篇。他又引班固《漢書・藝文志》為證，班固云古文經四十六卷者，存書三十一卷，與歐陽章句同，再加上逸書十五卷，所以共有四十六卷。班固說古文經五十七篇者，是除了存書的三十一篇外，又將逸書十五篇中多分出八篇，為二十三篇，再加上晚出的〈大誓〉三篇，則共為五十七篇。鄭玄注的《尚書》有三十二篇，王氏指出這是存書三十一篇加上〈大誓〉一篇。〔註44〕除了考定篇目以外，是書的內容集《尚書大傳》、《史記》、歐陽、大小夏侯及馬融、鄭玄之說而箋之，每句下先引經文異字，次引《史記》、馬鄭、《大傳》等注。箋語引用古書者多有注明出處，用近人之意者則不注所本，惟對於孫疏之誤者則辯之，全書多申伏而易鄭。〔註45〕

　　是書刻成於光緒二十九年（癸卯）的東洲書院，今收入民國十二年長沙彙印的《王湘綺先生全集》中；又收入《續修四庫全書》經部中。

　　2、《尚書大傳補注》七卷

　　王闓運首次接觸到《尚書大傳》，是在同治十年，四十歲的時候，並於此年作成《尚書大傳注》四篇。〔註46〕經過了十五年後，在光緒十一年時，又重新加以審定，定為七卷，到此時才付局刊印。〔註47〕王氏在《尚書大傳補注・敍》

　　　　抱殘守缺，上紹淵源……」，見《年譜》，同治十年條。

〔註44〕見《年譜》，同治十一年條，頁67～68。又見王闓運，《尚書箋》（癸卯夏東洲重校刊本，收於民國十二年彙印王湘綺先生全集本，收於《續修四庫全書》），目錄，頁1～2。

〔註45〕王闓運在《尚書大傳補注・敍》其中有言：「自二十五歲治《尚書》，越十有五年旅京師，所箋二十八篇始成，多申伏以易鄭。」（據復旦大學圖書館藏，清光緒刻，民國十二年彙印王湘綺先生全集本影印原書版，收於《續修四庫全書》），頁1。

〔註46〕《年譜》，同治十年條，頁64。

〔註47〕王闓運，《尚書大傳補注・敍》，頁1～2。

中，對自己爲《尚書大傳》作補注的原因與過程，有一個清楚的交代：

> 《尚書大傳》舊爲四十一篇，見錄於漢藝文志，鄭君注之，乃次爲
> 八十三篇。至宋史志著錄在官，盧見曾言元時猶存，至明而亡，孫
> 之騄鈔撮爲四卷，殘闕殊甚。然四庫本不能不借資焉。乾隆之時，
> 儒學大盛，先師遺書，冥討窮搜，而四卷古本訖不可得，見曾刊本
> 云得之吳中，諱所從來，不知原本刊也？鈔也？盧文弨又以孫本所
> 有者爲補遺，而自作續補遺及考異。陳壽祺又兼采孔廣林本爲三卷，
> 自謂詳覈而妄謂暢訓爲略說，言多專輒。闓運自廿五歲治《尚書》，
> 越十有五年旅京師，所箋十八篇始成，多申伏以易鄭。時越刻陳本
> 《大傳》未出，唯於德州漕渠旁店買得盧本，歸途多暇，改其僞誤，
> 補鄭注之闕略，自七月甲子至於壬申，寫百一十八紙，分爲四篇，
> 越十有五年，居成都，取家本對陳本重加審定，仍爲七卷，付局刊
> 之。

清代對於《尚書大傳》的輯佚，主要有陳壽祺的《尚書大傳輯校》，還有孫之騄、盧見曾、孔廣森的輯本。但是這些輯本都有其缺陷，這是王闓運要爲《尚書大傳》作一個補注的主要原因。王闓運所做的工作，不是輯佚，而是注疏，清代《尚書大傳》的輯佚，自孫之騄以下，已有十餘家，可採者，已略備於諸輯本中，這也是王闓運及後來的皮錫瑞，皆捨輯佚，轉而從事於注疏的原因之一。〔註 48〕《尚書大傳補注》和《尚書箋》的著作時間是重疊的，他三十八歲時開始爲《尚書》作箋，四十一歲時初稿完成，上引的序文說「闓運自廿五歲治《尚書》，越十有五年旅京師，所箋十八篇始成，多申伏以易鄭。」這指的就是《尚書箋》。就在此時，他買得了盧見曾的大傳輯本，爲它改正錯誤，並考求鄭注八十三篇之數，且就前人之所輯，補其闕略，在幾個月的時間內，就完成了《尚書大傳補注》的初稿。值得注意的是王氏此時箋《尚書》的態度是「申伏以易鄭」，與《尚書箋》同時進行的《尚書大傳補注》亦是持著同樣的態度。過了十五年，即光緒十一年，王氏任四川尊經書院山長，居於成都，當時他已得到陳壽祺的《尚書大傳輯校》，於是又取而對自己原先的著作重新審定。

王氏把《大傳》的價值看得很高，認爲「《大傳》之文，多入《禮記》，伏生所述，並孔爲經，兼賅六藝」，足以「佐治道、存先典、明古訓、雄文章」，

〔註48〕古國順，《清代尚書學》（台北：文史哲出版社，民國 70 年 7 月），頁 250。

〔註49〕所以值得被保存與研究。《尚書大傳補注》對《尚書大傳》的異文、衍文、佚文多有考證，對於禮制名物訓釋，也有所創見。是書有光緒十二年，成都尊經書院刊本、靈鶼閣叢書本，以及民國十二年長沙彙印的《王湘綺先生全集》本；王湘綺先生全集本今又收入《續修四庫全書》經部中。

3、《尚書今古文注》三十卷

此書筆者未見，但《年譜》有記載，在北京中國科學院圖書館整理的《續修四庫全書總目提要》（經部）亦有著錄此書。《年譜》光緒五年記載：「五月，開尊經書局，手寫今古文《尚書》刊之，又與諸生論撰《爾雅》注疏，以兩書尚無善本故也。」當時王闓運初任尊經書院山長，認為《尚書》與《爾雅》兩書尚無善本可供學子課讀，故手寫而刻之。王氏敘曰：

> 陽湖孫星衍書稍後出，最稱詳審，古書佚說一字咸搜，猶頗病其采輯〈大誓〉違於馬義，又仍用舊讀，句絕多偽，余少無學涉，長從官役，然游官治軍，竊慕經術，持節處生之鄉，領鎮文公之郡，樂與多士講論異同。成都新開講堂，校考經文，以《尚書》猶無定本，爰先取孫撰稍加刊補，益明《大傳》史遷之傳，以示學人。〔註50〕

此敘為王闓運之手筆，而託名為丁寶楨刊定。〔註51〕由敘文可知，此書與《尚書箋》相似，主要取孫星衍的撰著稍加刊補，又偏主《尚書大傳》、《史記》之意，以示後學弟子。《尚書今古文注》刊刻於光緒五年的成都尊經書局，這也是唯一的版本。

（三）《禮》

王闓運在十九歲時有志習禮，〔註52〕二十四歲始治三禮，以《禮經》難讀，故先從治《禮經》入手，最早的著作是《儀禮演》十三篇，對《儀禮》分章節、正句讀，為其注經之始，此書因後來數次易稿而成《禮經箋》，所以《儀禮演》即被廢棄。〔註53〕王氏一生留下來的禮學著作，就是三禮箋，即

〔註49〕王闓運，《尚書大傳補注・敘》，頁二。
〔註50〕《續修四庫全書總目提要》（北京：中國科學院圖書館，1993 年 7 月），上冊，頁 266。
〔註51〕《續修四庫全書總目提要》，上冊，頁 266。
〔註52〕《年譜》，道光三十年條，頁 14。
〔註53〕《年譜》，咸豐五年條，頁 27。

《周官箋》、《禮經箋》、《禮記箋》，此三書現在流傳的版本，都是光緒丙申年（光緒二十二年）東洲講舍刊本，又收入民國十二年長沙彙印的王湘綺先生全集中。這三書箋注的年代及成書過程，王氏的《年譜》或《日記》中交代的不多，並且此三書均無序文，故僅能根據有限的資料，作一個概略的敘述。

1、《周官箋》六卷

關於《周官箋》的始作與成書年代不詳，《年譜》光緒十七年五月記載「改《周官箋》」，光緒二十二年孟夏，由東州書院刊刻。

《周官箋》共六卷，為天官冢宰第一、地官司徒第二、春官宗伯第三、夏官司馬第四、秋官司寇第五、冬官考工記第六。首頁標為「鄭注王氏箋」，在每句經文之下，先列鄭玄的注，再列王氏的箋。王箋對於鄭注，或訂正，或補遺，或本其成說，或下以己意，北京中國科學院圖書館整理的《續修四庫全書總目提要》為此書所作的正面評價，是「經學無師法，而小學則頗明通」，這也是王氏學術特色的一面。

2、《禮經箋》十七卷

始作年代不詳，根據《年譜》記載，《禮經箋》寫畢於光緒十年，發書局刻之，於光緒十一年刻成，至於當時由什麼書局刻印，版本為何，《年譜》沒有說明。到了光緒十九年，王氏又對《禮經箋》作了校改，〔註54〕光緒二十二年仲夏，東州書院刊刻之，即是今日所見的版本。全書亦是先列鄭玄的注，再列王氏的箋，書成之後，由王氏的弟子十多人共同校勘而成。

3、《禮記箋》四十六卷

始作與成書年代均不詳，光緒二十二年季夏，東州書院刊刻之，即是今日所見的版本。全書亦是先列鄭玄的注，再列王氏的箋，書成之後，由王氏的弟子二十多人共同校勘而成。

（四）《易》

王氏關於《易》學的著作，為《周易說》十一卷。始作與成書年代不詳。是書刊成於光緒三十二年，題為「光緒丙午湖南刊本」。是書名為「周易說」者，是節取李鼎祚《周易集解》為本注，而以己意說之，上下經六卷，繫辭傳上下各　卷，共為十一卷。此書今又收入《續修四庫全書》經部中。

〔註54〕《年譜》，光緒十九年條，頁169。

（五）《春秋》

王闓運的《春秋》學專著有《穀梁申義》、《春秋公羊傳箋》、《春秋例表》（包括兩個版本）。詳細的內容於本論文中均有深入的發揮，此處僅將重點放在年代與版本的考證之上。

1、《穀梁申義》一卷

《穀梁申義》是王闓運的第一部《春秋》學作品，始作於同治八年，亦完稿於同年，三十八歲時。〔註55〕依照王闓運的習慣，他在一部著作完成後，都會以多年的時間不斷的修改，並紀錄於日記之上。但是《穀梁申義》在同治八年完稿後，便不曾再見他有修改的紀錄。現今可見的版本有收錄於民國十二年長沙刊本的《王湘綺全集》二十六種中；以及據北京圖書館分館藏，清光緒十七年刻本影印全書版，收錄於《續修四庫全書》經部《春秋》類中。

2、《春秋公羊傳箋》十一卷

《春秋公羊傳箋》作於光緒二年，於光緒三年初稿完成。〔註56〕但是王闓運不斷的在增修當中，《年譜》光緒九年和光緒十年條下具言「改《春秋箋》」，至光緒十七年又加以改定。最後的定稿，是光緒三十四年，與其學生廖震（昺文）共同校定而成。現今的版本，有收錄於民國十二年長沙刊本的《王湘綺全集》二十六種中；以及據華東師範大學圖書館藏，清光緒三十四年刻本影印原書版，收錄於《續修四庫全書》經部《春秋》類中。

3、《春秋例表》

《春秋例表》一書，清代長沙刊本（收錄於光緒、宣統年間長沙刊本的《王湘綺全集》中）署名為王闓運之次子王代豐。在王闓運長子王代功所述的《清王湘綺先生闓運年譜》中，提及《春秋例表》為王代豐所著，由王闓運改定。〔註57〕在中國科學院圖書館整理的《續修四庫全書總目提要》中錄有三篇《春秋例表》的提要，一為張壽休所撰，光緒七年成都尊經書局所刻的《春秋例表》（一卷），作者題為王闓運；〔註58〕一為楊鍾義所撰，光

〔註55〕《日記》，同治八年，七月二十五日、九月六日、九月十八日、九月二十一日、十月十二日。

〔註56〕《年譜》，光緒二年云「始作《公羊春秋箋》」。光緒三年云「是歲，《春秋箋》初稿成」。

〔註57〕王代功述，《清王湘綺先生闓運年譜》，（台北：台灣商務印書館，1978年），頁110，光緒七年條，指出：「七月，為代豐改定《春秋例表》。」

〔註58〕中國科學院整理，《續修四庫全書總目提要》（北京：中華書局，1993年7月），

緒戊申刊本的《春秋例表》（一卷），作者題爲王代豐；〔註 59〕另一篇亦爲張壽林所撰，光緒三十四年刊本的《春秋例表》（三十八卷），作者題爲王代豐。〔註 60〕楊氏將戊申刊本歸屬王代豐，對著作過程卻無詳細的說明。張氏將尊經書局本歸屬王闓運，戊申刊本歸屬王代豐，也沒有作更深入的辨析。此外，廖平之孫，廖宗澤著的《六譯先生（廖平）年譜》，光緒六年庚辰條下亦云「王闓運作《春秋例表》」，〔註 61〕可見廖宗澤認爲《春秋例表》爲王闓運所作。近人孫春在於《清末的公羊思想》一書中，將清末的公羊思想分成準備期（1884～1984）、興盛期（1895～1898）、完備及蛻變期（1899～1902）。孫春在將清末《公羊》學的開端（準備期）設定於 1884 年及 1885年，因爲他認爲這兩年中，所完成的三部著作，可以作爲清末《公羊》學者將時政與學術結合的初期代表。這三部著作，他指出即是王闓運的《春秋例表》（1884 年）及廖平的《何氏公羊春秋十論》（1884 年）、《何氏公羊春秋續十論》（1885 年）。〔註 62〕孫春在既然將《春秋例表》視爲清末《公羊》學發端的代表作之一，並於文中引述其中的內容，那麼對於其所引用的《春秋例表》版本（清長沙刊本），署名爲「王代豐撰」的這一事實，想必是知曉的。但他仍稱《春秋例表》確爲王闓運所作。在此我們不能只單純的認爲孫春在沒有注意到這樣的問題，因爲他雖然沒有特別提及《春秋例表》的作者問題，但是他在引用此書之後，特別以註釋指出，根據王闓運的年譜，光緒十年甲申（1884 年）十月條下有云：「校《春秋表》畢，以爲《春秋》擬易而作，聖人之極功，終身研之而不能盡。今《例表》畢功，稍有條理，或可中道而廢，以明力之不足，此顏子欲罷不能，庶幾善自爲謀也。」〔註 63〕因而孫春在接著肯定的說：「《春秋例表》確實是王闓運較具代表性的著作。」〔註 64〕由這句話可以隱約的推知，孫春在應是已經注意到長沙刊本《春秋例表》的作者署名爲王代豐，非王闓運，但是據《年譜》中之語，又似爲王

頁 724～725。
〔註 59〕中國科學院整理，《續修四庫全書總目提要》，頁 795～796。
〔註 60〕中國科學院整理，《續修四庫全書總目提要》，頁 796。
〔註 61〕廖宗澤，〈六譯先生年譜〉，收入廖幼平編，《廖季平先生年譜》（成都：巴蜀書社，1985 年），頁 23。
〔註 62〕孫春在，《清末的公羊思想》（台北：台灣商務印書館，民國 74），頁 77～78，115。
〔註 63〕孫春在，《清末的公羊思想》，頁 115。此段引文出自於王闓運年譜，光緒十年條。
〔註 64〕同上註。

闓運所親作，因而特引年譜所說，以證明作者為王闓運。但是這並沒有解決為何《春秋例表》署名為王代豐的問題。

如果說，《續修四庫全書總目提要》、廖宗澤《六譯先生年譜》，以及孫春在於《清末的公羊思想》中，將《春秋例表》的作者當成是王闓運或者是王代豐，任何一種情況，都可能是引據失誤的結果，但是為什麼這種情況不止一次的發生？更重要的是，在王闓運的日記中，確實有著作《春秋例表》的紀錄，這又使作者的問題增加了它的複雜性。

對於《春秋例表》的作者，究竟是王闓運，還是其子王代豐，其實是一個耐人尋味的問題。而探討《春秋例表》的作者問題，與它的版本又有著密切的關係。今從版本與現存的一、二手資料來考察，並詳細參閱與王闓運關係最密切的一手史料——王闓運日記，對於版本與作者問題，已可得到一個輪廓，並進一步從版本的比較研究中，探尋《春秋例表》的著作精神與其所呈現的意義。

根據現存的一、二手資料來考察，《春秋例表》共有三種刊本，第一是光緒七年，尊經書局刊本；第二是光緒年間的長沙刊本；第三是光緒三十四年（戊申）廖震重校本（東州刊本）。以下則詳細探討之。

（1）光緒七年尊經書局刊本

四川成都尊經書院成立於光緒元年，書院內附設尊經書局，所刻的書有一百餘種，書版數萬片，但是至今所可考察的書目似乎不多，根據陳谷嘉、鄧洪波主編的《中國書院制度研究》中指出，尊經書局所刻之書，「其名至今可輯者有：王闓運《古文尚書》、《爾雅注疏》、王代豐《春秋例表》（光緒七年），張澍《蜀典》（光緒二年），劉嶽雲《測圓海鏡通釋》、《算學叢話》、《喻利算法》、《食舊德齋雜著》（光緒二十二年）等八種」，〔註65〕由這一段話來看，《春秋例表》最早的版本，是尊經書局所刊刻的，光緒七年，由王代豐所成之書。但是在中國科學院圖書館整理的《續修四庫全書總目提要》〔註66〕

〔註65〕陳谷嘉、鄧洪波主編，《中國書院制度研究》（杭州：浙江教育出版社，1997年），頁307。又見胡昭曦著，《四川書院史》（成都：巴蜀書社出版，2000年），頁261。

〔註66〕現今中國科學院圖書館整理的《續修四庫全書總目提要》，是於1931年至1945年，「北京人文科學研究所」編撰，由我國經學、史學、文學、文字學、目錄學、方志學、敦煌學等各方面的專家學者撰寫的書目提要工具書，共收入古籍三萬餘種。提要的撰寫工作從1931年開始，1942年結束。1941年太平洋戰爭爆發後，研究所經費拮据，至次年五月，提要的撰寫工作基本停止，編

中所著錄的光緒七年四川尊經書院刊本〔註 67〕《春秋例表》一卷提要，卻題
為王闓運撰。提要中指出，尊經書局刊本《春秋例表》內容共有二十八個例
表，依次為五始首時例表第一、九旨例表第二、七等進退夷國例表第三、朝
聘會遇例表第四、錫求告言例表第五、致至例表第六、盟例表第七、取獻乞
例表第八、戰伐侵例表第九、義兵例表第十、圍入滅例表第十一、列國殺執
君大夫例表第十二、立納潰畔降例表第十三、奔入出歸例表第十四、君臣相
殺表第十五、凶禮例表第十六、薨葬例表第十七、大國卒葬例表第十八、小
國卒葬例表第十九、大夫卒葬例表第二十、吉事例表第二十一、宮廟例表第
二十二、昏禮例表第二十三、歸例表第二十四、婦事例表第二十五、力役例
表第二十六、都邑例表第二十七、災異例表第二十八。〔註68〕

　　《續修四庫全書總目提要》認為光緒七年尊經書局刊本《春秋例表》的
作者是王闓運，這不但與陳谷嘉、鄭洪波主編的《中國書院制度研究》所敘
述的不同，而且與另一個《春秋例表》的版本——長沙刊本所署名的王代豐
撰不一，而內容二十八例，也與長沙刊本的二十四例不符。但是尊經書局所
刻的《春秋例表》，筆者至今未能見及，它的作者究竟是王闓運或是王代豐，
以及《總目提要》所述敘的二十八例與長沙刊本二十四例的出入，兩個版本
之間究竟存在著什麼關係，一時實在難以遽下論斷。

（2）光緒年間長沙刊本

　　長沙刊本的《春秋例表》，只標明刊於清光緒年間的長沙，而沒有明確的
刊刻時代，但從王闓運的日記考察，可以確定的是，長沙刊本的年代是介於
光緒七年的尊經書局刊本與光緒三十四年的廖震重校本之間。從王闓運的日
記中，對於《春秋例表》成書過程有一個較為明確的敘述，或可從中探討出
作者問題的一些端倪，並可由此推論尊經書局刊本與長沙刊本之間的關係。
以下則將王闓運的日記中，有關《春秋例表》的記載，逐一條列出來：

　　光緒六年

　　八月「廿日：豐兒同諸生作《春秋例表》成，尚未暇閱。」

　　　　纂工作尚未正式進行，即不了了之。抗戰勝利後，這批提要稿及有關圖書檔
　　　　案，全部由中方代表沈兼士正式接受。1949 年後，歸屬中國科學院圖書館。
〔註67〕尊經書院成立之後，院內開設尊經書局，王闓運就任山長之後，除了編選諸
　　　　生經、史詞章中的優秀著作出版以外，並刊刻《蜀秀集》（為院中諸生的論文
　　　　集）以及各類書籍。
〔註68〕中國科學院圖書館整理，《續修四庫全書總目提要》，頁 724～725。

「廿七日：豐兒請校《公羊例表》，爲正『會盟』一門。」

「廿八日：改《公羊例》『戰取』一門。」

九月「三日：夜講《公羊》小國卒葬例，殊未定。」

「六日：定《例表》。」

王闓運關於《春秋例表》的記載，最早見於光緒六年的八月。王闓運於光緒五年至光緒十二年，就任成都尊經書院山長，其次子王代豐亦隨其就學於尊經書院。〔註69〕王闓運光緒六年八月廿日的日記指出代豐與諸生作《春秋例表》成，而自己尚未有空閒批閱。這裡的「豐兒同諸生作《春秋例表》成」有兩種情況，第一，因爲尊經書院的學生有定時的日課，有可能是山長王闓運要求每個學生對《春秋》之例作一個整理，當作日課，個別交呈，由老師（王闓運）本人批閱。第二個情況是，王代豐本人對《春秋》有興趣，主要由他總括檢索《春秋》之例，而他身旁的同學則只是在旁協助整理而已。不論是前者或是後者，從王闓運後來的日記來看，他改定的所謂《春秋例表》，都是針對王代豐的原稿而來。

光緒七年

六月「廿四日：重理《春秋表》。」

七月「一日：撰《春秋表》，竟日未遑他事。」

「四日：作《春秋表》。」

「七日：檢《春秋公會表》。」

「十三日：豐兒復入，檢《春秋例表》。」

「十四日：作〈諸侯卒葬表〉。豐兒自謂習於例，又自許數十次推尋，擬一稿，殊不明白。因自作之，半日而成，皆有條理。」

「十五日：作《春秋表》。」

「十七日：作《春秋表》。」

「十八日：竟日作《春秋例表》，人事盡謝。」

「十九日：作《春秋表》竟日。」

「廿日：作《春秋表》，今日當畢功，斷客不見。」

「廿一日：作《春秋表》成。豐兒佐檢多勞，殊爲盛業，爲此

〔註69〕 王闓運於光緒七年二月十九日的日記有言：「余前年頗能令院中清寂，自豐兒來，諸生情益親，而時嘩笑，聲聞於外。」收錄於《湘綺樓日記》（長沙：嶽麓書社，1992年），第二卷，頁993。

竟十四年，昔日童子，能傳家學，可喜也。夜作序，亦逼近周、秦人。」

「廿四日：作〈七等表〉半日，暑不可耐，乃罷。」

「廿六日：《春秋表》始草創訖。」

八月「十四日：豐兒危病。」

「十八日：來報豐兒之喪。」

九月「二日：更鈔《春秋表》，改定『五始』，發出，將刻一本，諸篇皆需重寫，尚未能無漏也。」

「三日：改定『至自』例表，始知經文錯綜，不可窺測，悵然久之。」

「廿二日：十六日至廿二日均作《春秋表》，日可改抹十餘紙，未遑他事。……《春秋表》粗成。」

　　光緒七年六月的日記中指出「重理《春秋表》」，可見王闓運認為王代豐的原稿有許多不妥之處，因此將之重新檢索整理。八月時，王代豐因病去世。在九月時，指出「諸篇皆需重寫」，則可見王闓運的修改，已經加入了許多自己的意見。九月廿二日的日記指出，「《春秋表》粗成」，但是王闓運認為仍有許多疏漏之處，因此在之後的光緒九年、十年，仍然不斷的作修改的工作。

光緒九年

七月「十四日：姑請王仁元先鈔《春秋表》，……此表創改三年矣，今始小定，猶補正疏漏兩處，望洋興嘆，知當搜討者不少。仲章（代豐）欲以初學而窮至賾，宜其夭也。」

十一月「廿七日：改〈五始表〉。」

十二月「三日：竟日補作《春秋表‧喪服學‧凡例》，並考日月不相蒙之證，排年編列已數百條，而猶未半，恐無此表法，且姑置之。」

光緒十年

三月「六日：重改〈春秋會表〉例。」

「八日：作〈喪服表〉。」

「廿日：改〈春秋朝會表〉，因作表序，說其義。」

「廿四日：理《春秋表》，至僖止。」

八月「七日：作〈朝會表〉畢，井井可觀。」

「八日：檢伐戰條例，凡再易稿，皆不安，姑置之。」

　　　　「十二日：作〈戰伐表〉。」

　　九月「十四日：檢表半日。」

　　　　「十六日：鈔〈出入表〉成。」

　　　　「廿一日：理表。」

　　　　「廿八日：作表未數條。」

　　　　「卅日：鈔表，共成十八篇，居然有成功之望。」

　　從這個地方可以很明顯的看出，在光緒七年之後，《春秋例表》的定稿是在王闓運手中完成的。王代豐則於光緒七年八月早逝，年僅二十一歲。〔註70〕

　　在王代豐卒後，王闓運仍然繼續作校改的工作。《日記》光緒九年、十年中，均有多次作《春秋表》的記載。

　　十月「五日：作表一篇，未成而暮。」

　　　　「六日：作表一篇。」

　　　　「七日：作表一篇。」

　　　　「八日：作表一篇，居然將畢功，喜可知也。疑義亦不甚多。《春秋》庶可中道而廢，比之顏子欲罷不能，為善自謀也。」

　　　　「九日：《春秋表》稿初畢，改廿八篇為廿四篇，多以一條居一條，不拘拘於三科，使覽者易明也。」

值得注意的是，十月九日的日記指出「改廿八篇為廿四篇」，在中國科學院圖書館整理的《續修四庫全書總目提要》中所著錄的光緒七年尊經書局刊本《春秋例表》正為二十八篇。王闓運於光緒七年六月「重理《春秋表》」，光緒七年八月王代豐去世，九月時，王闓運仍繼續作修改的工作。而光緒七年刊的《春秋例表》，不能確定它刊刻的月份，因而難以判斷它是否已加入了王闓運的意見，抑或是保留王代豐的原作。不過可以確定的是，我們現今所見的長沙刊本二十四篇《例表》，是在光緒十年，於王闓運的手中完成，這時，距離其子王代豐去世的時間已有三年之久。日記光緒十年條下既云：「校《春秋表》畢，以為《春秋》擬《易》而作，聖人之極功，終身研之而不能盡。今《例表》畢功，稍有條理，或可中道而廢，以明力之不足，此顏子欲罷不能，庶幾善自為謀也。」可見王闓運對《春秋例表》的著作十分滿意，認為此書一

〔註70〕在王代功所述的《年譜》中，光緒七年八月十八日指出：「得夔州書，聞仲章（代豐）於閏月二十九日旅卒。府君（王闓運）哭之慟，言其自十七歲後即能啟予，盡傳家學，忽失此人，令人氣盡。……九月檢《春秋例表》粗畢。」

出，表示他對研究《春秋》一書，已盡了最大之力，在此表完成之後，對《春秋》的研究可以暫時先告一段落。

總之，長沙刊本的《春秋例表》自從光緒六年八月王代豐的初稿寫成之後，到光緒十年的十月定稿之前，四年之間，工闓運不斷的為之刪改、補充、整理，甚至重新改作的部分也很多。而王代豐在初稿寫成之後的一年，即光緒七年的八月，即已早逝。從光緒七年八月到光緒十年十月，這三年的時間，王闓運於此書用力甚勤，這於其日記中可清楚的看出。我們今天雖然無法見到王代豐的原著（尊經書局刊本），無法與王闓運修訂後的版本（長沙刊本）作一比較，但是從王闓運修正《春秋例表》的情況來看，若是說長沙刊本的《春秋例表》代表王闓運的思想，也是可以的。

由上述日記資料中可以推知，尊經書局所刊，光緒七年成書的《春秋例表》，確實是王代豐所撰的。至於長沙刊本，則是經過了王闓運的刪削改寫，已多加入了王闓運的思想。王闓運於四川擔任尊經書院山長的期間是光緒五年到光緒十二年，他於光緒十二年從四川回到湖南。而長沙刊本既然刊於湖南長沙，在此推測可能是王闓運將光緒十年改寫成書的《春秋例表》帶回湖南刊印的。而長沙刊本亦署名為王代豐撰，這也是無誤的，因為其體例與初稿是由王代豐創始，況且王代豐早逝，王闓運常傷憐其唯一能傳家學的兒子竟不永年，若是因這樣的原因而將已改寫的《春秋例表》的作者仍歸屬於王代豐，以紀念其亡子，這樣的解釋也是可以令人理解的。

行文至此，已可了解孫春在引用王闓運光緒十年的日記證明《春秋例表》為王闓運所作，他所指的僅是長沙刊本，而對於尊經書局刊本以及後來的重校本則忽略了。至於廖宗澤指出光緒六年「王闓運作《春秋例表》」一語，我們也可以作兩種情況的解釋，第一種情況是，廖宗澤將《春秋例表》一書誤認為完全是王闓運所作，而不知有王代豐的初稿在其間。第二種情況是，廖宗澤知道《春秋例表》曾有王代豐的初稿，但他認為此書的定本根本可以代表王闓運的思想，因為王闓運於光緒六年開始改定《例表》，他將王闓運的改定也視為是另一種創作，因此說光緒六年「王闓運作《春秋例表》」，這兩種情況都是有可能的。

（3）光緒三十四年（戊申）廖震重校本（東州刊本）

廖震重校本刊於光緒三十四年（戊申），地點在湖南衡陽的東州，又稱東州刊本，由廖震主持重校而成。廖震，字昺文，是王闓運於光緒十七年在湖

南主講於船山書院時的學生。他在《春秋例表・補序》中指出其與同學諸人重校《例表》的原由與情況：

> 辛卯歲（光緒十七年），吾師自蜀還湘，主講船山，暨文（廖震）以蒙鄙之姿，執經請業，希高堅之絕學，嘆欲從而未由，嘗手是編，朝夕批覽，因於微言大義，頗有會通，是猶升堂之有階級，濟河而獲津梁，其所裨益，豈淺鮮哉！然窮究得失，時有秕謬，欲以愚管，稍爲增淹。去秋歸自京師，奉命校讎，時同學諸生治《春秋》者十餘人，分篇編次，日加探討，補闕削繁，增多原表十四篇，凡三十八篇，自朝聘、會盟、戰伐、侵圍、出入、滅亡、吉凶、災異，具存舊製，約略修加，至若虛字及一見之例，前書未列，今始創附，益見屬詞之精，游、夏不能贊也。唯五始、九旨、七等諸篇，其名雖傳自先師，究莫知其所從來，因文考義，猶非至當，則概從刪削，其有義不能略者，則無妨再見例，可從同者，則姑爲附後。至所不知，非敢臆說，每有疑義，皆經師定，發凡起例，庶幾有補於將來。〔註71〕

廖震與同學治《春秋》者十餘人，對《春秋例表》版本進行增刪，重校本各例表前列有與廖暨文共同編次的諸生姓名，計有樊非之、劉家惠、梁鎭中、廖元翱、歐陽屬、廖榮、賀濟鑫、史榮森、蔡人龍、鄧新林、李池蓮、廖如璧、廖曹鼎、陳炳森、段家謙、焦錦煌等十七人。從廖震指出的「增多原表十四篇，凡三十八篇」可知，他是根據長沙刊本的二十四篇，也就是王闓運修正過的版本，進行增刪。廖震從學於王闓運，於理推測，應知長沙刊本的《春秋例表》爲其師王闓運經手定稿，但他在敘文中依然稱《春秋例表》是王仲章（代豐）所作。這一方面是由於《春秋例表》本爲王代豐首創，況且長沙刊本也署名爲王代豐。另一方面，廖震自述其修改《春秋例表》的動機時說：「嘗手是編，朝夕批覽，因於微言大義，頗有會通，……然窮究得失，時有秕謬，欲以愚管，稍爲增演。」廖震認爲長沙刊本的《春秋例表》仍有瑕疵，但廖氏本身是王闓運的學生，若以學生的身分欲指出、修正其師之誤，必然會用較爲委婉的方式表達，因此他稱長沙刊本爲王代豐所作，一方面是版本本身已署名王代豐，一方面以情理推測，也可能是爲了改正其師之誤的婉曲方式。

〔註71〕《春秋例表》（光緒三十四年刊本），頁1～2。

第參章　清代今文學與王闓運

　　王闓運的《春秋》學，是清代今文經學發展中的一環。王闓運的經學觀，有一個內在的根本理念，就是要通經致用，這種理念，表現在他對清代的漢宋學觀點之上。在他眼中，重考證的漢學與重義理的宋學都不足以致用，他的學術理路，傾向於致用性較強的今文經學傳統。但是在今文經學的傳統中，相較於其他的經師，王氏卻有他的獨特風格，這種風格是不措意於學術史今、古文之間的內部爭辯，而專意於通經致用理想的發揮，這從他的學術特質中可得見之。

第一節　通經致用的經學觀

一、王闓運與清代漢宋之爭

　　《清史稿》說王闓運「所著書，以經學爲多。」王闓運的長子王代功在《清王湘綺先生闓運年譜》的末尾中，對王闓運一生的思想精神作了一個結語，他說：「府君之學，兼包九流而一歸於經術。」可見王闓運的學術中，雖然經、史、子、集四部均有豐富的著述，但是他最根本的關懷，是在經學本身。

　　兩漢以來，經典的傳授與學習蔚然成風，兩千年來，經學的理念在中國傳統士人的心目中，可說已是根深柢固，這樣的情況，一直持續到了晚清時期。不過，這兩千年來，經學並不是一直都以同一種面目出現在每一個不同的歷史舞台，這就涉及到了經學發展史的問題。籠統的說，歷朝中，經學最盛行的時代是漢代，西漢儒者強調的是通經致用，並以治經爲出仕的管道。

東漢時期，治經轉向了名物訓詁。魏晉時期，經學衰微，玄學興起，執論壇之牛耳。隋唐統一，經學隨之復興，唐太宗以儒學多門，章句繁雜，特令國子祭酒孔穎達與諸儒撰定《五經正義》，其優點是各種雜說異義得以統一，但這也限制了經學本身的生命力。到了宋代，理學興起，將經學導向另一種不同的方向發展。因此，經學隨著每一時期政治、社會、思想環境等變化，也以不同的面貌出現。王闓運既然推崇經學，對這些不同的經學詮釋方式，又持著什麼樣的看法呢？他在〈論道咸以來事〉中說：

> 行與學分，由士君子不能辨學故也。……漢後治經者初不得經之用，訓詁、詞章、性理、考據、經義、演說，等級自有高下，其無關經學一也。而取士者以為權衡，求進者以為羌雁，所學雖極博通，了不關其行事，茫茫昧昧，一任身世之遭逢而已。及躋通顯，乃恥無文，則又取訓詁、詞章、性理、考據，擇其易欺人者而扼足焉，又科舉後之科舉也。有悍然者曾不自恥，乃以學為無用，皆後世學者所自取。孔子曰：「今之學者為己。」足括二千年學人之蔽。〔註1〕

王闓運的這一段話蘊含了兩個意義，第一，以訓詁、詞章、考據、性理的方式說經，失去了經學的精神。第二，以經學為干祿之具，不能履行經學之道，亦是失去經學的本意。第二個意義，我們可以很容易的明白；至於第一個意義，為什麼在王闓運看來，以訓詁、詞章、考據、性理的方式來呈現經學，就是失去了經學的精神，甚至是「無關經學」呢？在他的眼中，經學又應以何種方式出現，才是真正的經學？王闓運在日記中亦有其經學觀點的言論，以下則節錄之，以便推論王闓運的想法。他說：

> 明學至陋，故至兵起，八股廢，而後學人稍出。至康、乾時經學大盛，人人通博，而其所得者或未能沉至也。至今，道將明矣，然天下不向學滋甚，恐未能如明季，可不勉哉！
>
> 夫道不可談，談道自戰國始，至五代極亂，而宋儒失師傳，乃始推佛經，中六朝文士之戲言，以求於周、孔，以為聖人之道不可淺近，故趙宋、元、明諸人狂騖焉。至國朝而始厭之，乃求漢人訓詁，而猶未悟道學之非道也。余尋佛、老之言，見僧祇律，而後知佛經之所言微妙不可思議之法皆非其本，因而求之莊子內篇，而後知佛經

〔註1〕 王闓運，〈論道咸以來事〉，《王志》卷一，《湘綺樓詩文集》，頁527～528。

之枝流乃莊子之波及；又求諸莊子之本，而後始知道之不可談，談
則必非道也。於是始悟宋儒之所以深求聖人者，誤於佛經；佛經之
所以虛無者，誤於不善讀莊子。故作莊子七篇解，以明聖人不言性
與天道之意，……而宋人之蔽塞聰明，自陷異端，獨何爲哉。師法
廢，而以訓詁爲淺近；實功廢，而以虛無相崇高，與戰國之簧鼓等
弊也。〔註2〕

從日記的這話來看，王闓運最不認同的經學型態，應是宋明理學。他指出「五
代極亂，而宋儒失師傳」是意指宋代儒者將唐代以前經學的義疏擱置不論，
受佛學言心性之影響，以心性的方式說經，有違經學的本旨。他說：「宋人之
蔽塞聰明，自陷異端，……師法廢，而以訓詁爲淺近；實功廢，而以虛無相
崇高」，這點出了他對宋學缺點的看法，一是陷於釋說的「異端」；二是師法
廢，菲薄訓詁；三是實功廢，以虛無爲崇高。這樣的看法，是有學術淵源可
循的。

　　在清代學術史上，反宋學的潮流是一個十分引人注目的課題。清代漢學
家對宋學的批評與攻擊，梁啓超稱之爲「對於宋明理學一大反動」，胡適稱爲
「反玄學革命」。江藩《經解入門·漢宋門戶異同》中說：「何謂漢學，許鄭
諸儒之學也。」〔註3〕曾國藩《曾文正公全集·歐陽生文集序》指出：「當乾
隆中葉，海內魁儒畸士，崇尚鴻博，繁稱旁證。考核一字，累數千言不能休，
別立幟志，名曰漢學。」〔註4〕由上可知，清儒崇尚漢儒專重訓詁的治經方式，
又排斥明末王學，束書不觀、游談無根，空論心性義理的流弊，乃標「漢學」
之名，以與「宋學」相對抗。〔註5〕「宋學」即「理學」。儒學演變至宋代，
理學逐漸成爲其主流，〔註6〕理學本身的內部分化爲朱熹（1130～1200）和陸
九淵（1139～1193）兩大宗派，兩大宗派在學術上的各自特徵表現爲義理化和
心學化，朱熹強調「性即理」，陸九淵則強調「心即理」。到了明代中後期，

〔註2〕《日記》，同治八年，二月初五。

〔註3〕江藩，《經解入門》（天津：新華書店于津發行所發行，1990年），頁135。

〔註4〕曾國藩，〈文集〉，《曾文正公全集》（台北：綜合出版社，民國60年），頁15
　　　～16。

〔註5〕清代「漢學」一名，又稱「考證學」、「考據學」、「徵實學」、「乾嘉之學」、「樸
　　　學」。

〔註6〕關於理學的名稱和內涵，馮友蘭的〈通論道學〉，《中國社會科學》1986年第
　　　3期，頁55～64，有詳細的討論。本文中的理學是就其廣義而言，包含性理
　　　之學和心學兩大學派。

王陽明（1472～1529）成為當時最有影響的儒學家。王陽明承繼了陸九淵的
心學，因此二人所持的哲學系統，一般稱為「陸王心學」。王陽明將陸九淵的
觀念加以系統化和明確化，簡潔明白的表述為「致良知」，這便將原有的心性
論發揮到登峰造極的地步。同時王學也流於助長反智論的傾向，充分暴露出
心學與儒家知識傳統的脫節之弊端。〔註7〕下逮清初，儒學一改晚明尊崇陸九
淵、王陽明的心學傳統，清朝統治者大力提倡程朱之學的正統性，陸王心學
在政治力量的有意打壓之下，學術領域的地位也就隨著退居其末。在此必須
探討的是，清儒的反宋學，所反者究竟為何？梁啟超曾說：

> 顧、黃、王、顏，同一「王學」之反動也，而其反動所趨之方向各
> 不同。黃氏始終不非王學，但是正其末流之空疏而已。顧、王兩氏
> 黜明存宋，而顧尊考證，王好名理。若顏氏者，則明目張膽以排程、
> 朱、陸、王，而亦菲薄傳注考證之學，故所謂「宋學」「漢學」者，
> 兩皆吐棄，在諸儒中尤為挺拔，而其學卒不顯於清世。〔註8〕

梁啟超所論者為清初實學思潮的幾個主要代表人物——顧炎武、黃宗羲、王
夫之、顏元四人對宋學反動的情況。這四人中，先說較特殊的顏元思想。顏
元不但反對程、朱、陸、王，並且也反對注疏、考證之學。他認為真正的「學」，
是要「尋事去做」的，質言之，為做事故求學問，做事即是學問，捨做事外
別無學問，這是顏元對「學」的根本信仰。〔註9〕因此不論是程朱的「道問學」
或是陸王的「尊德性」，又或者是注疏考證之學，在顏元的這種「勞作神聖」
的大前提下，都理所當然的視為非真正的「學」了。顏元的思想一方面具有

〔註7〕 余英時，〈從宋明儒學的發展論清代思想史〉，《歷史與思想》（台北：聯經出
版事業公司，1976年），頁92～93。對於余英時「反智論」或「反知識主義」
的說法，近年來，學術界已有人提出質疑。劉述先，〈有關理學的幾個重要問
題的再反思〉，附錄黃俊傑，〈有關理學的幾個重要問題的再反思評論〉，鍾彩
鈞主編，《國際朱子學會議論文集》（台北：中央研究院中國文哲研究所籌備
處，1993年），頁261～294。

〔註8〕 梁啟超，《清代學術概論》，頁22。

〔註9〕 梁啟超指出，顏元認為，學問不能向書本上或講堂上求之，惟當於社會日常
行事上求之。故其言曰：「人之認讀書為學者，固非孔子之學；以讀書之學解
書，並非孔子之書。」又曰：「後儒將博學改為博讀博著。」其所揭櫫以為學
者，曰《周禮》〈大司徒〉之「鄉三物」，第一，六德：知，仁，聖，義，中，
和；第二，六行：孝，友，睦，姻，任，卹；第三，六藝：禮，樂，射，御，
書，數。而其所實行者尤在六藝。故躬耕、習醫、學技藝、學兵法、習禮、
習樂，其教門人必使之各執一藝。

這種特殊性，一方面他所提倡的為學之道太刻苦，傳人少，不久遂中絕，對後世學者影響較少，故在此論清初學者對宋學的態度時，我們可先將顏元擱置一邊，繼續討論另外的清初三大儒者對「宋學」的態度。「宋學」事實上存在著兩大宗派，即程朱的性理之學與陸王的心學。造成明末空疏之病的，主要是陸王一系心學的末流有以致之。梁氏指出，黃宗羲始終不反王學，只是要矯正王學末流的弊病而已。顧炎武、王夫之兩人的情況是「黜明存宋」，他們反對陸王的心學，但是沒有反對程朱的性理之學。總而言之，他們所反的範圍，都僅及於王學，所反的目的，是要破除空疏之弊，並未及於整個程朱之學的系統。說得更明白一點，清初的三大儒，皆嘗潛心朱學，而加以擴充。〔註10〕皮錫瑞嘗云：

> 國朝經學凡三變。國初，漢學方萌芽，皆以宋學為根柢，不分門戶，各取所長，是為漢、宋兼採之學。乾隆以後，許、鄭之學大明，治宋學者已尠。說經皆屬實證，不空談義理，是為專門漢學。嘉、道以後，又由許、鄭之學導源而上，……〔註11〕

這一段話也可以說明清初對漢學興起有開創之功的大儒多有宋學的根柢，他們要矯正王學之弊的情況，嚴格說來並不算是「漢宋之爭」。清初的統治者以政治力量提倡程朱之學，打壓王學，王學既然已經退居其末，則清代反宋學的潮流依著這樣的情況推論，應該已經止息了，但是事實上，所謂的「漢宋之爭」卻不斷的持續。方莊貴指出，漢宋問題自清朝開始，經過乾嘉時期漢學的鼎盛，到嘉道之間的門戶壁壘，迄咸同年間曾國藩、陳澧諸人倡漢宋調和，始得持平之論。〔註12〕即使如此，晚清時期，有些人對宋學的成見依然存在，王闓運就是一例，這是為什麼呢？其實清代學者反「宋學」，除了反對王學一系的空疏，欲返回沉潛篤實的實學外，又自有其他的原因。

王闓運對宋學的評價殊低，除了我們先前的引文以外，他在〈論尚志〉中也說：

> 學者莫患於無事，而孟子獨言尚志。志道、志學者皆本孔子以為宗旨，然不善體之，而徒高其荒虛之志，漫無事事，則與釋、道同趣，

〔註10〕皮錫瑞，《經學歷史》（台北：藝文印書館，民國85年8月），頁329。
〔註11〕皮錫瑞，《經學歷史》，頁376。
〔註12〕方莊貴，《漢宋調和與經世之學——論曾國藩的學術特色》（國立台灣大學中國文學研究所碩士論文，民國85年6月），頁6。

終不能歸於實用矣，故趙宋以亡其國。非學之能亡國，學者不事，
則坐視危亡，而莫能救也。……明代不離宋說。宋說出於孟子，以
性爲宗，以志爲尚。故王、顧之徒一起義而敗，敗而不死，豈非志
而不能與？今則不然，但尚人而不尚己，以西洋爲至志之國，欲率
人而讚美之，又顧、王之一變，其不事則同也。〔註13〕

從這一段話可以看出，王闓運所菲薄的「宋學」，不止是王學末流空疏的心學，
還包括整個程朱之學的理學系統，究其原因，是因爲他認爲宋學，不論是程朱
的性理之學，抑或是陸王的心學，終究是不離言心言性的本質，與實際事務脫
節，因此宋朝因理學而亡國；連已經提倡實學的顧炎武、王夫之，也因爲學術
基調爲理學而受他批評，認爲顧、王的反清復明所以失敗，是因爲理學的不切
實際所致。王闓運以性格志趣不同，終身不習宋學，在同治八年三十八歲時的
日記，首見他對宋學的非議，一直到光緒二十一年六十三歲時的日記中，都時
時可見他對宋學的批評。〔註14〕他自己也說：「闓運平昔不攻宋學，以不相爲謀
之道，懲辨生末學之言，凡所著述，未涉唐後……」〔註15〕在其他的地方，甚
至有不少情緒性的批評語，〔註16〕不過整體歸納起來，他的說法大抵不超過前
人所說的第二、三點。〔註17〕他說：「學者莫患於無事，而孟子獨言尚志。志道、

〔註13〕 王闓運，〈論尚志〉，《王志》卷一，《湘綺樓詩文集》，頁507。

〔註14〕 《日記》，同治八年正月十七日記載：「王船山以耿育所奏爲非，謬矣。船山論
　　　　史，徒欲好人所惡，惡人所好，自詭特識，而蔽於宋、元、明來鄙陋之學，以
　　　　爲中庸聖道，適足爲時文中巨手，而非著述之才矣。」又光緒二十一年閏五月
　　　　七日記載：「周生……彼初來有久計，尚欲興利除弊，翻然見幾，不俟終日，
　　　　眞宋學也。縱容不肖子侄，我之謬矣。」此外，在同治八年二月初五日、八月
　　　　十三日、八月二十一日、十月七日、十月十三日、同治十二年四月二十一日、
　　　　光緒二年五月十六日、七月八日、光緒十四年十二月十四日、光緒十六年十二
　　　　月四日、光緒十八年七月二十五日的日記中，均可見他對宋學的批評。

〔註15〕 《日記》，同治十二年四月二十一日。

〔註16〕 例如《日記》光緒十四年十二月十四日中說：「得筠仙書，疑我不能還（錢），
　　　　竟不往借，而前加詰駁。余云公大似笏山，宋學流弊也。凡不敢倍程、朱者，
　　　　必先自處無過而後行其私，是以爲人所笑。余無故識破一老友，正似留仙騙
　　　　錢行徑。七十老翁，學識絕人，自謂品行堅卓，而臨財曾不及一市儈，誰謂
　　　　宋學不害心術乎？」將郭嵩燾對錢財的吝惜說成是宋學之害，這無疑是情緒
　　　　性的說詞。

〔註17〕 當然，王闓運也批評宋學對人性的嚴苛，例如光緒二年七月八日的日記說：「胡
　　　　稚翁十日之中喪一女、一子，子婦將殉夫。韠堂先言之，余云宋學之爲害，
　　　　使人凶禍不可當，方知毀不滅性之義精也。」此種觀點類似於戴震批評理學
　　　　「以理殺人」之論。

志學者皆本孔子以爲宗旨，然不善體之，而徒高其荒虛之志，漫無事事，則與釋、道同趣，終不能歸於實用矣，……」他批評孟子不善體察孔子的學說本在致用的心意，只專言心性，而孟子又是理學家所重的源流，錢穆講「漢學」、「宋學」之分，指出其中有一個極大的不同之處，就是漢學看重五經，宋學看重四書，〔註18〕王闓運的學術，應是屬於漢學的源流。以性理的方式說經既爲王氏所鄙，但是至於乾、嘉時期的訓詁考證，又或者是盛行於西漢的章句之學，在王氏的眼中，依然是「無關經學」。他曾說：

> 章句傳經，謂之書匠；詞賦供御，等於徘優。比之孟、荀，更非其擬，亦何怪趙宋諸子哀而陋之。然彼譏二陋，而更無一得。空談性道，自命聖人。無以位之，強名道學。〔註19〕

王闓運所強調的是通經致用的理念。他在〈論學須論事〉中說：

> 論學只須論事，通經不致用，孔子謂之小人儒。子夏傳《春秋》、《喪服》、《詩》、《書》，故有此箴。記、傳記子夏過失多矣，經亦未能通也。言則知之，行則忘之，豈非分事、學二之之誤哉！曾子作《孝經》，自天子至庶人，皆以行事爲孝。無用則無體，有功而無德者，未之有也。如是則近於子路所謂何必讀書之說，是又不然。不依經，則不能立，故「思而不學則怠」。怠者，勞也，危也。上智徒思則勞，高材行事多弊。唯以經義斷之，沛然無疑，毅然不回，有物來順應之妙，非道家所謂勞身以役物者矣。〔註20〕

又說：

> 湖州分經義、治事爲兩齋，不知其經是何義，事又何事。經者常法，萬物所不能違。後世事皆例條，知之無用。〔註21〕

這是說明通經與致用是一體的兩面，而經又是致用的指導原則，是常法，「萬物所不能違」，不依經則不能立。因此處理任何事情必須要以經學爲依據。由此可見王闓運相當的看重經學的價值，但是他心目中的「經學」型態，是必須要能夠與現實事務相結合，才能彰顯經學的價值與意義，才是眞正的「經學」。這也可以讓我們更加明白，何以言性言理的宋明理學、鑽研瑣碎的考據

〔註18〕錢穆，《經學大要》（台北：蘭臺出版社，民國89年12月），頁507～528。
〔註19〕王闓運，〈答呂雪堂問〉，《王志》卷一，《湘綺樓詩文集》，頁502～503。
〔註20〕王闓運，〈論學須論事〉，《王志》卷一，《湘綺樓詩文集》，頁517。
〔註21〕王闓運，〈論通經即以治事〉，《王志》卷一，《湘綺樓詩文集》，頁521。

之學以及章句之學，在王闓運眼中都是「無關經學」的原因了。

二、湖南學風與通經致用

上述王闓運對漢學、宋學的批評，其實背後有一個很重要的理念，就是為學必須通經致用，而這種理念，又是與他所處的地域學風——湖南學風有深厚的影響。

王闓運雖然聰穎好學，但他沒有深厚的家世背景與家學淵源，他早年所受的教育，也沒有較為特殊之處。十九歲時，王闓運認識了彭嘉玉，〔註22〕這對他為學的志向有一個很大的啟發。《年譜》道光三十年條下云：

> 始識彭砥先丈嘉玉。彭君習三禮於國朝，言禮諸家學派最精，又喜言兵法，居長沙城中，默默無聞，亦不與時輩交遊，府君（王闓運）一見與語大悅，遂有志於習禮，每講論輒移晷達旦，又手鈔史記成帙，日夜讀之，蓋自是始欲通經致用，非僅詁訓詞章而已。〔註23〕

彭君的學術地位如何，我們現在並不熟悉，但可知的是他學習三禮有成，且研究過兵書，喜談兵法，這對王闓運的治學當與實務相結合的理念，應當有相當的啟發。其實這種務實的特質，長久以來就是湖南學風的特色。地域環境影響著一個人的性格、思想，也影響著一個地區的學術風氣。梁啟超在〈中國學風之地理分佈〉一文中說：

> 氣候山川之特徵，影響於住民之性質，性質累帶之蓄積發揮，衍為遺傳，此特徵又影響於對外交通及其他一切物質上生活，還直接間接影響於習慣及思想，故同在一國同在一時而文化之度，相去絕遠，其質及其類不相蒙，則環境之分限使然也。〔註24〕

王闓運出生於湖南湘潭，他學術思想的特質，深受湖南務實學風的影響。清朝的學術，自江浙地方乾嘉學派崛起以後，訓詁勘驗的漢學久盛未衰，蔚為

〔註22〕彭嘉玉，字笛仙，生卒年不詳，湖南長沙人。1853年夏秋間入曾國藩幕府，負參議軍事之責。1854年五月後離入前線軍營，1864年十月由曾國藩奏保「以知縣留於安徽歸候補班前補用」。1865年6月在江寧復入幕，委辦江寧糧台，專司「剿捻」各軍餉糈供支。十二月，奉命入安慶報銷總局，幫李興銳等辦理1857年2月至1865年6月間軍費報銷事宜。1868年冬，該局裁撤離幕，未隨曾國藩去直隸。

〔註23〕王代功，《清王湘綺先生闓運年譜》（台北：台灣商務印書館），頁14。

〔註24〕梁啟超，《飲冰室合集》（北京：中華書局，1989年），第五冊，頁50。

學術的主流。〔註 25〕江浙學人多視經術爲學術傳承之本，而忽略「外王」層面的治道，湖南士子對江浙經學不注重外王治道的傾向早有微詞，魏源曾批評這種重考證的漢學：「士子窮而在下者，自科舉以聲音訓詁相高；達而在上者，翰林則以書藝工敏，郎曹則以胥吏案例爲才，舉天下人才盡出於無用之一途。」〔註 26〕湘人士子問學研經群趨於治道，踐履與治學同步，使湘地紳耆幾乎難分學術與政事的界限，他們熱衷於治術實際之道，範圍是相當廣泛的，從兵事、農藝到醫術、地理，幾乎無不窺之，尤其是兵事，常爲湘人所注意。張栻曾云：「蓋君子於天下之事無所不當究，況於兵者，世之興廢，生民之大本存焉，其可忽而不講哉？」〔註 27〕王闓運早年曾有從軍之志，〔註 28〕亦可視爲這種情況的體現。因此在學術致用這一基本的出發點上，王闓運的論點大致與湘學的旨趣是相同的。這也可以解釋，爲什麼王闓運的學術基調宗漢學，但是他又反對漢學的鑽研於故紙堆，最終走向接近於今文經學通經致用的格調。這可從兩方面來立論，一是今文經學與漢學有很深厚的傳承關係，二是湖南學風本不精通訓詁考據。近代湖南學術發展有其獨特性，是一個多數人接受的共識。湖南長久以來與中原的隔絕，造成學術的不入流，當乾嘉「漢學」風行全國時，「獨湖湘之間被其風最稀」。〔註 29〕葉德輝注意到，「乾嘉以後，吳越經學之盛，幾於南北同宗。」而湖南人則「篤守其鄉風」，

〔註 25〕楊念群根據各地域的儒學特徵，將清代的儒學劃分爲三大知識群體，即湖湘儒學、江浙儒學、嶺南儒學。湖湘儒學重實際；江浙儒學重訓詁考證，乾嘉之學可爲代表；嶺南儒學則重理想與玄思。詳見楊念群，《儒學地域化的近代型態》（北京：三聯書店，1997 年 6 月）。

〔註 26〕魏源，〈明代食兵二政錄敘〉，《魏源集》（北京：中華書局，1983 年），頁 163。

〔註 27〕張栻，〈跋孫子〉，《張南軒文集》（清咸豐四年　綿邑南軒詞重刊本），卷三十四。

〔註 28〕王闓運早年曾萌發從軍之志有兩次，一次在咸豐二年，二十一歲時。當時，太平軍從廣西越過五嶺，到達湖南境內，七月，包圍省城長沙。《年譜》，頁 18～19，咸豐二年條云：「彭丈砥先與府君過從最密，常指畫地圖，高談兵略，彭丈憤將領之不職，與府君書有云：假我以權，庶幾牧頗。府君亦以時事日棘，究心兵法，有從軍之志。然以節母在堂，孤子當室，未敢請也。」另一次在咸豐四年，二十三歲時。《年譜》，頁 24，咸豐四年條，言及王氏二十三歲時，當時曾國藩正力剿太平軍，手下負責水師的彭玉麟、軍事參謀陳士杰皆與王氏友善，論兵事多相合，故約從軍。但馮樹棠出於一番善意，在曾國藩前力言王氏爲孤子，上有守節之母，且新婚未有子嗣，不宜從軍，而曾國藩則以爲王闓運不樂於從軍，心中不悅，王闓運亦沒有加以辯解，從軍之事遂止。

〔註 29〕錢穆，《中國近三百年學術史》（台北：商務印書館，1964 年），下冊，頁 575。

「不以考據爲能」。〔註30〕長沙楊樹達在一九三四年的日記中寫道：

讀唐仲冕《陶山文錄》。陶山之學不主一家，然吾湘乾嘉間前輩能了
解漢學者僅陶山及余存吾（廷燦）兩人耳。（《積微翁回憶錄》，一九
三四年十月二十七日條）

可見湖南當時和乾嘉經史考證之學是相當隔絕的。湖南在學術思想上急起直
追則是道光以後的事。羅志田指出，湖湘士人本以其能經世而顯，湘學之名
亦藉事功而立，非眞以學術見長也。所以，在乾嘉正統籠罩學界之時，說湘
學獨立可以；說其已「勃興」，則只能是對學術主流視而不見的掩耳盜鈴之法。
在學術典範的「話語權勢」存在時，「獨立」不過是不入流的代名詞，只有在
道咸以後，經學之正統已衰落，「獨立」才可能成爲正面價值。〔註31〕楊毓麟
（篤生）說，湖南交通不便的地理條件造成當地人「獨立之根性」，特別表現
在學術上。從宋代的周敦頤、明末的王夫之到清代的魏源、王闓運，都以學
術與時流有所距離而獨立。

王闓運早年就選擇潛心於經學，並以經學作爲治術之本，應與太平天國
的動亂以及湖南的情況、曾國藩的影響有關。道光三十年（1850 年），洪秀全
起兵於廣西，這一年，王闓運十九歲，也就在這一年，他結識了習禮與兵法
的彭嘉玉，這對王氏的爲學志向有很大的啓發。咸豐三年二月（1853 年 2 月），
曾國藩在湘鄉辦團練，三月，太平軍陷南京，改稱天京。這一年，王闓運二
十二歲。太平天國之亂延續到了同治三年六月（1864 年 6 月）顛覆，這一年，
王闓運三十三歲。王闓運從十九歲的少年到三十三歲的青壯年之間，都是在
太平天國的動亂中度過的，從少年到青壯時期，正是一個人的思想、志向、
學術逐漸形成的時期，想必太平天國的動亂，對王闓運的影響應該是很深的。
而提到太平天國對他的影響，不能不談到曾國藩的重要性。

客游曾國藩的幕府，與王闓運的學術有什麼樣的關係呢？太平天國之役對
湖南人性格最大的影響，應是湘軍在作戰時所揭的「衛道」精神。曾國藩所領
導的湘軍打出的旗號是維護名教，要維護孔孟之道於不墜，免於異教的侵襲。
湘軍這種「衛道精神」影響湖南人的性格至深。後來湖南士紳排拒異端，反教
打教的精神，或可視爲湘軍這種精神的延續。這也是湖南爲保守主義之大本原

〔註30〕羅志田，《權勢轉移——近代中國的思想、社會與學術》（湖北人民出版社，
1999 年 7 月），頁 85。
〔註31〕羅志田，《權勢轉移——近代中國的思想、社會與學術》，頁 88。

的根源之一。〔註32〕李劍農於《中國近百年政治史》一書中分析太平軍所以失敗，湘軍所以成功的因素，歸納爲四方面的原因：軍略上、政策上、人才上、主義上。而湘軍成功最重要的原因，就在於主義上。他說：「洪秀全的神權主義精神是假的，曾國藩的名教主義精神是眞的。」〔註33〕這裡的「曾國藩的名教主義精神」，就是傳統中儒家的學說和「士」的精神具體展現。曾國藩不止是要在軍事上消滅太平天國，而且要清除太平天國破壞傳統文化的「邪教」影響，恢復儒家傳統，他救國的根本精神，是落在儒家學說之上的，他提倡以禮修身治人，以導正風俗教化爲己任。此外，他在延攬幕府人才時，也不僅注意可以治軍、籌餉、掌文書、辦洋務的專門人才，而且特別注意對學者的延攬，學者們在幕府的存在，是曾國藩作爲當時精神領袖的重要標誌，他不只是要在政治上有所作爲，而且要在學術文化上建立功業。〔註34〕總之，傳統儒學的復興是曾國藩生命的關懷。曾國藩的這種精神，也深深的影響了他幕府裡的人。

　　王闓運在咸豐三年或咸豐四年（二十二、二十三歲）始客游於曾國藩的幕府，一直到同治三年（三十三歲）決定歸隱，考察王闓運的治學歷程，這些年的時間，正是王闓運開始治經的關鍵時期。咸豐五年，二十四歲時，始治三禮。《年譜》咸豐五年條云：「始治三禮，以禮經難讀，先自禮經始，作《儀禮演》十三篇，分章節，正句讀，爲注經之始。」〔註35〕王氏治經由禮先入，固然受彭嘉玉的影響很大，但是從時間上看，我們也沒有理由說他完全沒有受曾國藩的影響，尤其是曾國藩提倡以禮修己治人，以導正風俗教化爲己任，這也是王闓運一生所奉行的原則。咸豐六年，二十五歲時，始治今古文尚書。〔註36〕所以王闓運在客游曾國藩幕府之後一、二年，就開始治經，以致用淑世作爲終身的爲學方向，曾國藩的影響應該不小，這是值得注意的。錢基博認爲王闓運是不用於時之後，才大治群經，教授所學，我們從王闓運的年譜考察，可以知道這樣的說法是不正確的。附帶一提的是，同治二年十二月，王闓運三十二歲時，到廣州謁見了陳澧（1810～1882）。〔註37〕陳澧是

〔註32〕楊肅獻，《晚清的反變法思想——近代中國保守主義的一個分析（1891～1900）》，（台大歷史所碩士論文，民國69年6月），頁50。

〔註33〕李劍農，《中國近百年政治史》（台北：台灣商務印書館，　年），頁99。

〔註34〕尚小明，《學人游幕與清代學術》（北京：社會科學文獻出版社，1999年10月），頁147～149。

〔註35〕《年譜》，咸豐五年條，頁27。

〔註36〕《年譜》，咸豐六年條，頁29。

〔註37〕陳澧，字蘭甫，一字蘭浦，讀書處曰東塾，學者稱東塾先生。廣東番禺人。

漢學大家，精通聲韻訓詁之學，但他是主張「學術治世」的。陳澧認為學者應該研讀經書，而且應就自己性之所近選一經而精通之。他欲「人通一經而詳味之」，「專習一經以治身心」。〔註38〕他進而提倡「士大夫之學」，作為學者經世致用的目標。他說：

> 有士大夫之學，有博士之學。近人幾無士大夫之學。士大夫之學，
> 更要於博士之學。士大夫無學，則博士之學亦難自立矣。此所以近
> 十年學問頹廢也。〔註39〕

士大夫之學在「略觀大意」，「存其大體，玩經文而已」，〔註40〕和博士之學精於訓詁考證者不同。總之，陳澧為學，教學者讀一部經書，由治經的過程，玩味經文，以尋求微言大義之所在。王闓運日後在教弟子治經之方時，也常強調當先治一經。例如同治十年，王闓運四十歲時，入京應試，雖未中進士，但是新科進士聞王氏入京，多來向他問業。於是對之論曰：「夫學貴有本，古尚專經，初事尋摭，徒驚浩博，是以務研一經以窮其奧。唐以文多者為大經，小者為小經，限年卒業，立之程課，經解列六藝之名而視性之所近，今亦宜就己所好以求師說。……但求一經，群經自貫，旁通曲證，溫故知新，恃源而往，靡不濟矣。」〔註41〕又如皮錫瑞亦曾談到王氏勸其專治一經的事。皮錫瑞在〈答門人王子庚書〉中說：「……予少亦好議論詞藻，王壬秋先生（闓運）勸專治一經，不肯聽。」〔註42〕總之，王闓運主張應就性之所近專治一經，以及存大體，玩經文，尋求微言大義的這種觀點與態度和陳澧是一樣的。〔註43〕在這裡沒有足夠的資料可以深入說明王闓運是否受陳澧的影響，根據

生於嘉慶十五年，卒於光緒八年，年七十三。清代末業，粵中大儒，世咸推陳澧為巨擘，陳氏學識廣博，於小學、音韻、天文、地理、樂律、算術、古文、駢體文、填詞、篆、隸、真、行書，無不研究，撰作宏富。曾任學海堂學長數十年。至老，主講於菊坡精舍，成就諸生甚眾。

〔註38〕引自《嶺南學報》第二卷，第二期所載〈陳蘭甫先生澧遺稿〉，頁189。

〔註39〕《嶺南學報》第二卷，第二期所載〈陳蘭甫先生澧遺稿〉，頁200。

〔註40〕《嶺南學報》第二卷，第二期所載〈陳蘭甫先生澧遺稿〉，頁200。

〔註41〕《年譜》，同治十年條，頁62～63。

〔註42〕皮名振編，《皮鹿門年譜》，（台北：台灣商務印書館，民國70年12月），頁28。

〔註43〕當然，細究內容，兩人的「專治一經」，性格上仍是有不同的。陳澧是漢學大家，他治學仍不脫乾嘉之學的塗轍，他教學者要細讀注疏，他認為，「學者之病，在嬾而躁，不肯讀一部書。」他主張，自首至尾細讀一部注疏，即是讀一部經書，除了救讀書浮躁之習以外，還可以藉由注疏以明義理。因此，「真

《年譜》同治二年條云：「十二月至廣州，時毛公鴻賓爲兩廣總督，郭丈筠仙署廣東巡撫，陳蘭甫先生主粵雅堂講席，夙負盛名，見府君，與之抗禮。陳先生家富藏書，方柳橋、徐子遠亦多異本，府君得遍觀覽焉。」〔註44〕《年譜》提到陳澧與王闓運「抗禮」，字面上的意義是行平等的禮節，視王闓運的地位與己相當之意，除此之外，兩人見面也必定有一些學術心得上的交流。而且，陳澧素與曾國藩友善，在學術上有所切磋，王闓運與陳澧的見面，應該也不是偶然。因此若是說王闓運有受過陳澧的一些影響，也是有可能的。

　　從以上的論述，可以看出王闓運的宗經，以及通經致用的爲學方向，受到時局的動亂、湖南務實學風、今文經學經世致用學風的影響，以及先輩大儒如彭嘉玉、曾國藩、陳澧等人的啓發。不過，較爲啓人疑惑的是，湖南長久以來就有理學的傳統，嶽麓書院曾經是宋代著名理學家朱熹、張栻講學的地方，數百年來，一直保持著宏揚理學的傳統。〔註45〕曾國藩論學主調和漢宋，所以奉曾國藩爲師的學者（多半曾居其幕府者），多無漢宋門戶之見，且常以調和漢宋自任，如劉蓉、羅澤南、吳嘉賓、戴望、程鴻詔、方宗誠等。〔註46〕王闓運受曾國藩影響不小，爲什麼沒有走上曾國藩所主張的「漢宋調和」之路，而獨批判宋學，走上宗經的方向？關於這一問題，筆者認同於楊念群對王闓運的一些觀點。他認爲，王闓運之學與湖湘學風不同的地方，就是他把儒學從「內聖外王」轉變成了「外王脫離於內聖」。〔註47〕

第二節　清代「今文學」與「《公羊》學」

　　清代中葉，由常州興起而蔓延於全國的學術思潮，對近代中國產生了極大的影響。不過，關於這一學派的命名，卻是紛紜擾攘，或名爲「常州學派」，

學者自必細心讀書，求其大體，而其本在乎服善，在乎虛心向學，而無先以求勝乎前人之心。如是，而心術正，學風變，而人才自此出，世運自此轉。此東塾提倡新學風之微旨也。」見錢穆，《中國近三百年學術史》（台北：台灣商務印書館，民國55年），頁619。王闓運雖然也是主張以學術導正心術，並以此扭轉世運，但從王闓運的解經風格來看，他對於前人的注疏是不大理會的，甚至有意識的要去破除、超越前人的注疏。

〔註44〕《年譜》，同治二年條，頁39。
〔註45〕史革新，《晚清理學研究》（台北：文津出版社，民國83年3月），頁10。
〔註46〕尚小明，《學人游幕與清代學術》，頁149。
〔註47〕楊念群，《儒學地域化的近代型態——三大知識群體互動的比較研究》，頁197〜209。

或名爲「今文學派」，亦有言「《公羊》學派」者。就作爲描述學術活動的內涵及特質這一層意義而言，稱常州、今文或《公羊》學派，在概念的理解上似乎沒有太大的困難。但是筆者研究王闓運，卻發現若是跟隨前人的用法，將「常州學派」、「今文學派」、「《公羊》學派」這樣的名詞含糊的合爲一談，則在追溯與擺置王闓運的學術系譜時，會出現了難以解決的矛盾。由於這種問題的發生，筆者認爲癥結就出在於常州、今文或《公羊》學派的學術內部，有一個較爲複雜的情況，故在此欲對此學派的本質作一個較深入的理解，並進一步的來探究王闓運的學術性格。

一、從王闓運學術系譜的迷思說起

歷來的學者，常把王闓運歸入常州／今文／《公羊》的學術傳承系譜之中。李新霖在《清代經今文學述》中，將清代今文經學的傳承表列爲：

【引自李新霖，《清代經今文學述》（國立台灣師大國文研究所集刊二十二號），頁184。】

王闓運在這個表中，被列爲清代今文經學派中，接續龔自珍、魏源的傳承，下接廖平、康有爲等。另外，江素卿在《論常州學派之學術特質與其經世思想》中，亦列了一個「常州相關學者系譜」表：

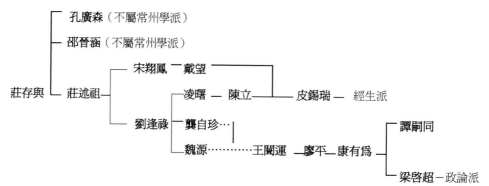

【引自江素卿，《論常州學派之學術特質與其經世思想》（台北：花木蘭文化出版社，2008 年 9 月），頁 7。】

這兩個表基本上大同小異，只是後者把莊存與兩個門人孔廣森與邵晉涵列入，但認為此兩人不屬常州學派，只是與常州學派有關。此外，後者又多了陳立與皮錫瑞，並將戴望、凌曙、陳立、皮錫瑞的傳承區別為「經生派」，將龔自珍、魏源、王闓運、廖平、康有為、譚嗣同、梁啟超的傳承，區別為「政論派」。這兩個表，一個稱為清代今文經學的傳承表，一個稱為常州相關學者系譜表，其實兩者內涵相同，而王闓運名列其中，可見王氏被有些學者視為是此一學派的一員。但也不是每個學者都持這樣的看法。在支偉成的《清代樸學大師列傳》中，附錄了一篇章太炎先生寫給支偉成的文章，章太炎說：

> （王闓運）非常州學派，其說經雖簡，而亦兼採今古，且箋《周官》，劉氏（逢祿）兼說《書・序》，是知當時只攻左氏，猶未盡攻「古文」也。逮邵懿辰始書攻「古文」耳。王氏生於邵後，獨兼古今，且箋《周官》，則亦不得云常州派也。此但於惠、戴二派外獨樹一幟，而亦不肯服從常州也。〔註48〕

支偉成聽從章太炎的意見，將王闓運列於「湖南派古今兼採經學家列傳」中，而不列於同書的「常州派今文經學家列傳」裡。蕭艾對這樣的看法有意見，他仍然贊同馬宗霍將王闓運列入「常州今文學派」之中。蕭艾在《王湘綺評傳・經學家王闓運》中，引了馬宗霍的一段話來說明王氏確是屬於「常州今文學派」的一員：

> 邵陽魏源，素善自珍，作《兩漢經師今古文家法考》，謂西漢之學勝於東漢，東漢之學興，而西漢博士之家法亡，大旨與宋氏（翔鳳）同。……湘潭王先生繼之，各經皆有箋注，亦折衷於《公羊》之義，自為眇通。……由是湘中有今文之學。王氏弟子井研廖平，初作《今古學考》，謹守漢法，已乃自名其學，閎大不經。而南海康有為乃竊其緒，作《新學偽經考》、《孔子改制考》。由是蜀中、粵中亦有今文學。

揆諸章太炎的說法，再比較馬宗霍將王闓運列入「常州今文學派」的說法，則馬宗霍的論點似乎顯得含糊。他說，魏源作《兩漢經師今古文家法考》，提倡西漢今文之學勝於東漢古文之學；又廖平作《今古學考》，康有為作《新學偽經考》、《孔子改制考》，無疑都是以今古文學的方向為重點，這樣的敘述，大致上是沒有問題的。但是對於王闓運的形容，則只說：「湘潭王先生繼之，

〔註48〕支偉成，《清代樸學大師列傳》（湖南：嶽麓書社，1998 年 8 月），頁 4。

各經皆有箋注，亦折衷於《公羊》之義，自爲眇通。……由是湘中有今文之
學。」王闓運所繼承於魏源的是什麼，是否也要返回西漢家法，馬宗霍沒有
說清楚。各經皆有箋注，並折衷於《公羊》之義，是否就能代表欲返回西漢
的今文系統？而且這和馬氏同時論及的魏源、廖平、康有爲的今文學考證之
作比起來，似乎也是不同的方向。若是按照章太炎的思考理路，這是不足以
說明他可以列入「常州今文家」的。但是蕭艾卻十分的認同馬宗霍對王氏學
派的歸屬，認爲王闓運於今文經《公羊》，確實是與龔自珍、魏源一脈相承的。
他說：

> 我們認爲把王闓運歸屬常州今文學派，並且直接繼承於魏源，是很
> 有道理的。因爲這一派最大的特點便是突出《公羊》學，有如梁啓
> 超所言「今文學之中心在《公羊》」。而《公羊》之要旨又在於「其
> 中多非常異義可怪之論」。自魏晉以來，《公羊》已成爲絕學，莊存
> 與的貢獻便在於他重新提倡何休的學說，探尋《公羊》的微言大義。
> 龔自珍、魏源，乃至王闓運，進一步把《公羊》學的學說理論與當
> 前的政治實際結合在一起，無怪乎譚嗣同要說「千年暗室任喧，汪
> （中）魏（源）龔（自珍）王（闓運）始是才」了。〔註49〕

章太炎、支偉成認爲王闓運不該屬於常州今文學派，而馬宗霍、蕭艾又主張
將之列於常州學派，這種矛盾到底出在什麼地方呢？先比較章太炎與蕭艾的
說法。章太炎的理由，是王闓運治群經兼採古、今文，且箋有《周官》。雖然
莊存與也重視《周官》，但是王闓運的年代和莊存與不同。清代自邵懿辰攻擊
古文之後，今文經學已經全面的興起了，王闓運生於邵懿辰之後，仍然不排
斥古文，所以他和常州的今文經學派，還是有所不同的。而蕭艾的論點，則
是放在梁啓超所謂的「今文學之中心在《公羊》」，以及以經義論政之上。他
認爲王闓運學宗《公羊》，常州學派最大的特點就是突出《公羊》學，而且王
闓運還承繼著龔、魏，把《公羊》學的學說理論與當前的政治實際結合在一
起，光是這一點，就足以說明王氏是常州今文學派的一員了。

　　由此看來，章太炎與蕭艾對「今文學派」認知的重點不太一樣。章太炎
認知的重點，是放在對待群經的今古文學術態度上；蕭艾的重點，則是放在
《公羊》學的特徵，特別是與時政的關係之上。從這兩個方向上來說，一個
視王闓運爲常州學派的一員，一個不主張，兩者皆持之有據，而從這兩者認

〔註49〕蕭艾，《王湘綺評傳》（湖南：嶽麓書社，1997年12月），頁114～116。

知方向的差異，也顯示出「常州今文經學」本身的定義與內涵，有它的複雜性。關於這種複雜性，蔡長林先生在研究崔適時，已經注意到了這個問題，〔註50〕他是首次試著釐清這個問題的學者，他提出清代經今文學派的開展，可以歸納出兩個平行的面向，一者可稱為「偏向考證的（學術的）今文學」，另一則可稱為「偏向義理的（政治的）《公羊》學。」筆者認為，跟從蔡先生的這種觀點，可以解決王闓運在學派上擺置的問題，也可以為我們在研究王闓運的學術性格時，提供了一條新的指引路向。

二、「今文學」與「《公羊》學」的理路

　　「今文學」與「《公羊》學」，不但是研究經學史、學術史乃至思想史時經常會被提到的專門名詞，也是組成清代「常州學派」或「今文學派」或「《公羊》學派」最重要的學術概念。二者各有指涉範圍，實為互相交集又可各自獨立的兩個學門，也是晚清今文學發展的兩個面向。然學者或因敘述角度之不同，或以不易釐清彼此同異之故，乃將研究「今文學」與「《公羊》學」的學術運動，稱為「常州學派」或「今文學派」或「《公羊》學派」，學派名稱雖三，但描寫的其實是相似的學術發展與演進的內容，蔡長林先生以「今文學派」一詞較具宏觀性，以此一名詞代表這一學派，筆者從之。只是「今文學派」的內容，卻含有兩組不同的學術概念，即是「今文學」與「《公羊》學」兩個學術範疇。由於歷來談到王闓運的學者，有從「今文學」的角度立論的，也有從「《公羊》學」的角度來論說的，但是又混淆了這兩個範疇，因此不容易為他的學術定位，甚至出現了如前述兩種說法互相矛盾的情形。因此筆者認為，要辨明王闓運的學術性格，必須先對「今文學」與「《公羊》學」的本質與差異有一個較為清楚的理解與分辨，由於蔡長林先生對此已作了十分詳盡的分析，筆者以下除了對其論點作一個敘述與詮釋之外，並在其研究成果上再進一步的來探求王闓運的學術性格。

　　置諸晚清的時空背景下來思考，「《公羊》學」的性格乃是偏向學人的經世思想，表現出的是一種關懷政治現實的傾向，這種對《公羊傳》的研究及發揮所產生的「《公羊》學」與考證輯佚性格頗為濃厚的「今文學」，是不宜簡單的將之合而為一的。蔡長林先生從清代學術的內涵，以及梁啟超、錢穆、

〔註50〕可參蔡長林先生，《論崔適與晚清今文學》（台北：聖環圖書公司，民國91年2月），頁27～64。

陸寶千、阮芝生、王汎森、李新霖、張廣慶等學者對《公羊》學或今文學的敘述中，區分歸納出「《公羊》學」與「今文學」兩種不同的路向。個人覺得，最具代表性的，是他分析梁啓超、錢穆兩人的說法，最能彰顯兩者的區別。

梁啓超說：「『今文學』之初期，則專言《公羊》而已，未及他經。」〔註51〕錢穆也說：「其始則爲《公羊》，又轉而爲今文。」錢穆又說：

> 繼吳、皖而起者，有《公羊》今文之學，治《公羊》者，始於常州，刊落訓詁名物，而專求其所謂微言大義者，顯與皖派戴、段之徒，取徑不同。蓋其淵源所至，亦蘇州惠氏尊古而守家法之遺，而又不甘爲名物訓詁，遂遁而至此也。其後以信《公羊》而信今文，又以信今文而疑及古文。〔註52〕

錢穆說今文學派「其始則爲《公羊》，又轉而爲今文」，又說「治《公羊》者，始於常州，……其後以信《公羊》而信今文，又以信今文而疑及古文。」錢穆認爲，今文學派的興起，起初是因爲莊存與說《公羊》，後來因爲信屬於今文的《公羊》，便又擴及信奉今文的群經，然後引起一連串的辨僞古文。錢穆的言下之意，似乎是說，整個今文學派的興起，是莊存與帶出來的。錢穆能夠將「《公羊》學」與「今文學」用前後的關係區別開來，是有其卓見的。但是整個今文學派的興起，眞的是莊存與帶出來的嗎？梁啓超雖然也說「今文學啓蒙大師，則武進莊存與。」〔註53〕但他又說：「『今文學』之初期，則專言《公羊》而已，未及他經。」〔註54〕根據梁啓超這樣的說法，他是將「《公羊》學」納入整個「今文學」的系統中，這麼說來，「今文學」似乎是一個大潮流，並不是僅源於莊存與的說《公羊》才引起的。梁啓超的這種說法，也是持之有據的。但這個地方，不是孰是孰非的問題，蔡長林先生認爲，不論是錢穆或是梁啓超，都沒有眞正點出莊存與在今文學派中的特殊性。他注意到莊存與和劉逢祿等人的學術理路有所差異，從這個地方去析分出「《公羊》學」和「今文學」的不同路向。

梁啓超在《清代學術概論》中說：

> 存與著《春秋正辭》，刊落訓詁名物之末，專求其所謂「微言大義」

〔註51〕 梁啓超，《清代學術概論》（台北：台灣商務印書館，1994 年 1 月台二版），頁123。

〔註52〕 錢穆，《國學概論》（香港：學風出版社，無出版年月），頁 311。

〔註53〕 梁啓超，《清代學術概論》，頁 121。

〔註54〕 梁啓超，《清代學術概論》，頁 123。

者，與戴、段一派所取途徑，全然不同。其同縣後進劉逢祿繼之，
著《春秋公羊經傳何氏釋例》，凡何氏所謂非常異義可怪之論，如「張
三世」、「通三統」、「絀周王魯」、「受命改制」之義，次第發明；其
書亦用科學的歸納研究法，有條貫，有斷制，在清人著述中，實最
有價值之創作。〔註55〕

梁啓超說莊存與「刊落訓詁名物之末，專求其所謂『微言大義』者，與戴、
段一派所取途徑，全然不同。」這是說莊存與對於經典，並不同於戴震、段
玉裁等漢學考證派的重視名物訓詁。但是對於接受莊存與微言大義的劉逢
祿，他治學的方式卻是用科學的歸納考證研究法，這仍是漢學考證派的路數。
雖然莊、劉兩人所論皆為「《公羊》學」的微言大義，但是劉逢祿的考證性格，
已經為清代「今文學」的傳統揭開了序幕。此外，在劉逢祿的年代上下，輯
佚之學極盛，對於古經說搜集不遺餘力，於是研究今文餘說者漸多，例如，
馮登府有《三家詩異文疏證》、陳壽祺有《三家詩遺說考》，陳喬樅有《今文
尚書經說考》，《尚書歐陽夏侯遺說考》，《齊詩翼氏學疏證》，迮鶴壽有《齊詩
翼氏學》。這些著作，雖然有的只是在言家法同異而已，沒有門派問題，但是
也有意在提倡今文者。〔註56〕則清代關於「今文學」的輯佚、考證、辨偽古
文等三大特色，皆可在劉逢祿時代尋到端緒，也就是「今文學」的大傳統，
在其之前的漢學界，已有端緒。而劉逢祿是揭開「今文學」序幕的代表。

　　所以蔡長林先生不斷的突顯莊存與的特殊性，並強調莊存與及其後學劉
逢祿等人的學術性格是不太相同的，他說，所謂「刊落訓詁名物之末，專求
其所謂『微言大義』」的「《公羊》學」，僅止於莊存與一身。之後的劉逢祿、
宋翔鳳等人，他們治《公羊》學，雖仍重視「微言大義」的闡發，但已不同於
莊存與的不重視名物訓詁，相反的，他們的方式是極重考證的，劉、宋的後
繼者對《公羊傳》的研究都帶有濃厚的今文考證色彩，表現較為明顯的，則
有凌曙、陳立、戴望，以及後來的龔自珍、魏源、廖平、康有為等人。以考
證、輯佚、辨偽古文等研究為特色的清代「今文學」運動，在劉逢祿之後逐
漸的浮現出來。所以梁啓超說清代的學術「在前半期為『考證學』，在後半期
為『今文學』，而今文學又實從考證學衍生出來。」說的就是這種情況。所以
從漢學考證學派到今文學派的興起，是一路衍生出來的，在學術性格上不能

〔註55〕梁啓超，《清代學術概論》，頁121～122。
〔註56〕例如陳壽祺便是意在提倡今文。

視爲對立的兩個層面，錢穆在這一點上，並沒有分辨兩者的密切關係。王汎森先生在《古史辨運動的興起》中，曾用大量的篇幅清楚的說明兩者的關係，以下節錄一段代表性的文字：

> 過去有些學者持著一個看法，認爲今文經師們反對聲音訓詁之學，專講微言大義。對於初中期的今文經師而言，這個觀察並不對。我們不但可以很容易從莊述祖、劉逢祿、宋翔鳳、魏源等學者的著作中，找到大批聲音訓詁的文字，更可以找到許多證據證明他們追尋古音古字以明六經本義的決心是與考據家一樣強烈的。〔註57〕

此外，艾爾曼也對這個問題作過論述。〔註58〕其實，不但清中葉，即使清代晚期的今文家，考證的精神與方法，跟隨段、戴一派所取的途徑，均是他們強調微言大義的支柱，而「與戴、段一派所取途徑，全然不同」者，蔡長林先生認爲僅有莊存與，莊存與這種「《公羊》學」的風格和「今文學」的風格是不同的。當然，今文學派裡的學者，多數都是身兼兩種風格的，兩者有重疊不可分割的地方，從劉、宋等人的說《公羊》又疑辨古文，到龔、魏、廖、康以《公羊》學微言大義論政，但今文學又是他們論點的支柱，都是這種情況。而在蔡長林先生眼中，莊存與則是唯一一個較爲純粹《公羊》學風格的人。筆者在這樣的研究成果上，要進一步的提出，如果莊存與是第一今文經學派系譜中，較爲純粹《公羊》學風格的人，則筆者認爲，王闓運堪稱是第二個，以下將較詳細的論說之。

三、清代今文經學的發展

「今文學」是考證的、封閉的，學術性強的；「《公羊》學」是義理的、開放的、經世性強的。從清代今文學興起的一個狀況，可以對比出王闓運對今古文經學的態度，並從而對王闓運的學術性格作一個較清楚的理解。

清代揭開今古文壁壘旗幟的是劉逢祿。劉逢祿致力最深的是《春秋》，而今古文之辨的開端，就是從他對《春秋》三傳的認知開始的。劉逢祿承繼其外祖父莊存與學宗《公羊》，但相較於莊氏的僅說《公羊》的微言大義，劉逢

〔註57〕王汎森先生，《古史辨運動的興起》（台北：允晨文化實業股份有限公司，民國 76 年），頁 86。

〔註58〕艾爾曼著，趙剛譯，《經學、政治和宗族──中華帝國晚期常州今文學派研究》（江蘇人民出版社，1998 年 3 月），152～156。

祿又進一步的排斥《左傳》、《穀梁》。爲了申何休之學，撰《春秋公羊經何氏釋例》三十卷。除了申《公羊》以外，並非難《穀梁》、《左傳》，從他的《左氏春秋考證》、《箴膏肓評》、《春秋公羊經何氏釋例》、《穀梁廢疾申何》諸作中，可以檢索出大量以擊劉歆、《左傳》、《穀梁》以及推尊《公羊》的言論，而《左氏春秋考證》又被視爲是今文學者攻擊《左傳》的先聲。〔註59〕攻擊《左傳》、《穀梁》與劉歆，無疑都是與他的推尊《公羊》有密切關係，但是在劉逢祿的心中，是否僅在於推崇《公羊》，而無意於劃分今、古文的壁壘？從以下的文字，或許可以看出一些端倪：

> 余年十二，讀《左氏春秋》，疑其書法是非多失大義，讀《公羊》及董子書，乃恍然於《春秋》非記事之書，不必待《左氏》而明。左氏爲戰國時人，故其書終三家分晉，而續經乃劉歆妄作也。〔註60〕

他不但認爲《左傳》「書法是非多失大義」，又認爲續經是劉歆所「妄作」，又說：

> 《左氏》後於聖人，未能盡見列國寶書，又未聞口授微言大義，惟取所見載籍，如晉乘楚檮杌等，相錯編年爲之，本不必比附夫子之經，故往往比年闕事。劉歆強以爲傳《春秋》，或緣經飾說，或緣《左氏》本文前後事，或兼采他書，以實其年。〔註61〕

以上劉逢祿認爲「《左氏》後於聖人」、「未聞口授微言大義」、「劉歆強以爲傳《春秋》」、「緣經飾說」等說法，以及「劉歆顛倒五經，使學士迷惑」〔註62〕這樣的理念，必不爲古文經學者所認同。而且，劉逢祿實際上也表達了他傾向於今文家派的意識。他在爲魏源的《詩古微》作序時說：

> 嘗怪西京十四博士，《易》則施、孟、梁丘氏，《書》則歐陽、大小夏侯氏，《詩》則齊、魯、韓氏，《禮》則大小戴氏，《春秋》則《公羊》顏、嚴氏、《穀梁》江氏，皆今文家學，而晚出之號古文者，十

〔註59〕劉逢祿的這種思想在其舅父莊述祖的著作中已見端緒，在《夏小正經傳考·序》中說：「凡學《春秋》者，莫不知《公羊》家誠非《穀梁》所能及，況《左氏》本不傳《春秋》者哉！假設無諸　儒之句剖字析，冥心孤詣，以求聖人筆削之旨，則緣隙奮筆者，皆紛紛籍籍，以爲《左氏》可興，《公羊》可奪矣。」不週若就批評劉歆作僞，以及提出辨僞的具體著作，劉逢祿仍是第一人。

〔註60〕劉逢祿，《左氏春秋考證》，收於《皇清經解》（台北：復興書局，1974 年 5 月），冊 37，卷 1294，頁 14183。

〔註61〕劉逢祿，《左氏春秋考證》，收於《皇清經解》，冊 37，卷 1294，頁 14186。

〔註62〕劉逢祿，《左氏春秋考證》，收於《皇清經解》，冊 37，卷 1294，頁 14183。

不與一。夫何家法區別之嚴若是，豈非今學之師承遠勝古學之鑿空，
非若《左氏》不傳《春秋》，《逸書》、《逸禮》絕無師說，費氏《易》
無章句。《毛詩》晚出，自言出自子夏，而序多空言，傳罕大義，非
親見古序有師法之嚴歟？〔註63〕

此段文字指出西漢十四博士所傳的今文家學，遠勝於古文學之鑿空，因此在
劉逢祿的心中，是有意識的來劃分今古文的優劣的，而且他的辨僞《左傳》，
不僅在今文學的陣營中，闢出了一條考訂僞經的新途徑，而且也挑起了今古
文的戰火。

和劉逢祿同時的宋翔鳳，認爲要探索《春秋》之義，「捨今文而末由」，「當
用《公羊》」，還寫了《擬漢博士答劉歆書》來反對《左傳》，〔註64〕此外，他
還攻擊古文經《周官》的眞實性。

曾從劉逢祿治《春秋》的龔自珍，撰《左氏決疣》一卷，以爲《左傳》
是經「劉歆竄益」，錢玄同、湯志鈞等人都認爲這是延伸劉逢祿《左氏春秋考
證》的餘緒。〔註65〕而龔自珍不僅攻擊《左傳》，還攻擊《周官》與古文《尚
書》、古文《易》。他說「《周官》晚出，劉歆始立。……後世稱爲經，是爲述
劉歆，非述孔氏。」〔註66〕又說「《周官》稱經，王莽所加。」〔註67〕在〈說
中古文〉這篇文章中，可以表明他今文經學的立場。「中古文」相傳是漢代皇
帝祕府的古文經籍，龔自珍卻不輕信，在〈說中古文〉中，對出於中古文的
《周官》、古文《尚書》、古文《易》皆表示懷疑。〔註68〕先前，劉逢祿攻擊
古文，以劉歆、《左傳》爲開端，龔自珍以此爲基礎，進一步攻擊《中古文》
裡的古文《尚書》、古文《易》、《周官》，將攻擊的對象由劉歆擴大到王莽，
在建立今文陣營的理論上又向前邁進一步。

眞正使清代今文家的陣地，由《春秋》再擴大到《詩》、《書》，並提出具

〔註63〕 魏源，《詩古微》（湖南：嶽麓出版社，1989年，12月），頁879。

〔註64〕 宋翔鳳，《過庭錄》，卷四，「元年春王周正月」、「天王使宰咺來歸惠公仲子之
　　　　 賵」條。

〔註65〕 見錢玄同，《左氏春秋考證書後》，收於《古史辨》（台北：藍燈文化事業公司，
　　　　 1987年11月），第五冊，頁3。又見湯志鈞，《近代經學與政治》（北京：中
　　　　 華書局出版，1995年3月），頁97。

〔註66〕 龔自珍，〈六經正名〉，《龔自珍全集》（北京：中華書局，1959年），頁37。

〔註67〕 龔自珍，〈六經正名答問〉，《龔自珍全集》，頁39。

〔註68〕 龔自珍，〈說中古文〉，收於《龔定盦全集》（台北：新文豐出版公司，1975
　　　　 年3月），頁40。

體著作的是魏源。他的《董子春秋發微》、《詩古微》、《書古微》，均表現出了
強烈的欲回復西漢家法的心志。魏源論《春秋》，認為西漢董仲舒說《公羊》
優於東漢的何休。在《董子春秋發微‧序》中說：

> 《董子春秋發微》七卷，何為而作也？曰‧所以發揮《公羊》之微言
> 大義，而補胡毋生《條例》、何邵公《解詁》之未備也。《漢書‧儒林
> 傳》言「董生與胡毋生同業治《春秋》」，而何氏注但依胡毋生條例，
> 於董生無一言及，近日曲阜孔氏、武進劉氏皆《公羊》專家，亦止為
> 何氏拾遺補缺，而董生之書未之詳焉。若謂董生疏通大旨，不列經文，
> 不足頡頏何氏，則其書三科、九旨燦然大備，且宏通精淼，內聖而外
> 王，蟠天而祭地，遠在胡毋生、何邵公章句之上。〔註69〕

劉逢祿為東漢何休的《解詁》作發揮，魏源更直探西漢，要使《公羊》也復
於西漢董仲舒的學說。《詩古微》是要發揮西漢三家《詩》的微言大義，並豁
除古文《毛詩》的缺點。在《詩古微‧序》中說：

> 《詩古微》何以名？曰：所以發揮齊、魯、韓三家《詩》之微言大
> 義，補苴其罅漏，以豁除《毛詩》美、刺、正、變之滯例，而揭周
> 公、孔子制禮正樂之用心於來世也。〔註70〕

魏源認為越是接近周公、孔子年代的作品，就越能接近聖人教化的本義，這是
他要返求於西漢齊、魯、韓三家《詩》的原因。在《書古微‧序》中，開宗明
義的提出，他寫作此書，是要「發明西漢《尚書》今、古文之微言大義」。他說：

> 《書古微》何為而作也？所以發明西漢《尚書》今、古文之微言大
> 義，而闢東漢馬、鄭古文之鑿空無師傳也。〔註71〕

他指出西漢的今文是有師傳的，東漢的古文是鑿空無師傳的，所以論《詩》
則尊齊、魯、韓三家而棄《毛詩》；論《書》則尊伏生、歐陽、大小夏侯、孔
安國、司馬遷而排馬融、鄭玄。而《詩古微》與《書古微》在時代上的價值，
是使清代今文家的陣地，由《春秋》擴大到《詩》、《書》。

　　而在《春秋》、《周官》、《詩》、《書》之後，《禮》也被納入辨偽的行列了，
其代表人物是邵懿辰。邵氏著《禮經通論》，其要點有二，一是辨明《儀禮》
十七篇為足本，未曾亡闕，一是辨《逸禮》三十九篇為劉歆所偽造。邵懿辰

〔註69〕魏源，《魏源集》，頁134～135。
〔註70〕魏源，《詩古微》（湖南：嶽麓出版社，1989年12月），頁131。
〔註71〕魏源，〈書古微序〉，《魏源集》（台北：鼎文書局，1978年11月），頁109。

運用考證的方式辨《儀禮》未曾亡闕，並考證古文的《逸禮》爲劉歆所僞造，目的是要突出屬於今文的《儀禮》之價值，而古文《逸禮》無法與《儀禮》相較。〔註72〕突出《儀禮》的價值，另一方面，又是爲了打壓《周官》的地位。他說：

> 自東漢人崇重《周官》，乃改題《周官》爲《周禮》，後改題《禮經》爲《儀禮》，其意以《周官》當「禮經三百」，《儀禮》當「威儀三千」，而西漢禮家以《禮》與《記》相關經傳之意遂亡，幾若《周禮》爲經而《儀禮》爲其傳矣。〔註73〕

因爲東漢人崇重《周官》，所以改題《周官》爲《周禮》，又將《禮經》改爲《儀禮》。邵氏的目的，是要把《儀禮》之名回復爲西漢通稱的《禮經》，重新取得在經學上的地位。

第三節　從兼綜今古文看王闓運的「《公羊》學」風格

從以上第二節中所論的今文經學發展過程中可以看出，在王闓運初治經的時期，今文學幾乎已經全面的發展起來了，今古文的壁壘已經十分的森嚴，而處在這個時期，又被視爲「今文經學派」一員的王闓運，對今古文的態度又是如何呢?以下依王闓運對群經的態度探討之。

一、《詩》

王闓運作《詩經補箋》二十卷，在著作形式上是對古文《毛詩》及鄭玄的《詩箋》作補正性的箋釋。雖然在文本的選擇上是以《毛詩》爲主，但是在箋釋的過程中，對《毛詩》與今文的齊、魯、韓三家詩，其實是採兼容並畜的立場，相較於魏源的排斥《毛詩》，力主返於西漢今文三家詩的立場是不相同的。

二、《書》

王闓運著《尚書箋》三十卷、《尚書大傳注》七卷、《尚書今古文注》三十

〔註72〕湯志鈞，《近代經學與政治》，頁 137～141。
〔註73〕邵懿辰，《禮經通論》，收於《皇清經解續編》（台北：復興書局，1974 年 5 月），冊 18，卷 1277，頁 14436。

卷。王闓運推崇孫星衍的著作《尚書今古文注疏》,(註:《年譜》,同治十年條。)
但認為仍有不足,故取孫本再加刊正,而成《尚書箋》一書,敘中自云全書「多
申伏以易鄭」,即申張西漢伏生之學,以替代東漢鄭玄之學。〔註74〕與《尚書箋》
同時進行的《尚書大傳補注》亦是持著這樣的態度。王氏另有《尚書今古文注》,
此書與《尚書箋》相似,主要取孫星衍的選著稍加刊補,又偏主《尚書大傳》、
《史記》之意。所以王闓運對於《尚書》,是較為明確的主張今文學立場。

三、《禮》

　　王闓運對古文的《周官》、今文的《儀禮》、《禮記》均有箋釋。著作為《周
官箋》、《禮經箋》、《禮記箋》。王氏對於《周官》並不曾排斥,認為是周公的
著作,〔註75〕這和今文學者宋翔鳳、龔自珍等人攻擊《周官》為劉歆偽作的
立場有很大的不同。

　　《周官》的傳承譜系,一直存在著很大的問題。《周官》是古文經,《漢
書・儒林傳》對古文經書如《毛詩》、《古文尚書》、《左氏春秋》等,對它們
的傳承譜系都有較詳細的述說,惟獨不提《周官》與《禮古經》。《漢書・藝
文志》僅著錄《周官》之書,對它的傳習者未曾說明。許慎的《說文解字・
序》提到魯恭王所得的各種古經以及張倉獻《左傳》諸事,唯獨不提《周官》
的來由。到東漢晚期,學者才對《周官》的傳授源流作出種種的推測,但是
可疑之處仍然很多。〔註76〕許多北宋的學者懷疑它的真實性,認為它與劉歆
幫助王莽篡位有關,這與漢代古文家所謂的《周官》為周公所作,同樣也是
沒有足夠的論證材料。《周官》的真偽再一次引起較大規模的爭議,是在清代
常州今文經學派興起之後。1747年,清代學者楊椿著《周禮考》,在序文中指
出,他致力於此書的研究有六十多年,發現此書絕非如漢儒所說的,是產生
於周公執政的時期。他還把《周官》與戰國時期法家學者申不害的政治學說
聯繫起來,指責《周官》是異端典籍,是反儒家的學者以此倡導功利的觀點。

〔註74〕王闓運,《尚書大傳補注・敘》(據復旦大學圖書館藏,清光緒刻,民國十二
　　　　年彙印《王湘綺先生全集》本影印原書版),頁一,曰:「自二十五歲治《尚
　　　　書》,越十有五年旅京師,始箋廿八篇始成,多申伏以易鄭。」此指的就是《尚
　　　　書箋》。
〔註75〕《年譜》,民國元年條。
〔註76〕王葆玹,《今古文經學新論》(北京:中國社會科學出版社,1997年11月),
　　　　頁150。

〔註77〕而常州學派的學者，則進一步的將《周官》帶入了更激烈的今古文經學的論爭之中。

我們若將常州學派的開創者莊存與，以及他的甥、孫輩的傳人，和後起的常州學派後學對《周官》一書的觀點拿來加以比較，便可以發現，《周官》在今古文的爭論中，所受到的衝擊是愈來愈大的。莊存與的學術並沒有嚴格的區分今、古文的門戶，他的三《禮》之學，講的就是古文的《周官》，這與龔、魏以來的今文學者痛詆《周官》的態度，不啻有天壤之別。〔註78〕莊存與雖然也懷疑《周官》的眞實性，但是他相當重視它的重要性。到了莊存與的外孫宋翔鳳，始明確的把今文經學的研究與《周官》的辨僞史聯繫在一起考察。先前，莊存與認爲《周官》與《春秋》兩者是相輔相成的，到了宋翔鳳，則認爲二者互相牴觸，稍早的楊椿等人儘管指責《周官》由劉歆、王安石等先後僞造和利用過，但還沒有將《周官》的眞僞與古文經學聯繫在一起。而宋翔鳳的觀點是，《周官》一書沒有師承流傳，這就已經說明了孔子、《春秋》的地位高於周公、《周官》。〔註79〕龔自珍於〈六經正名〉中說：「《周官》晚出，劉歆始立。……後世稱爲經，是爲述劉歆，非述孔氏。」而〈六經正名答問一〉亦說：「《周官》之稱經，王莽所加。」〔註80〕又曾說：「莊君綏甲、宋君翔鳳、劉君逢祿、張君瓚昭言封建皆信《孟子》，疑《周禮》，張說爲猶悲也。」莊綏甲、劉逢祿、宋翔鳳等皆爲莊存與的姪、孫輩，他們對《周官》的評價已有顯著的差異，常州經學興起以後，今、古文經學門戶的壁壘日漸分明，蔡長林先生認爲可以從這個地方看見端倪。〔註81〕到了龔自珍，更詆《周官》爲僞書，認爲它本不是經，它之成爲經，是劉歆爲助王莽篡位而加。總之，越後來的今文經師，越因爲《周官》的傳承譜系不明，作者可疑，而

〔註77〕艾爾曼，趙岡譯，《從理學到樸學——中華帝國晚期思想與社會變化面面觀》（江蘇人民出版社，1992年9月），頁86。

〔註78〕蔡長林先生，《常州莊氏學術新論》（台大中研所博士論文，民國89年6月），頁22。

〔註79〕宋翔鳳，《論語說義》（皇清經解續編，藝文印書館印行），卷389，頁3，曰：「《周禮》之傳，無所師承，或者戰國諸人刓周公之制作，去其籍而易其文，以合其毀壞并兼之術，故何君讖爲戰國陰謀之書。馬鄭兩君篤信古文，輒就《周禮》轉詁他經，幾使孔孟之所傳分爲兩家之異學，積疑未明，大義斯蔽，後之儒者不可不辨也。」

〔註80〕龔自珍，〈六經正名答問一〉，《龔自珍全集》，頁39。

〔註81〕蔡長林先生，《常州莊氏學術新論》，頁22。

益加的排斥、否定它的地位與價值。

此處用了這許多篇幅略述清代今文家對於《周官》的看法，目的是要用反面的方式對比出王闓運對《周官》一書視角的不同面向。王闓運視《周官》一書為周公寄託理想的作品，他的禮學著作，是對三《禮》都作箋注，今文的《儀禮》、《禮記》以及古文的《周官》對他似乎都是同等的重要。他沒有把焦點放在經典的辨偽考證之上，他同今文家一樣的推崇《春秋》，又同古文家一樣的認同《周官》是周公執政時期的作品。〔註 82〕至於他何以認定《周官》的作者為周公，以及他對其他今文經師給予《周官》的評價持著什麼樣的態度，在他的學術著作中是看不到的，因為這不是他關注的重點，他的重點是在經世、外王的方向上的。他提出《周官》來與《春秋》對比，因為《周官》一書，是古人看重的「理想國」，〔註 83〕一個理想國家的制度，面面俱到的藍圖。王氏承認《周官》的價值，但是他認為眼前的這個時刻，是不宜用《周官》的理想的。因為《周官》的制度法令非常的繁多，雖然此書的理想是在建國之初就有一套完整的規劃，但是天下沒有久而不衰的制度，當有一天，臨到了外來的衝擊時，這個完整的規劃也難免不能應付，所以預先規劃的完密制度，在亂世時，就變成了不切實際。他這麼主張，當然不是為了要調和今文與古文家派的意識，他不措意於學術史中，今、古文門戶的爭辯，而是從另一個思考的方向出發，這個思考的方向，是更接近於致用、外王的方向的。

章太炎指出，今文經學的發展在邵懿辰《禮經通論》之後，已經形成全面攻擊古文的態勢了，王氏年代後於邵氏，又與邵氏不合，故不肯步常州學

〔註 82〕例如，王闓運在〈論治道〉中說：「治世備於六經，其最著名者《周官》、《春秋》，一文一質，一極治一極亂，由今觀之，《周官》繁密，似非人情，每月屬民，尤近煩瀆。意當時自別有應官之民，必非農工。耆老閒居，里黨無事，日相講論，等之稗官，此今鄉里所常有，非別徵召也。治鄉則必密，治天下則必疏。文質相救，各因其世，要在先自治而已。修己安人，堯、舜猶病，聖人無治人之法也，況欲一事設一法哉？」又如在〈論周、孔同異〉中說：「多為其法者，《周官》是也；不立一法者，《春秋》是也。蟊蛙壁蟲莫不有官，所以進野人而文之。齊、宋、江、黃惟意所書，所以約一己而質之。周公治治，而孔子撥亂也。有人之見存，則課已疏矣。後之論者亦求其精，而欲以喜怒未發，預為存養，故功曠而不實，事至而喪其所守，一身不自主，而敢治萬物乎？故志則《春秋》，行則《周官》。」以上均見王闓運，〈答呂雪棠問〉，《王志》卷一，《湘綺樓詩文集》，頁 504～505。

〔註 83〕錢穆，《經學大要》（台北：蘭臺出版社，民國 89 年 12 月），頁 341～343。

派的後塵。〔註84〕王闓運是否曾與邵懿辰不合不得而知，但是以王氏生長的今古文壁壘已經森嚴的年代，王氏注經仍能對今古文兼容並畜，這確實是他的特點所在。

此外，邵懿辰作《禮經通論》的其中一個目的，是要把《儀禮》之名回復為西漢通稱的「禮經」。筆者注意到王闓運在咸豐五年，初治《禮》經時，著有《儀禮演》十三篇，後來數次易稿而成《禮經箋》，寫畢於光緒十年。為何咸豐五年時用「儀禮」之名，後來又改用「禮經」之名？是否因為邵懿辰在咸豐十一年作了《禮經通論》，王闓運見過其書，受了其回復西漢今文經學立場的影響，所以將「儀禮」改稱為「禮經」？事實上，邵懿辰要將「儀禮」之名回復為西漢所稱的「禮經」，是因為東漢人以《周官》取代《禮經》的地位，將《周官》尊為《周禮》，又將《禮經》降稱為《儀禮》，所以邵氏要將「儀禮」之名恢復為「禮經」，這本有打壓《周官》之意。但是王闓運心中既然未曾排斥古文《周官》，則筆者認為，王氏將其著作前期稱為「儀禮演」，後期稱為「禮經箋」，雖然目前尚未找到明確的原因，但應與今古文家派的意識沒有關聯。

四、《春秋》

王闓運對於《春秋》三傳，尊崇《公羊》，重視《穀梁》，認為《左傳》不傳《春秋》。田漢雲論王闓運對三傳的態度時說：

> 從王闓運對今古文經典的評價看，他始終作持平之論。他治《公羊傳》，推崇何休的《春秋公羊解詁》，張揚「三世說」，喜論微言大義。但是他不贊同何休排斥《穀梁傳》的做法，給予《穀梁傳》很高的評價。……王闓運於《春秋》三傳中對《左傳》的評價稍低，認為它「專於史」，衡之《春秋》，得比之司馬遷、班固之史者，應當「離經別行」。在這裡需要注意的是他並非以今古文的學派分野立論，這和早於他的劉逢祿，晚於他的康有為大有區別，尤其不宜據此認為厚今之薄古之。……〔註85〕

王闓運對《左傳》的看法，是否完全沒有今古文家派的立場?考察王闓運在《穀梁申義》的「隱公五年，九月，考仲子之宮」一條中，反駁《左傳》的說法，

〔註84〕見〈章太炎先生論訂書〉，收錄於支偉成，《清代樸學大師列傳》，頁4。
〔註85〕田漢雲，《中國近代經學史》，頁332～333。

並說「《左氏》書法，先儒通識以爲皆劉歆以後，傳《左氏》者所妄加，定論已久，今不致辨也。」〔註 86〕這是認定劉逢祿以來的說法，認爲《左傳》本不傳《春秋》，是經過劉歆等人的緣經飾義。並說，這種說法早已是定論了，所以他不再多作論辨。或許這也是他不談二傳今古文問題的原因之一。從這個層面來看，如果有人說，他是跟隨今文經學者的觀點，或許也沒有錯。不過，從王氏的許多資料來看，他批評《左傳》，都是放在《左傳》是史而非經的角度上來說，學術史今古文之上的考證辨僞本不是他所措意的。我們並不否認，在《春秋》三傳的立場上，王闓運是傾向於今文的，但是在學術風格上來講，在求其分不求其同的眼光下來看，他與其他的今文學者相較，還是有所不同的。

從以上王氏對各經典的態度上來看，長期以來，被視爲是今文經學者的王闓運，其實沒有一個明顯的今文、古文對立的觀念恆於胸中。雖然，從《尚書》來說，他申伏生之學以易鄭玄；從《春秋》來說，他認同《公羊》，這是今文家派的立場，但是從治學風格來看，他不從事經典的辨僞，不特別去區分東漢與西漢之別；從時代意義上看，他所處的時代，今文學者對各經幾乎都揭起了反古文的旗幟，而他仍然不排斥《毛詩》、《周官》，這相較於當時其他的今文學者，仍是有其特殊性的。

先前已提過，根據蔡長林先生的研究，清代經今文學派的發展，可以歸納出兩個面向，一者可稱爲「偏向考證的（學術的）今文學」，另一則可稱爲「偏向義理的（政治的）公羊學。」

「今文學」最大的特徵，即是以考證方式來研究今文經典，並進一步的尊今文而斥古文，目的是欲回到西漢經學的盛況。若以考究王闓運的學術性格，來檢視「今文學」與《公羊》學之間，更可以發現二者的不同。王闓運傾向的是「公羊」學一系，他專情的是《公羊》學中，加乎王心的微言大義情懷，他的興趣不是《公羊》學本身的學術問題，而是如何形成一種適合當時的思想，並據以回應內部和外部的挑戰。「《公羊》學」者，還有一個特性，就是好以《公羊》大義範圍五經，陸寶千曾說「清儒之治《公羊》學者，有一根本觀念：孔子既作《春秋》，則其他經書曾經孔子之手者，亦必有微言大義存焉。」〔註87〕

〔註 86〕 王闓運，《穀梁申義》（據北京圖書館分館藏清光緒十七年刻本影印原書版），
　　　　　卷一，頁五。
〔註 87〕 陸寶千先生，《清代思想史》（台北：廣文書局，1983 年），頁 248。

王闓運以《公羊》義說《論語》，著有《論語訓》，即是此一情況的體現。〔註88〕「《公羊》學」興起的主要因素，還是儒學經世傳統的要求所致，相較於「今文學」的「復西漢之古」、「以復古爲解放」的學術目的，仍是有所不同。所以學術史的考辨論爭，不是「《公羊》學」學者的重點所在。以下則將今文學風格與《公羊》學風格的差異歸納，作一個整體的比較，以便清楚的呈現：

今文學風格與公羊學風格差異之比較		
	今文學風格	公羊學風格
研究基調	以考證方式研究今文經典	學人的經世思想
學術性格	考證的、學術的、封閉的	義理的、開放的、經世的
興起原因	以復古爲解放	儒學經世傳統
開創風氣者或代表人物	劉逢祿	莊存與、王闓運

筆者探討王闓運，先從這樣的角度來切入，並作一個大膽的推斷，將他歸入爲傾向「《公羊》學」一系的風格。至於他的學說及特色，於後面的章節會有較清楚的分析。

〔註88〕可參張廣慶，〈清代經今文學群經大義之《公羊》化：以劉、宋、戴、王、康之《論語》著作爲例〉，收入《經學研究論叢》（台北：聖環圖書公司，1994年4月）第一輯，頁257～322。

第肆章　經典理想的建構
——王闓運與《春秋》學

　　本章接續著前一章，闡發王闓運的通經致用理念。清末論通經致用的學者不乏其人，但是王闓運以經典致用的內涵，和其他講「經世」的學者，還是有很大的不同。王闓運心目中經典的理想，是向內作自我的反省，並以此淑世、安排社會秩序，使民風淳美，以此挽救頹靡的衰世，而不是向外求取國富兵強。五經之中，他獨崇《春秋》，是認為《春秋》旨在撥亂，可以作為亂世的致用大法，這又有一個根本的命題，就是《春秋》是一部可以永久垂法於後世的經書，這也是孔子為萬世制法概念的起源。這種理念，表現在他對《春秋》的認知，以及解經的方式之上，這也是他在清末的學術地位上有其關鍵之處。

第一節　通經在「淑世」而非富強的追求

　　王闓運以一個傳統的讀書人，面臨一個時代的巨變，舊有的觀念與價值漸漸因為不能應付時局而正慢慢的流失當中，這在他心中的衝擊是很大的，他強烈的感覺到這個天下在變，如何應付這樣的變動，他希望從傳統中找尋一個恆常不變的價值，來因應這樣的情況，他所寄望的，就是傳統的，具有恆常真理性質的經學。中國傳統文化離不開經學的規範，《白虎通義》釋「經」為「常」，即常道、不可更易的公例。《說文解字》訓為直線，即「經」皆直言、真理，二者意相仿。長久以來，傳統讀書人常以這種訓解來看待六經，也從而聖化了六經的地位，一直到晚清時期的國粹派，才提出不同的見解。〔註1〕王闓運是受

────────────

〔註1〕國粹派的章太炎與劉師培都認為，釋「經」為「常」、「徑」，是後人的引申，

傳統教育薰陶下的知識分子，以經學名家，經學與政治是他生命的關懷，研究他的思想，不能忽略了一個「經學家王闓運」在他的思想中所扮演的重要角色，這也是先前研究王闓運的學者所未曾注意到的層面。

晚清的經世思想分為兩個主要系統，一是經學經世，一是史學經世；經學經世又分為兩個系統，即古文經世與今文經世。學者們一般比較注意今文經世這條旋律；而忽略古文經世的線索，這是因為在晚清的今古文之爭中，今文學較占上風；加上變法論者以今文學派為主導，因此吸引較多學者的目光。〔註2〕今文經世其實就是以《公羊》家的理念為主，而這方面的研究，又有多數把焦點放在龔自珍、魏源身上，認為他們是晚清真正把《公羊》學用於經世的開端、代表人物。龔、魏的具體經世內容十分廣泛，但是其中心目標，就是要追求國富民強。面對當時國弱民困的現實，他們一反傳統儒學的恥言「富」，諱言「利」，指出「自古有不王道之富強，無不富強之王道。」他們的著眼點是國計民生，試圖要求主政者進行一系列的經濟、財政、軍事等制度的改革，進而實現民富國強。在鴉片戰爭後，魏源又將他的經世實學加入了西學、外交等新的內容，這無非都是富強的追求。王闓運是一個《公羊》學者，也是一個積極用世的學者，他的思想，當然也是經世中的一環。但是「經世」只能說明一種學術的趨向，即治學要有用於社會實際，但無法範圍它所包含的各種思想內容。同樣是一個《公羊》學者，同樣主張致用，他的思考方向和龔、魏卻有很大的不同。

王闓運體認到這個時局在變動，處在一種不安定的狀況中，他深信傳統的經學是一個永恆不變的常法，是古聖人流傳下來的真理，它能夠對治當前亂象的根源，這點和龔、魏沒有太大的不同，而重點是他強調「經學以自治」，即經學的本質是「自治」的。此處「自治」的概念來自於《公羊》學的「自正」。

而非其原始的本義。章太炎認為，「經本編絲綴屬之稱」，經的原義就是用繩線貫聯的意思，這是強調借絲繩編貫簡竹成書的動態過程。劉師培則從語言文字學的角度，指出「經」字是源於對治絲的借喻：「蓋經字之義取象治絲。從絲為經，橫絲為緯，引申之為組織之義。」章、劉的具體解說雖有差異，但在根本上的意義卻是一致的：「經」字的本義，只在突出對古代書籍的形體和語言文字結構外在特徵的直觀描摹，並不蘊涵如同後人所引申的褒揚的意義。國粹派學者的本意，就是要「夷六藝於古史」。參鄭師渠，《國粹、國學、國魂——晚清國粹派文化思想研究》（台北：文津出版社，民國81年8月），頁303～304。

〔註2〕彭明輝先生，《晚清的經世史學》（台北：麥田出版，2002年7月），頁68。

他引申其義，就是以經典的理念來反求諸己，以此修己、興禮義、安排社會秩序，漸次的化導。

他把經典的理想針對當時的社會，因為他認為亂象的根源，是因為中國的社會本身出了問題，因此招致紛亂，社會本身萎靡重利，人心陷溺，只有用傳統的經典來解決根治，本身能夠自正，外侮也就不足為患了。他於講學中殷殷的要後輩戒貪利，去除名利之心，而當時的社會風尚，也的確有澆漓的現象。〔註3〕他反對龔自珍、魏源等人的經濟實務思想，以及洋務運動的諸措施，也都必須從這個方向來理解。他曾說：

> 包慎伯、龔定庵、魏默深，皆博通經史，文章爾雅，以己不富貴，議切公卿，干預時政，多設方法，草野之士，頗為所惑，皆有厝火積薪之憂，并心外營，不知自治，迤及今日變亂政刑，海內騷然，愈益亂矣！漕、河、鹽、兵，何關利害；英、俄、美、法，不足盛衰。壞鄉里純樸之風，為杞人憂天之說。〔註4〕

他說包世臣、龔自珍、魏源「多設方法」，是指他們經世思想的內涵本質。龔自珍的時代雖然在鴉片戰爭以前，但是他對西方已有所注意，其經世思想中便有「夷務」的成分，主張仿製西洋奇器，〔註5〕對於有用的西方器械，是主張學習的。魏源的經世思想及其對西方「長技」的態度與晚清自強運動的理念思想關係更為密切。此外，龔、魏等人對於晚清的政治實務，也多所批判與建言。尤其是魏源，對於經濟實務，舉凡軍、政、邊防、漕、鹽、海運，他都提出過具體可行的主張。有清一代的漕運、河工、鹽法是三大政治難題，於此魏源均有具體的改革方案；鴉片戰爭又使他認識到海防的重要，提出海防策，這些均對當時及後代產生積極的影響。〔註6〕但王闓運認為，龔、魏的

〔註3〕 例如，光緒二十九年書「耐貧示廖卓夫舅文」、「論士不必憂貧」，都是針對時局而發的。而當時晚清社會的情況，也的確有從淳厚到澆漓的一種變化趨勢。嘉道以後，文人筆記中，士風頹敗的記載多了起來。大陸學者孫燕京歸納了甲午戰前社會風氣日趨下流的幾個現象：第一，奢靡之風上下蔓延；第二，上下交爭利；第三，賄賂公行，腐敗之風盛行；第四，賭風日熾。參孫燕京，《晚清社會風尚研究》（北京：中國人民大學出版社，2002 年 6 月），頁 15～20。

〔註4〕 王闓運，〈論道咸以來事〉，《王志》卷一，《湘綺樓詩文集》，頁 529。

〔註5〕 龔自珍，〈西域置行省議〉，《龔自珍全集》（台北：河洛出版社，民國 64 年），頁 110。

〔註6〕 張素卿，《論常州學派之學術特質與其經世思想》（台北：花木蘭文化出版社，2009 年 9 月），頁 100～105。

主張，是從富貴功利的立場出發，說他們「多設方法」、「并心外營」，批評他們的主張只知道一直向外的去營求，而不知道反過來用經典的理想來淑世。尤其是龔、魏的主張影響到後來的自強運動，也是以富強為導向，他更認為這是捨本逐末的做法。他在〈論通經即以治事〉中說：

> 國不患貧，而言生財，《大學》反覆戒之。今乃并心於礦政，假使金
> 珠成山，槍炮填海，適足藉寇資盜耳。世人但懲空疏之談，若今所
> 謂實事，乃反不如空談尤為近理。士君子在野不仕進，唯通經明理
> 而已，不必留情於無用之俗事。〔註7〕

他認為自強運動的措施，都是為著生利求財的目的，並對此十分的反感，因為不符合古經典的教誨。又在〈致吳撫臺〉中說：

> 闓運平生志願，滿腹經綸，一不得申，每喈感遇，所差勝者不為指
> 目，聊可徜徉。明公蘊積必中，會當光顯。伏冀堅其志慮，無隨俗
> 推移，親履行間，必確知船堅炮利之不足畏，他日并機器船廠一切
> 裁之，乃後知經術之不誣矣。〔註8〕

他看到當時的人，懍於西方的船堅炮利，洋務大員們積極的設立機器船廠，總認為這些都不是解救時弊的根本之方，他說「船堅炮利不足畏」，固然可以說是對時局的認識不深，但另一方面，其言下之意亦是指真正可畏者乃是社會的積弊，而這必須要用經術來解決，他感慨自己雖有滿腹的經綸，卻沒有機會來實施自己的報負。他又說：

> 若今議海防，則同夢語，夷使列館，何用炮台？乃我欲守之，彼欲
> 奪之。彼知我之不能而姑戲言耶？抑想我真守而真嘗試耶？兵船不
> 入長江者，彼不能耶？我能約耶？并心於外，而不自料，皆夷患邊
> 防之說汨之。故余欲海外向內，皆請臣妾，然後言經濟者愈窮矣。
> 〔註9〕

所以海防、鹽法、河務、水利等，包括後來的自強運動，這些講求經濟實務的措施都應該廢除，因為這些都不是當務之急，這樣向外營求，不知「自治」的結果，只會使社會更加的混亂與騷動。他希望能夠以經術來化導社會，中國社會本身修平，外侮也就不足畏懼，甚至連外國都會順服我國，這就可以

〔註7〕 王闓運，〈論通經即以治事〉，《王志》卷一，《湘綺樓詩文集》，頁522。
〔註8〕 王闓運，〈致吳撫臺〉，《箋啟》，卷二，《湘綺樓詩文集》，頁853。
〔註9〕 王闓運，〈論時事〉，《王志》卷一，《湘綺樓詩文集》，頁491～492。

證明「經術之不誣」，而主張經濟實務者就更顯出他們的拙劣了。

　　總之，在中西交會碰撞的時代，王闓運的心力所在並不是國富民強，經濟、軍事不是他關注的重點，只有禮興樂盛，修文德，崇禮讓，尚義輕利，邦國和諧，才是他思想的重心，要達到這樣的境界，只有實行傳統的經術，所以他這種經典的理想，思考的重點不是國富民強，而是理想社會秩序的建立，這和傳統以來我們所認知的晚清《公羊》學家有所不同。至於理想社會的秩序如何建立，將於第伍章詳細的論及。

第二節　致用之道在《春秋》

　　光緒二十六年，庚子拳亂發生時，王闓運曾對他的學生講論「致用當通《春秋》」之義：

> 四方歸化與夷狄交侵，無以異也。淺識之士，喜盛惡衰，遭時晏平，儼然自肆，及見侮辱，憤泣而已，故莊周以箕子、比干為役人之役，以其因人憂樂也。然《春秋》不能正之，五經所言皆聖明事也。身居篡奪之中，日有修平之樂，恆見己之不足，豈計人之順逆，故握要以圖，不下席而天下治。至於化通無外，莫不尊親，而我志不紛，乾乾在抱，斯所以祖述堯舜，莫不樂乎！孔子以前，固未言此，通經致用，莫切《春秋》，非謂其政法多也。〔註10〕

這段話的意思是說，四方歸化的太平盛世與夷狄交侵的衰亂之世，它們沒有差別的地方，都是同樣要用經典作為修身治國的依據。五經中的理想，都是針對太平盛世的，也就是世運太平時，宜用五經來治國淑世，（他在此所說的「五經」，可能是《詩》、《書》、《禮》、《樂》、《易》五經，而《樂》不存，所以事實上應是《春秋》以外的四經），但現在是處於夷狄交侵的篡奪中，只有《春秋》的理想能夠改變這個時代，（「然《春秋》不能正之」這句話，筆者疑「然」字為筆誤，此句話本意應是「無《春秋》不能正之」較為符合文意）以此來自治，修己治人已經不及，又怎會有閒暇去向外營求？〔註11〕王氏認為這就是孔子作《春秋》的本意，在孔子之前從來沒有人談過這樣的道理，

〔註10〕王闓運，〈答呂雪棠問〉「論致用當通《春秋》」，《王志》卷一，《湘綺樓詩文集》，頁504。

〔註11〕向外營求指的是富國強兵等的心志與措施。

故說「通經致用，莫切《春秋》」，因為《春秋》有對治亂世的理想，它的功效也在此，若要通經致用，《春秋》是最重要的一部書，這並不是在它的裡面有一套精密的典章制度。所以五經之中，他特別突出《春秋》的地位，因為「五經皆以致治，《春秋》獨以撥亂」，〔註12〕而他在論《春秋》的重要性時，又常將它與《周官》作為對比，相提並論。例如在〈論治道〉中說：

> 治世備於六經，其最著明者《周官》、《春秋》，一文一質，一極治一極亂，由今觀之，《周官》繁密，似非人情，每月屬民，尤近煩瀆。意當時自別有應官之民，必非農工。耆老閒居，里黨無事，日相講論，等之稗官，此今鄉里所常有，非別微召也。治鄉則必密，治天下則必疏。文質相救，各因其世，要在先自治而已。修己安人，堯、舜猶病，聖無治人之法也，況欲一事設一法哉？〔註13〕

於〈論周、孔同異〉中說：

> 多為其法者，《周官》是也；不立一法者，《春秋》是也。鼇蛙壁蟲莫不有官，所以進野人而文之。齊、宋、江、黃惟意所書，所以約一己而質之。周公治治，而孔子撥亂也。有人之見存，則課已疏矣。後之論者亦求其精，而欲以喜怒未發，預為存養，故功曠而不實，事至而喪其所守，一身不自主，而敢治萬物乎？故志則《春秋》，行則《周官》。〔註14〕

王闓運認為，「周公治治，而孔子撥亂」，《周官》與《春秋》，一個是治世時的經世大法，一個是亂世時的經世大法。他指出，《周官》是一部典制非常繁密的經書，但是它的典制理想適合於世運太平時實施，而亂世必須用《春秋》，不適合用《周官》。在此先說《周官》一書的特色。「設官分職」是此書的核心內容。《周官》有天、地、春、夏、秋、冬六篇，每篇的開頭都有「惟王建國，辨方正位，體國經野，設官分職，以為民極」數語，意思是說，君王建立國都首先要辨別東、西、南、北四個方位，然後按照方位制定宮室居所的具體位置，劃分國都和郊野的疆界，分設官職，治理民眾，使天下人民各得其所。《周官》對一個國家的政治、經濟、軍事、禮制等作出全面系統的規劃，

〔註12〕王闓運，《春秋例表·序》（清光緒年間 長沙刊本）。
〔註13〕王闓運，〈論治道〉，《王志》卷一，《湘綺樓詩文集》，頁 496～497。
〔註14〕王闓運，〈答呂雪棠問〉「論周孔同異」，《王志篇》卷一，《湘綺樓詩文集》，頁 504～505。

這種周到細密的程度，令人嘆爲觀止。王闓運在肯定這種理想的同時，也批評它的繁密、多爲其法是「煩瀆」。從他論《周官》與《春秋》的這個地方，我們注意到一個問題，他以《周官》爲「文」，《春秋》爲「質」，何以亂世要用「質」，而不用「文」，這又是一個需要深入探討的論題。以下則從這個方向出發來論述探討之。

一、以質救文的本義與發展

　　文、質的思想最初來自於孔子的《論語》，《論語・雍也篇》說：

　　　子曰：質勝文則野，文勝質則史，文質彬彬，然後君子。

朱熹注曰：「言學者當損有餘，補不足也。」又引楊氏曰：「文質不可以相勝。然質之勝文，猶言甘可以受和，白可以受采也。文勝而至於滅質，則其本亡矣。」孔子認爲文與質要相稱，要做到文質均恰到好處，也就是「文質彬彬」的地步，那是最完美的。在《論語・子路篇》中，孔子談到子路時曾說：「野哉由也。」所謂的「野」，就是質勝於文的結果。《大戴禮記・將軍文子》記載，子貢在談到子路的爲人時也說：「不畏強御，不侮矜寡，其言曰性，都其富也！任其戎，是仲由之行也。夫子知未以文也，曰：夫強乎武哉！文不勝其質。」朱子註「質」曰：「內主忠信而所行合宜。」忠信是質，質直是內心忠信本質的直接表現。蔡茂松在〈孔子的文質論〉一文中指出，「質」爲本義、質地義、淳樸義，以質論人，質即人之本質。〔註15〕「文」則有紋彩、修飾、禮樂制度之義。《論語・憲問》中說：「文之以禮樂，亦可以成人矣。」這裡的「文」爲動詞，以禮樂薰陶修飾之，亦可以爲成人，「成人」，朱子集註解爲「全人」，即品德操行文化修養完美之人。又《論語・子罕》說：「文王既沒，文不在茲乎！」這裡的「文」，是指禮樂制度而言。總之，「質」指的是本身的質地，「文」指的是外在的修飾，包括禮樂制度，兩者調和，文質彬彬，當然是最完美的境界，但是如果文與質無法兼顧，那就寧可取直而少文，因爲本質應該放在文飾之前，這樣文飾才有它的意義。《論語・八佾》說：「人而不仁，如禮何？」又說：「禮，與其奢也，寧儉；喪，與其易也，寧戚。」這都是在說文飾、本質不能調和時，寧可多質而少取文。

　　以上孔子的文質論，多是放在個人道德修維與禮樂文飾的多寡有無上來

〔註15〕蔡茂松，〈孔子的文質論〉，《歷史學報》，第 17 期（民國 80 年 6 月），頁 2。

立論。但是孔子論文質，後來會成爲漢代《公羊》家援引發揮的一個更直接的因素，是孔子曾以文質論三代。《禮記》中，徵引孔子論三代文質的地方，最明顯的，是在《禮記・表記》中：

> 子曰：虞夏之質，殷周之文，至矣。虞夏之文不勝其質，殷周之質不勝其文。

殷周的禮樂制度是文勝於質，虞夏的禮樂制度是質勝於文，這兩者都沒有臻於完善的境界。孔子論及三代制度的損益，在《論語》中還有數則：

> 子張問十世可知也。子曰：殷因於夏禮，所損益可知也。周因於殷禮，所損益可知也。其或繼周者，雖百世可知也。（爲政）
>
> 子曰：夏禮，吾能言之，杞不足徵也。殷禮，吾能言之，宋不足徵也。文獻不足故也，足則吾能徵之矣。（八佾）
>
> 子曰：周鑑於二代，郁郁乎文哉，吾從周。（八佾）
>
> 顏淵問爲幫。子曰：行夏之時，乘殷之輅，服周之冕。（衛靈公）

總之，孔子對制度是採取損益的態度，吸取前代的禮制之長，去合乎未來的環境，他的終極目標仍是「文質彬彬」。

到了漢代，這種文質損益的觀點又與漢儒「通三統」的說法相結合。最著名的是董仲舒的學說。董子認爲王者受命，「必有非人力所能致而自至者」，故須應天而更化改制（〈天人三策〉第一策）。改制即是改革文化風俗，而非改道。改制的目的在針對前代而救敝扶衰。道之大原出於天，天不變，道亦不變，所變者乃是因「道之失」而產生的流弊而已，亦即制度之衰亂而已，因而需要更改。制度的特性爲文、質互變，以忠、敬、文三種型態循環傳遞。〈天人三策〉之第三策云：

> ……王者有改制之名，亡變道之實。然夏上忠、殷上敬、周上文者，所繼之救，當用此也。孔子曰：「殷因於夏禮，所損益可知也。周因於殷禮，所損益可知也。其或繼周者，雖百世可知也。」此言百王之用，以此三者矣。夏因於虞，而獨不言所損益者，其道如一而所上同也。……是以禹繼舜，舜繼堯，三聖相受而守一道，亡救弊之政也。故不言其所損益也。由是觀之，繼治世者其道同，繼亂世者其道變。今漢繼大亂之後，若宜少損周之文致，用夏之忠者。

這種「三統說」可說是一種歷史循環論，其體系是董仲舒所創。〔註16〕

〔註16〕三統說，封前二王之後爲大國，保留其文化傳統，行其正朔，稱客而朝，以

先前論述《論語》或《禮記》中，孔子的文質觀，固然有制度損益的內涵，但是並未明言「夏上忠、殷上敬、周上文」，也未明言文質更迭的循環律。但是到了董仲舒以文質結合三統的說法，可說是另一種型態的歷史循環律。董仲舒的三統除了忠、敬、文以外，又可以黑、白、赤及天、地、人而代表之。他在《春秋繁露‧三代改制質文》中說：

> 三正以黑統初，……斗建寅，……正白統者，斗建丑，……正赤統
> 者，（斗建子）……古之王者受命而王，改制稱號，正月，服色定，
> 然後郊告天地群神，……然後感應。……三代改正，必以三統天下。
> 〔註17〕

董仲舒的思想體系已經大量滲入了漢代陰陽五行的思想，這涉及了龐大的漢代學術思想體系，不是本論題的重點，不擬多贅述，僅就文質論來說明。董子的文質論，重點就在於文質的更迭。文質有再而復者，一代尚文，文久生敝，故下代救之以質，質久生弊，再下代救之以文，如是一文一質如循環然。道之變化如此，王者應道救敝亦然。文質的思想在漢代非常的普遍。東漢何休的《春秋公羊傳解詁》，對《春秋》的變周之文，從殷之質，有清楚的解說。《公羊傳》隱公元年，《解詁》曰：「王者受命，必遷居處，改正朔，易服色，殊徽號，變犧牲，異器械，明受命於天，不受之於人也。」〔註18〕又隱公七年，經文曰：「齊侯使其弟年來聘。」傳文：「母弟稱弟，母兄稱兄。」《解詁》曰：「分別同母者，《春秋》變周之文，從殷之質，質家親親，明當

明天下非獨一家之有，這種存三統或通三統的制度，皮錫瑞認爲是自遠古就流傳下來的。他在《經學通論》（北京：中華書局，1998 年 12 月，湖北第七刷），春秋四，頁 7 中說：「存三統尤爲世所駭怪，不知此是古時通禮，並非《春秋》創舉。以董子書推之，古王者興，當封前二代子孫以大國，爲二王後，並當代之王爲三王。又推其前五代爲五帝，封其後以小國，又推其前爲九皇，封其後爲附庸，又其前則爲民。殷周以上皆然，……《春秋》存三統，實原於古制。」林義正教授在《從公羊學論春秋的王道思想》（國立臺灣大學碩士論文，民國 63 年 6 月），頁 80～81 中，亦跟隨皮錫瑞的說法，認爲存三統是古禮。不過皮錫瑞所謂的存三統原於古制，這種說法仍是根據董仲舒而來的。他說：「晉王接、宋蘇軾、陳振孫皆疑黜周王魯，《公羊》無明文，以何休爲《公羊》罪人，不知存三統明見董子書，並不始於何休。」因此，皮氏認爲通三統是古禮，其根據仍是董仲舒的說法。

〔註17〕蘇輿，《春秋繁露義證》，（北京：中華書局，1996 年 9 月第二刷）頁 191～195。
〔註18〕何休，《春秋公羊傳解詁》（校永懷堂本），頁 5。

親厚，異於群公子也。」〔註 19〕這清楚的說出，從殷到周，經過了由尚質到尚文的變化，周代尚文已出現了極弊，故又應回到殷之尚質。又《春秋》隱公十一年的經文：「滕侯、薛侯來朝。」《解詁》曰：「滕序上者，《春秋》變周之文，從殷之質。質家親親，先封同姓。」〔註 20〕這也是要實現由尚文到尚質的改變。在桓公十一年「鄭忽出奔衛」的注中，何休有更詳細的理論發揮。他說，「《春秋》改周之文，從殷之質，合伯子男為一。……王者起，所以必改質文者，為承衰亂救人之弊也。天道本下，親親而質省；地道敬上，尊尊而文煩。故王者起，先本天道以治下，質而親親；及於衰敝，其失也尊尊而不親，故復反於質。」〔註 21〕這都是漢代的《公羊》學者對孔子作《春秋》本懷的理解與詮釋。

　　清代的《公羊》學者當然也承繼了文質與三統結合的觀念，但每個人所重視的面相不盡相同，例如莊存與並不提三統，只說：「經有變周之文，從殷之質，非天子之因革耶？」劉逢祿說：「君子救文以質，貴中也。舉其偏者以補其弊而已。則三王之道相循環，非廢文也。」宋翔鳳指出，「春秋之時，僭竊相仍，學士有去文之意，民心有從質之機。……聖人遂因乎世運而斟酌損益，以成《春秋》去文從質之禮。」總之，文質相救，去文從質的理念，是一脈相傳到清代《公羊》學者的。關於清中葉以前《公羊》學者的文質觀，孫春在於《清末的公羊思想》中已論之甚詳，本文不再贅述。〔註 22〕

二、王闓運的文質觀

　　王闓運的三統思想，其實是將焦點放在以質救文之上。他明確的提到孔子作《春秋》的本懷在去文從質，這樣的理念表現得最多的是在其所著的《論語訓》一書中，此書有許多地方是以《公羊》之義來解說孔子之語的，因為王闓運認為《春秋》與《論語》同為孔子所作，則《論語》中必定蘊含了孔子的微言大義在其中。在其以《公羊》義解說《論語》時，最常提到的就是孔子救文從質，例如：

　　　　子曰：殷因於夏禮，所損益可知也；周因於殷禮，所損益可知也，

〔註 19〕 何休，《春秋公羊傳解詁》（校永懷堂本），頁 17。
〔註 20〕 何休，《春秋公羊傳解詁》（校永懷堂本），頁 20。
〔註 21〕 何休，《春秋公羊傳解詁》（校永懷堂本），頁 32。
〔註 22〕 見孫春在，《清末的公羊思想》（台北：台灣商務印書館，民國 74 年 10 月），頁 25～57。

其或繼周者，雖百世可知也。

　　王訓曰，因其禮而損益之，不過文質也。……以《春秋》垂法，得
　　文質之中，可百世俟聖人也。〔註23〕

孔了陳說夏、殷、周三代之禮的因革，「禮」兼指一切政治制度、社會風俗、人心之內在，以及日常生活之表現於外在。〔註24〕禮必隨時代而變，歷史演進，對於前代的禮制必定有所加減損益，由這個地方來觀察，則雖然經歷百世之久，所因所變，也可以推知。王闓運認為，禮的損益，最完美的境界，就是得文質之中，而孔子作《春秋》，就是要繼周之後，垂法一個美善的境界。

　　子曰：周監於二代，郁郁乎文哉，吾從周。

　　王訓曰：孔（穎達）曰，監，視也。言周文章備於二代，當從之。《史
　　記》引哀公八年孔子序《書傳》云云，故《書傳》、《禮記》自孔氏。
　　孔子作《春秋》從殷之質，其制禮樂推周為盛也。〔註25〕

《論語》此條是孔子推崇周代的禮樂制度，歷史演進，後代因於前代而禮樂日富，文物日備，因此孔子美之，而孔子教其弟子，主要在如何選擇與改進發揮，可是這樣的意義已經無得深求。王闓運就是順著這樣的理路，認為孔子就是在自言制作《春秋》之義，如何選擇改進現今的制度，就是從殷之質。

　　子曰：人之過也，各於其黨，觀過，斯知仁矣。

　　王訓曰：孔曰黨，黨類小人，不能為君子之行，非小人之過，當恕
　　而勿責之，觀使賢愚各當其所，則為仁矣。殷仲堪解曰，言人之過
　　失，各由於性類之不同，直者以破邪為義，失在於寡恕；仁者以惻
　　隱為誠，過在於容非，是以與仁同過，其仁可知，觀過之義將在於
　　斯也。表記言與人同過，然後其仁可知，謂三代相救，政各有敝也。
　　此言人黨，兼謂行質有偏者，黨，旁也，殷說是。〔註26〕

此章是說，觀察一個人的過失，可以看出一個人的仁心之有無。朱熹引程子曰：「人之過也，各於其類，君子常失於厚，小人常失於薄。」又引尹氏曰：

〔註23〕王闓運，《論語訓》，嚴靈峰編輯，《無求備齋論語集成》（台北：藝文印書館
　　　　印行），頁16～17。
〔註24〕錢穆，《論語新解》（台北：蘭臺出版社，民國89年11月），頁55。
〔註25〕王闓運，《論語訓》，頁23。
〔註26〕王闓運，《論語訓》，頁31～32。

「於此觀之，則人之仁不仁可知矣。」〔註27〕因此孔子的這一段話，很明顯的是在講個人的道德修養問題，但王闓運卻將之引申到「三代相救，政各有敝」，指出一個朝代若是禮制有所缺失，就要根據前代的制度加以損益補救。這樣的牽引，似乎偏離了孔子的本意，但由此看出王闓運所重視的層面，不是在個人的道德修養，而是在整個國家的禮樂制度方面。

> 子曰：先進於禮樂，野人也；後進於禮樂，君子也。如用之，則吾從先進。

> 王訓曰：孔子生衰世當撥亂，未即用禮樂，故設言其後耳。何（晏）曰，將移風易俗，歸之淳素，先進猶進古風，故從之。言君子文勝不如野人之易化，時多以周制大備從周，但修明之而已。孔子變文從質，欲先反之於質，而後文之。〔註28〕

關於此章，朱熹引程子曰：「先進於禮樂，文質得宜，今反謂之質樸，而以爲野人。後進之於禮樂，文過其質，今反謂之彬彬，而以爲君子，蓋周末文勝，故時人之言如此，不自知其過於文也。」〔註29〕時代愈後的人，講求禮樂愈細密，文勝於質，這就不是孔子心中所謂的「文質彬彬」了。王闓運認爲孔子生當亂世，志在撥亂，而此時的撥亂要先移風易俗，歸之於淳素，因爲淳樸容易接受教化，這也點出了爲什麼要救敝必先返歸於質，因爲民風返歸淳樸之後，才能慢慢的以新的教化制度化導之，造成新的風氣。

> 顏淵問爲邦，子曰：行夏之時，乘殷之輅，服周之冕，樂則韶舞。

> 王訓曰：問《春秋》制作行之之宜。此三者以微言示意，所謂損益三代也。民事法夏，行政法殷，自治法周，則文質份份。春秋不言樂，故補其義也。韶加舞者，聲容九成，以舞爲盛，專取韶者，述而不作，言則者，功成不必作也。孔子去文從質，且欲改家天下之法，亦知後世不能復樂。〔註30〕

顏淵問治理邦國之道，孔子說，推行夏代的曆法，車制取法殷代，戴周代的冕，樂舞則用舜時的韶。王闓運指出，這就是孔子的《春秋》之制，而這種制度就是從三代之中損益而來的，目的是要掃除今日的文敝，得文質之中。

〔註27〕朱熹，《論語集注》（山東：齊魯書社，1996年7月第二刷），頁32。
〔註28〕王闓運，《論語訓》，下冊，頁1。
〔註29〕朱熹，《論語集注》，頁103。
〔註30〕王闓運，《論語訓》，下冊，頁49～49。

　　王闓運以《公羊》義來解《論語》，有時不免流於牽強附會，例如「人之
過也，各於其黨，觀過，斯知仁矣」，孔子字面上講的是個人的道德修養，王
氏卻將之解為「三代相救」，似乎離題太遠。又顏淵問為邦之道，王氏將之牽
引到《春秋》之制，也與《論語》本文不太相關。不過，由這裡可以看出，
王闓運對孔子作《春秋》的認知，是要救周末的文弊，也就是要改革舊制、
立新制。他提到《春秋》的著作，有時說孔子要「去文從質」，有時又說孔子
欲損益三代而使文質份份，或是得文質之中，這是說明孔子心中最理想的目
標是達到文質彬彬的境界，不論是過文或過質都不恰當。但是目前的情況是
周文太過而衰弊的亂世，因此應強調質的重要，用質來折衷損益之。以質救
文的其中一個意義，也是因為撥亂要先移風易俗，使民風歸之於淳樸，在民
風淳樸的情況下，才能以新的制度與教化來化導之，造成一個新的氣象。王
闓運認為，孔子作《春秋》的動機，是為了挽救周末周禮衰頹時的局勢。而
處在今日的中國，也正是如同周末周禮衰頹時的情況一樣，必須用孔子的以
質救文的理想來撥亂。以下這一段話，是民國元年，他回應他的學生何樹焱
所問的當今撥亂之方，故頗富於時代意義，他說：

> 治亂之源，各有所由，歷代相禪，各防其敝。撥亂之說，始於《春
> 秋公羊》家，謂不立章程，就而正之也。蓋周公六典，思已密矣，
> 仰坐旦夜，無慮不周，不及百年，良法盡敝，至於今日，掃地無餘。
> 孔子蓋已傷之，故曰：文武方策，人亡政息。於是始作《春秋》，就
> 事論事，撥正而已。至於今日，四維不張，利中人心，無復可撥，
> 聖人當此，必不遑治民也。行遠自邇，且先自修，治其家人以及從
> 臣，……戰國之禍在殺，今日之禍在利，殺可以力止之，而用力者
> 必先以利餌人，七國之亡皆以今反間，至漢初猶用其術，利則當以
> 殺止之，不嗜殺人，西洋以此愚我，蓋不殺亦即利也。彼以利得國，
> 亦終以利失國，必起殺機也。則今之撥亂，首在去利，利之害，尤
> 慘於殺，殺傷人肌，利害人心也。〔註31〕

王氏指出，治亂興衰，都有它的原因，歷代各朝互相遞嬗，每朝都鑒於先前
的敝病而防備。「撥亂」的說法，始於《春秋》的《公羊》家，《公羊》家謂《春
秋》的性質是不事先規劃一個完密的制度，而用具體的事件呈現，一事以一
義正之。又說，周公所作的六典（即《周官》的天、地、春、夏、秋、冬六

〔註31〕　《年譜》，民國元年條，頁 306～307。

官），思慮非常的完密，但是不到百年，這個法就已經不能因應時局的亂象了，所以孔子以《春秋》來救之。《周官》的繁密如今已經不切實際了，以《春秋》為「質」，是因為時危，則凡事莫急於務實，就事論事，遇亂則正之，用這種方式來撥亂，是最簡便切實的。他的這種說法，也是來自於《公羊》家的觀念。清代中葉到末葉的《公羊》學思想家們，他們的見解與強調的重點，或許有許多不同的地方，但有一點是不變的，即是「尊孔」的態度。至於為什麼要上溯到孔子，最根本的原因還是時局的刺激，而《公羊》學中，主張「立新制，救文敝」的孔子，正可以作為知識分子們的偶像。〔註32〕

那麼王闓運眼中的文敝又是什麼呢？孫春在指出，「文敝」指的是社會因為承平而富庶之後顯化的壓迫及奢靡現象，知識分子呼籲以質樸來糾正頹風，也是傳統儒學「與其不遜也寧固」的表現。〔註33〕從王闓運以上的這一段話來看，他一直在強調當前的人心重利，撥亂首在去利，又在第一節中，我們也曾論述過王闓運十分重視人心澆薄陷溺的問題，則他的「文敝」，庶幾與孫春在所論者相去不遠，也就是應該在人心風俗上來改變，但是從另一方面看，「禮」是兼指一切政治制度、社會風俗、人心之內在，以及日常生活之表現於外在，〔註34〕王闓運不斷的指出周公的六典不能因應亂局，對應到當前的情況來，也似乎有天下無久而不敝之法的意思，則他是否也認為，當前的國家制度，也應該有所革新，他並沒有清楚的著墨。但不論如何，亂世應用《春秋》以質救文敝的精神，無疑是含有願景的期待之意。

第三節　孔子為萬世制法概念的起源

一、《春秋》是經不是史

王闓運認為《春秋》可以作為一個永恆經世的大法，最根本的前提是《春秋》是經，不是史，這在王闓運的《春秋》學中，有兩個很重要的呈現方式，第一是他認為《春秋》三傳之中，只有《公羊》和《穀梁》二傳才是解《春秋》「經」之傳，《左傳》只是一部史書，不能用來解《春秋》。而《春秋》經

〔註32〕孫春在，《清末的公羊思想》（台北：台灣商務印書館，1985 年 10 月），頁 86
　　　　～87。
〔註33〕孫春在，《清末的公羊思想》，頁 59。
〔註34〕錢穆，《論語新解》（台北：蘭臺出版社，民國 89 年 11 月），頁 55。

因爲寓有孔子的微言大義，《公羊》又比《穀梁》更能彰顯之。第二是他認爲從書法義例來看，《春秋》都是要呈現聖人的理想，而不是歷史的事實眞相，以下則先從這兩方面來論說。

（一）以《公羊》、《穀梁》承載解《春秋》經

王闓運認爲《春秋》的性質，是一部寄託孔子微言大義的經書，這種理念，最主要是得自於《公羊傳》，最明顯的例子可從他對《公羊傳》中的一段解釋上得知，以下則從傳文與王闓運的解釋來看：

經文：哀公十四年，春，西狩獲麟。

　《公羊傳》：何以書？記異也。何異爾？非中國之獸也。然則孰狩之？薪采者也。薪采者，則微者也，曷爲以狩言之？大之也。曷爲大之？爲獲麟大之也。曷爲爲獲麟大之？麟者，仁獸也，有王者則至，無王者則不至。有以告者曰，有麕而角者，孔子曰，孰爲來哉！孰爲來哉！反袂拭面涕沾袍。顏淵死，子曰：噫！天喪予。子路死，子曰：噫！天祝予。西狩獲麟，孔子曰：吾道窮矣！《春秋》何以始乎隱？祖之所逮聞也。所見異辭，所聞異辭，所傳聞異辭。何以終乎哀十四年？曰，備矣。君子曷爲爲《春秋》？撥亂世，反諸正，莫近諸《春秋》，則未知其爲是與？其諸君子樂道堯舜之道與？末不亦樂乎？堯舜之知君子也。制《春秋》之義，以俟後聖。以君子之爲，亦有樂乎此也。

這段傳文，一個很大的重點，就是《春秋》爲什麼要記載到哀公十四年停止？傳文說：「何以終乎哀十四年？曰，備矣。」何休的解釋是，「人事浹，王道備，必止於麟者，欲見撥亂功成於麟，猶堯舜之隆，鳳凰來儀。故麟於周爲異，《春秋》記以爲瑞，明太平以瑞應爲效也。」這是解釋經文「西狩獲麟」是《春秋》表示全書記載完備的象徵。何休認爲，麟這種祥瑞動物的出現，象徵著由撥亂到太平至此成功，經過十二公兩百四十二年，歷史的進化從據亂、升平到太平，三個階段已經完成。所謂的「備」，即是這樣的意思。〔註35〕事實上，春秋時代

〔註35〕孔廣森則認爲，所謂的「備」，是指全部《春秋》至此已經將對君臣父子、等級名份、綱常倫理的看法都表達出來了，他說「上治隱、桓，而貶絕之法立；下錄定、哀，而尊親之義著。君君、臣臣、父父、子子、夫夫、婦婦，采毫

的信史，是時代愈後社會愈亂，而何休指出《春秋》一書所代表的是從據亂到太平的過程，這就是《公羊》學者解釋《春秋》的微言所在。何休自己也說明，「太平世」只是「文致太平」而已。這又表明，《公羊》義法的特點之一，是具體的史實與所闡述的歷史觀點、政治主張不一定完全符合，這也是《公羊》學者認為《春秋》為藉事明義的經書，非史書的地方。

王闓運承繼著何休以來《公羊》學者這樣的觀點，他在《春秋公羊傳箋》中，對經文「何以終乎哀公十四年春」這一句話，則特別闡發《春秋》為經不為史的理念。他說：「所謂四時備者，例也，《春秋》不記事，……其文無之而非義，其詞無在而非事，……若必終其一年仍是史，而非經也。則止於春者，示《春秋》之非史也。」

「撥亂世，反諸正，莫近諸《春秋》」，何休的解釋是「孔子仰觀天象，俯察時變，卻觀未來，豫解無窮。知漢當繼大亂之後，故作撥亂之法以授之。」何休把孔子描述成一位無比神聖、能洞察未來、預先規定好治國方案的超凡政治家。《春秋》為後王制法，即為漢立法，漢朝從秦末大亂中建立起來，孔子早有預見，故制定了這一部撥亂反正之法留給後代。王闓運對何休這樣的觀點，持著什麼樣的看法，此處暫置不論，我們先看較受爭議的傳文這一段話：「麟者，仁獸也，有王者則至，無王者則不至，有以告者曰，有麟而角者，孔子曰：孰為來哉！孰為來哉！反袂拭面涕沾袍。顏淵死，子曰：噫！天喪予。子路死，子曰：噫！天祝予。西狩獲麟，孔子曰：無道窮矣！」麟的出現，既然是撥亂功成的瑞應，有王者則至，為吉慶之事，但為何又要說麟被獲而死，因而孔子流淚呢？何休曰：「麟者，太平之符，聖人之類，時得麟而死，此亦天告夫子將歿之徵，故云爾。」陳立疏曰：「舊疏云，麟之來也，應為三義，一為周亡之徵，即上傳云『何以書？記異也』是也。二為漢興之瑞，即上傳云『孰為來哉！孰為來哉！』雖在指斥，意在於漢也。三則見孔子將歿之徵，故孔子曰，吾道窮矣是也。」劉向、尹更始等皆以為瑞災不並徵，吉凶不兩立，既傷災見，不得復慶為瑞至。〔註36〕王闓運則認為，「麟者仁獸，為薪采者所獲，若孔子見厄於暴君也。以文言之，則麟為麋，災王者獲之於西，若海外不臣者皆滅亡也。獲者，生得國君之詞。故知經不以麟至為瑞應

毛之善，譏纖芥之惡，凡所以示後王統制者，靡不具焉。」孔廣森所講的是一般的禮制、人倫、綱常，不持三世說的意義。

〔註36〕陳立，《公羊義疏》（台北：台灣商務印書館，民國71年5月），頁1971。

也。」〔註 37〕他說麟是一種仁獸，卻被採薪的人所補獲，就好像孔子生不逢時，見困於暴君一樣。值得注意的是他說的下面這一句話：「災王者獲之於西，若海外不臣者皆滅亡也。」王闓運將經文「西狩獲麟」解釋爲麟被獲於西方，這是王氏將之引申到自己的時代上來解釋。當時晩清西方列強爲患，中國不絕若縷，麟被獲於西方，就好像是孔子的道不能行於西方國家一般。所以他不以麟至爲瑞應。不以麟至爲瑞應，那麼他認爲這條經文的本意是什麼呢？他在傳文「末不亦樂乎堯舜之知君子也」以下箋曰：

> 聖人當王天下，不幸不得位，乃作此書，以廣堯舜之道，使士庶亦
> 得有天子之權，堯舜知之亦必喜其道，不待位而行也。〔註 38〕

因此他認爲麟被獲是象徵孔子聖人困於時，不得位，故作《春秋》以闡明大道，以俟後來者。他雖然沒有明言孔子「素王」二字，但是他認爲孔子本是聖人，應當王天下，不幸沒有其位，所以著書希望後世的人能行其道，而且這樣的道，孔子當初已經預見，是要普及以後的西方世界的。王闓運這樣的觀點，與「素王改制」的意義一樣，而且相對於何休說「爲漢制法」，王闓運其實已寓有孔子爲萬世制法之意。所以王闓運認爲《春秋》是一部寄託孔子微言大義的經書，主要的根據，是從《公羊傳》來發揮的。

王氏認同《公羊傳》之義，也接受了不少何休所論的孔子的微言大義，這支撐起了他認爲《春秋》是一部「經書」的最主要論據。在《穀梁申義》、《春秋公羊傳箋》、《春秋例表》三種著作中，從始作的年代來看，《穀梁申義》作於同治八年，《春秋公羊傳箋》始作於光緒二年，《春秋例表》始作於光緒六年。所以《穀梁申義》是王闓運的第一部《春秋》學作品，他在敘文中指出，傳《春秋》一經者爲《公羊》、《穀梁》二傳，若只讀《公羊》，尚不能去除疑惑，所以《穀梁》也是不能忽略的一部解《春秋》的傳，「今唯明《公羊》不足袪惑，輒以淺學，更申《穀梁》，務推其立說之原，期於不亂而止。」〔註 39〕他說：

> 記曰：屬詞比事，《春秋》教也。春秋之失亂，莊生有言，《春秋》
> 經世，先王之志，聖人論而不辨。自魯哀以來，微言絕矣。五家爲
> 師，三傳遂昌。先漢以《公羊》爲正，副以《穀梁》，參以《左氏》。

〔註 37〕王闓運，《春秋公羊傳箋》（據華東師範大學圖書館藏，光緒三十四年刻本影印原書版，續修四庫全書版），頁 348。

〔註 38〕王闓運，《春秋公羊傳箋》，頁 349。

〔註 39〕王闓運，《穀梁申義・序》（據北京圖書館分館藏，清光緒十七年刻本影印原書版，續修四庫全書版），頁 2。

自晉至今，《左傳》盛矣。鄭康成名世大儒，其釋記尚誤以《左傳》為《春秋》，況杜預之徒乎？〔註40〕

又說：

余推測經文，本傳《公羊》，泛覽二傳，各得其趣。《左氏》專於史，離經別行，其體即司馬本紀之準也。閒駁意殊，不關《春秋》，其有得失，比之遷，乃三史之學，非六經之誼，已別條辨著於當篇。〔註41〕

這是點出了《春秋》一書是經，三傳之中，只有《公羊》、《穀梁》是解經之傳，而《左傳》只是史書，無關經義。因此若要了解《春秋》一書，只有從《公羊》、《穀梁》入手。西漢學宗《公羊》，並輔以《穀梁》，參以《左傳》。到了後來，《公羊》衰微，《左傳》興盛，尤其到了晉朝的杜預，作《左氏傳集解》，為後世的學子所宗，《公羊》衰微，一直到清代今文經學興起，才又復興。所以王闓運說的「自晉至今，《左傳》盛矣。」指的就是這種情況。發揮《春秋》是經，並提高《公羊》的地位，這背後的背景是清代今文經學的興起。十七、十八世紀，清代已出現了一種經史關係之爭，莊存與、劉逢祿等人，視《公羊傳》為核心典籍，發揮《公羊傳》描述的孔子形象，視之為宣示經典真理的聖人。〔註42〕王氏指出，「余推測經文，本傳《公羊》」，這是他認為最能夠傳承《春秋》一書義旨的是《公羊》，不過《穀梁》也是非常的重要，因為穀梁子雖然不是如公羊子一樣的親炙於孔子，但也是「私淑」於孔子，離聖道不遠，因此闡發的義理必有「宏旨」。〔註43〕若是只有讀《公羊》，

〔註40〕 王闓運，《穀梁申義・序》，頁1。

〔註41〕 王闓運，《穀梁申義・序》，頁1～2。

〔註42〕 艾爾曼，《經學、政治和宗族中華帝國晚期常州今文學派研究》（江蘇人民出版社，1998年3月），頁157～159。

〔註43〕 王闓運的《穀梁申義・序》云：「然穀梁子私淑仲尼，親研異同，指事之教，必有宏旨。」可見他並不因為尊崇《公羊》而排斥《穀梁》，這不同於劉逢祿等人。例如彭明輝先生指出劉逢祿為了確立《公羊傳》的地位，曾對《穀梁傳》進行攻擊，其手法一如對待《左傳》的方式，即透過對比的方式證明《穀梁傳》不傳《春秋》，以提高《公羊傳》的學術價值。劉逢祿〈穀梁廢疾申何敘〉云：「穀梁子不傳建五始，通三統、異內外諸大旨，蓋其始即夫子所云中人以下不可語上者。而其日月之例，災變之說，進退予奪之法，多有出入，固無足怪。玩經文，存點禮，足為公羊氏拾遺補缺，十不得二三焉。其辭同又不推其類為者，又何足算也。兼之經本錯迕，俗師附益，起應失措，條例乖舛。」從這裡可以看到劉逢祿藉貶抑《穀梁傳》以抬高《公羊傳》地位的

仍不能完全明白《春秋》之義，必須兼讀《穀梁》。從這個地方看來，王闓運
十分的重視《穀梁》，認為它也是傳承孔子之旨，不能忽略的著作。這種尊重
而重視《穀梁》的態度，有別於謹守《公羊》一家而互為攻伐者，這是因為
他兼習《公》、《穀》二傳的緣故。

　　《穀梁申義》的寫作方法，並不是對每一條經文都作討論，而是擇要而
論。所討論的經文，通常是《公羊傳》與《穀梁傳》的說法有明顯出入者，
書中即多引《公羊》以為對比，以屬辭比事闡發傳義，並對范寧的注之疏失
予以證補、批駁，對於何休、鄭玄的說法，予以釐清疏正。站在同樣都是解
《春秋》經的立場上，王氏認為《公》、《穀》不妨並立，這是因為《春秋》
經所傳達的是「義」，即使《公》、《穀》說法有別，也不妨為異。不過，《公》、
《穀》相較之下，王氏則較為推尊《公羊》。以下則分別敘述之：

　　1、《公》、《穀》不妨並立

　　王闓運在《穀梁申義》中，強調《春秋》的重點是「義」，而不是史事的
真相。以下引一段《申義》中的文字以說明之：

　　經文：隱公元年，秋，七月，天王使宰咺來歸惠公仲子之賵。

　　　《穀梁傳》：母以子氏。仲子者何？惠公之母，孝公之妾也。

　　　《申義》：《公羊》以為仲子桓母，今云惠母者，先師相傳，有母以
　　　　　　　　子氏之說。以僖公成風是僖母，惠公仲子必是惠母也。穀
　　　　　　　　梁子未親聞微言，但受大義，凡人代年世，史家所重，儒
　　　　　　　　者所略。《春秋》不嫌同詞同號。《公羊》親受聖傳，故知
　　　　　　　　為桓母。《穀梁》直以詞事相比，以為惠母，世次雖舛，
　　　　　　　　然足張嫡庶之義，破母以子貴之誤說，固無礙於說經也。

　　　　　　　　　〔註44〕

王氏對這一段《穀梁傳》的闡發是認為，《公羊傳》以為仲子是魯桓公之母，
而《穀梁傳》卻認為是惠公之母、孝公之妾，這是因為穀梁子解經是用「屬
詞比事」的方式，穀梁子根據「僖公成風」這條經文中，成風是僖公的母親，
因此推斷經文中「惠公仲子」這樣的書法，仲子也應該是惠公的母親。而王

　　　　方式。和他對待《左傳》的方式可謂如出一轍，而他以《左傳》、《穀梁傳》
　　　　為墊腳石，攀登《公羊傳》的峰頂，亦均採同一手法。參彭明輝先生，《晚清
　　　　的經世史學》（台北：麥田出版，2002年7月），頁85。
〔註44〕王闓運，《穀梁申義》，卷一，頁1。

氏認爲，根據《公羊傳》的說法，仲子是桓公的母親，這才是對的。因爲穀梁子和公羊子比起來，公羊子是「親聞微言」的，而穀梁子是私淑孔子受大義，沒有「親聞」孔子的「微言」，所以不如公羊子的說法正確。但是，重要的是，「仲子」是桓公之母抑或是惠公之母，這是屬於歷史事實的問題，是史家才會關懷的重點。而《春秋》一書所重視的是微言大義，不是瑣碎的史事。因此穀梁子雖然把桓公之母說成了惠公之母，在史實上面有所錯誤，但是仍發揮了《春秋》的「張嫡庶之義」，因此《穀梁傳》無害於解經。這也可見王氏認爲《春秋》是申明微言大義的「經書」，而不是把重點放在呈現歷史事實的「史書」。又如：

經文：莊公三十年，齊人伐山戎。

《穀梁傳》：齊人者，齊侯也，其曰人何也？愛齊侯乎山戎也。其愛之何也？桓內無因國，外無從諸侯，而越千里之險，北伐山戎，危之也。則非之乎？善之也。

《申義》：《公羊》以爲貶，今云善之者，比下獻戎捷稱齊侯，知不爲貶，使若遣人足以制戎，不以侯敵戎也。……《公羊》以爲貶者，桓伐無罪之衛，盡取紀邑，又不能救邢、衛，使狄滅之，中國尚不治，何暇敵戎；《穀梁》直論本事之善惡，取其攘戎狄，不妨爲異也。

《穀梁傳》對這一段經文的解釋是認爲，經稱「齊人」，是稱善齊侯，因爲齊侯以孤軍越千里之險，爲了能爲燕通職貢之路而北伐山戎。而《公羊》對這一段經文的解釋，和《穀梁》的善齊侯持不同的看法，認爲是在貶齊侯。《公羊傳》曰：「此齊侯也，其稱人何？貶。曷爲貶？子司馬子曰：蓋以操之爲已蹙矣。此蓋戰也，何以不言戰？《春秋》敵者言戰，桓公之與戎狄，趨之爾。」《公羊》認爲稱齊侯爲人，是貶齊侯，因爲齊侯對於伐山戎操之過急，有違仁德。王闓運解釋《公羊》貶齊侯，是因爲莊公二十八年，齊伐無罪之衛，三十年秋，取紀國之邑，而且又不能救受侵之邢、衛，中國之內務尚不能治，更何暇對外攘戎狄，這是王氏對《公羊》貶齊侯的一家之見。雖然《公》、《穀》兩傳一貶齊侯，一善齊侯，立場有根本的不同，但王氏認爲這兩種說法是可以同時並立的，《公羊》從《春秋》經文書齊侯幾年來的表現，判斷此條經文是在貶齊侯，這樣的解釋有它的道理；而《穀梁》只從此條經文立論，讚美齊桓公攘戎狄，這也是得《春秋》之義。故《公》、《穀》在解經的基礎上是

不妨爲異的。再舉一例言之：

經文：隱公元年，冬，十有二月，祭伯來。

　　《穀梁傳》：來者，來朝也。其弗謂朝，何也？寰内諸侯，非有天子
　　　　　　　之命，不得出會諸侯。不正其外交，故弗與朝也。

　　《申義》：《公羊》以爲奔，蓋天子畿内諸侯無朝侯國者，今以爲來
　　　　　　　朝，亦是比州公寔來之事，明同爲來朝也。取足張人臣無
　　　　　　　外交之義，不妨爲異。〔註45〕

王闓運亦是將此段《穀梁傳》文與《公羊傳》文互相作對比。《公羊傳》言：
「祭伯者何？天子之大夫也。何以不稱使？奔也。奔則曷爲不言奔？王者無
外，言奔則有外之辭也。」《公羊傳》指出祭伯是周天子的大夫，因與王有隙，
故出奔到魯國來。其意是認爲君臣忿爭，臣子出奔，易致國家昏亂，社稷危
亡，所以錄之。〔註46〕《穀梁傳》則指出，祭伯是周天子的大夫，沒有經過
周天子的命令，就擅自來朝見魯國。故《穀梁》認爲《春秋》書寫這件事，
是不正其外交，不贊許其朝見魯國。王氏《申義》則指出，《公羊》以爲祭伯
與王有隙而出奔，這大概是認爲天子畿内的諸侯沒有去朝見其他侯國的制
度；而《穀梁傳》認爲祭伯來魯國朝見，是用「屬辭比事」的方式，對比《春
秋》的另一條經文「州公寔來」這樣的書寫方式，指出祭伯是來朝見魯國的。
《穀梁》這樣的說法，雖然和《公羊》不一樣，但是其義是要彰明《春秋》
的人臣無擅自外交之義，所以這種說法可以和《公羊》並立，不妨爲異。又
昭公十一年，楚師滅蔡一事亦可説明之：

經文：昭公十一年，冬，十有一月，丁酉，楚師滅蔡，執蔡世子友
　　　以歸用之。

　　《穀梁傳》：此子也，其曰世子，何也？不與楚殺也。一事注乎志，
　　　　　　　所以惡楚子也。

　　《申義》：何《廢疾》曰，即不與楚殺，當貶楚爾，何故反貶蔡稱
　　　　　　　世子邪？鄭釋曰，滅蔡者，楚子也，而稱師固已貶矣。楚
　　　　　　　子思啓封疆而貪蔡，誘殺蔡侯般，冬而滅蔡殺友，惡其淫
　　　　　　　放其志，殺蔡國二君以取其國，故變子言世子，使若不得
　　　　　　　其君終。申義曰，《公羊》以爲不君靈公，不成其子，誅

〔註45〕王闓運，《穀梁申義》，卷一，頁1。
〔註46〕何休，《春秋公羊傳解詁》（校永懷堂本），頁8。

> 君子不立也。今云惡楚子者，經書誅君之子爲君者多矣，
> 事無可比，故知惡楚也。《公羊》以般殺父爲中國僅一見
> 之事，故特變其文以重父子之義。《穀梁》重夷狄之防，
> 不妨爲異也。

這一段經文是說，魯昭公十一年冬，十一月丁酉這一天，楚國軍隊滅了蔡國，
拘執蔡國世子友回楚國並殺之，以其血來祭祀。《穀梁傳》指出經文的「蔡世
子友」事實上已經即位了，應該稱「子」，[註47]爲什麼仍稱「世子友」呢？
這是不贊許楚國殺他，所以經文故意把「子」改稱爲「世子」，好像楚國沒有
殺了蔡國的國君一般，這是因爲厭惡楚子殘暴。《公羊傳》則有另一種解釋法。
傳文曰：「此未踰年之君也，其稱世子何？不君靈公，不成其子也。不君靈公，
則曷爲不成其子？誅君之子不立，非怒也，無繼也。」這是說，蔡世子友已
經是即位未滿一年的國君了，爲何經文還稱他「世子」呢？因爲友的父親蔡
侯般當初是殺了自己的父親才即位的，所以《春秋》不承認他的國君地位，
自然也不承認他的兒子友是國君。雖然《公》、《穀》闡發義理的方向是截然
不同的，但王闓運這爲這兩者是可以並存的。《申義》說，《公羊》以爲蔡侯
般殺父而立，故不君其子，這是重在彰顯父子之義。而《穀梁》則是厭惡楚
子執殺中國的諸侯，其重點是在彰顯夷夏之防的大義。這兩種說法其實是可
以並立，不妨爲異的。

　　由上所引，可知王闓運認爲《公羊》、《穀梁》解經各有所見，義各有當，
因此《公》、《穀》相同或類似的地方，固然可以相互輔證，相互發明，而說
法紛歧互異者，也可以相發而並存，王闓運這樣的想法，有一個很重要的前
提，就是《春秋》是「經」，「經」所重的是「義」，因此只要是義理解釋合理
者，都可以承戴《春秋》的解釋，有別於注重事實眞相的「史」。

　　2、推尊《公羊》

　　王闓運認爲《公》、《穀》可以相發而並存，這是他的特色所在，但細究
內容，其實他更爲推崇的是《公羊》，因爲他以公羊子爲親聞孔子之言，親受
聖傳；而《穀梁》是儒者所傳，穀梁子只是私淑孔子，故高下仍有不同。例
如前述論隱公元年惠公仲子條云：

> 穀梁子未親聞微言，但受大義，凡人代年世，史家所重，儒者所略，

[註47] 世子友之父蔡侯般於魯昭公十一年夏四月時，已被楚子處誘殺，故世子友已
　　　即位；范寧注曰，「諸侯在喪稱子」。

　　《春秋》不嫌同詞同號，《公羊》親受聖傳，故知為桓母。

親聞與私淑究有不同，《公羊》因為親聞於孔子，故能得知孔子的「微言」，《穀梁》不知微言，只受大義。這種說法有些類似劉逢祿對《穀梁》的評論：「穀梁子不傳建五始、通三統、異內外諸大旨，蓋其始即夫子所云中人以下不可語上者。」〔註48〕不過不同於劉逢祿的刻意貶抑《穀梁》，王闓運即使認為《穀梁》不懂孔子的微言，只傳大義，在解經的立場上，仍然是可取的，只不過與《公羊》的親受聖傳、親聞微言相較之下，《公羊》仍是略勝一籌。〔註49〕例如：

經文：夏，五月，宋公茲父卒。

　　《穀梁傳》：茲父之不葬何也？失民也。其失民何也？以其不教民
　　　　　　　　戰，則是棄師也。為人君而棄其師，其民孰以為均哉？

　　《申義》：（范注引）何《廢疾》曰，所謂教民戰者，習之也。《春秋》
　　　　　　　貴偏戰而惡詐戰，宋襄公所以敗於泓者，守禮偏戰也，非
　　　　　　　不教其民也。孔子曰，君子去仁，惡乎成名，造次必於是，
　　　　　　　顛沛必於是，未有守正以敗而惡之也。《公羊》以為不書
　　　　　　　葬為襄公諱背殯出會，所以美其有承齊桓尊周室之美志。
　　　　　　　鄭釋曰，教民習戰而不用，是亦不教也。詐戰謂不期也。
　　　　　　　既期矣，當觀敵為策，倍則攻，敵可戰，少則守，今宋襄
　　　　　　　公于泓之戰違之，又不用其臣之謀而敗，故徒善不用賢
　　　　　　　良，不足以興霸主之功；徒言不知權譎之謀，不足以交鄰
　　　　　　　國，會遠疆，故易譏鼎折足，《詩》刺不用良，此說善也。
　　　　　　　申義曰，何君以《公羊》之誼（義）譏《穀梁》，此責越
　　　　　　　人以章甫也。鄭君又以《穀梁》為長，亦未足以答《公羊》

────────────────

〔註48〕劉逢祿，《穀梁廢疾申何》，收錄於《皇清經解》，頁1292。

〔註49〕彭明輝先生指出，其實清代講《公羊》的學者，亦分為「微言派」與「大義派」的區別。莊存與是微言派的開山祖師，孔廣森為大義派的燃燈者。莊存與認為《春秋》是經世之書，而非記事之史，其中存在孔子為後代制法的深義，因此觀《春秋》之辭必以聖人之心存之。莊存與認為《春秋》之義存於《公羊傳》，包括通三統、張三世、辨名分、定尊卑、明內外、舉輕重，撥亂反正，均從《公羊傳》而來。孔廣森雖向莊存與習《公羊》，但他的公羊學理論源出趙汸，而反對何休的「三統說」，認為何休對《公羊》所作的發揮「往往為《公羊》疢疾。」所著《春秋公羊通義》撰成於乾隆年間，此書強調大義不主微言，成為清代今文學大義派的開山。參彭明輝先生，《晚清的經世史學》，頁72～76。

> 之難。《穀梁》經國君日卒而不書葬者，……凡十七君，……
> 餘十六君皆不發傳，明俱以惡及不正或微國不葬耳。獨茲
> 父稱伯而無惡，故先師疑之，推其意即以泓戰貶耳。《公
> 羊》推襄公比文王，其義宏深，非儒者所及。〔註50〕

宋公茲父即是宋襄公，《春秋》經文只書其卒，不書其葬，《公羊傳》說不書葬是爲宋襄公諱，因襄公之父御說卒時，襄公背殯出會宰周公，雖有不子之心，但是他有憂中國之志，所以經不書葬，乃諱宋襄公之背殯。今襄公霸業不成而死，德未深厚，故於其本身之卒，也諱不書葬。《穀梁傳》則認爲經文不書葬是因爲宋襄公「以其不教民戰」，是一種棄師的行爲。不過在經文中並沒有宋襄公棄師的記載，所以王闓運說：「推其（《穀梁》）意，以泓戰貶耳。」泓之戰，發生在僖公二十二年冬十一月，《公羊》甚褒宋襄公守禮而打敗仗，以爲雖文王之戰亦不過如此，而《穀梁》則貶宋襄公，認爲其舉措不當。王氏則跟隨《公羊》的立場，褒美宋襄公，說《公羊》推襄公比文王的說法，其義宏深，不是傳《穀梁》的儒者所能及的。他又說「何君以《公羊》之義譏《穀梁》，此責越人以章甫也。」他說何休以《公羊》之義譏《穀梁》，就好像苛責南蠻的越人必須戴上典禮的冠冕一樣，這表面上雖是說對《穀梁》之義不能太過苛責，事實上，早已流露出《公羊》優於《穀梁》的意識。

他又將「僖公二十三年，冬，十一月，杞子卒」；「僖公二十七年，春，杞子來朝」；「文公十二年，春，杞伯來朝」；「襄公二十九年，杞子來盟」這幾條經文結合在一起，闡發議論。《申義》曰：

> 杞自莊二十七年來朝稱伯，後皆稱伯，獨僖二十三年稱子以卒，蓋稱
> 子二十年至文十二年乃復稱伯。杞，二王後，本公爵，《公羊》以爲
> 黜杞，故宋，新周，伯子男一等，爵見二稱，以明非本爵，乃王者絀
> 之耳。《穀梁》儒者，雖傳有故宋之說，必不敢傳託王之義。〔註51〕

這一段話明顯的點出了《公羊》能傳孔子「微言」的地方，「黜杞」、「故宋」、「新周」這是《公羊傳》的三統說，三統說的重點即是以《春秋》當新王的託王之義，而《穀梁》只是一個儒者，雖傳有「故宋」之說，必不敢如《公羊》一樣傳有託王之說。這都是說明了《公羊》優於《穀梁》的地方。

總之，王闓運認爲能夠解《春秋》「經」的，在三傳中，只有《公羊》和

〔註50〕王闓運，《穀梁申義》，卷一，頁22。
〔註51〕王闓運，《穀梁申義》，卷一，頁22～23。

《穀梁》。他說：「余推測經文，本傳《公羊》，泛覽二傳，各得其趣。左氏專於史，離經別行，其體即司馬本紀之準也。聞駁意殊，不關《春秋》，其有得失，比之遷、固，乃三史之學，非六經之誼。」〔註 52〕這是說明了《春秋》一書是經，三傳之中，只有《公羊》、《穀梁》是解經之傳，而《左傳》只是史書，就如同司馬遷《史記》、班固《漢書》一類的史書一般，所要闡明的是史事，無關於經義。而他推測經文，認為本傳《公羊》，而《穀梁》亦有其旨趣。從《穀梁申義》這一部著作中，看到他排除了《左傳》的原因，將《公》、《穀》一起承載了解釋《春秋》經的工作，最基本的前提，是《春秋》是「經學」，不是「史學」，在「解經」上面，他安立了《公羊》、《穀梁》二傳。王闓運並不是要會通《公羊》、《穀梁》，他也不認為三傳之間可以會通，〔註 53〕只是認為在解經之上，義各有當，兩者可以同時獨立並存。而同時，王闓運一直有《公羊》優於《穀梁》的意識，成書於同治八年的《穀梁申義》，雖然是王氏的第一部《春秋》學作品，但是觀其內容，並不能確定他是先習《穀梁》還是《公羊》，而《申義》中，往往出現一種情況就是《公羊》有提及，《穀梁》沒有提及的，就一概認為「公羊子親聞微言，穀梁子未聞也」，其實《公》、《穀》有不同的立場，而王闓運沒有再深入的推理、分析，這是一個缺點所在，但從這個地方也明顯的表現出他的《公羊》優於《穀梁》的意識，這也是往後幾十年，他不論是論學、論政，都是以《公羊》為宗的原因之一。

（二）從書法義例看《春秋》的經史問題

王闓運指出《春秋》是經不是史，也表現在他對《春秋》的書法義例的看法上面，而對書法義例的看法，最明顯點出的，就是《春秋》書時、月、日的方式，王氏認這就是「大義微詞」之所在；另一方面，則表現在其他的書法方面，從中可以對比出經史寫法的不同，以下則從這兩方面分別申述之。

1、時月日例為大義微詞所在

時月日例的有無，在歷代引起許多學者的爭辯，爭辯之起，是因為《春秋》記事二百四十二年之間，所書時月日，往往參差闕略，或時而不月，或月而不日，或日不繫月，或月而無時，對於此種現象，學者有的認為是史之闕文，無關乎褒貶，所以反對有時月日例之說；但有的學者認為書時月日的

〔註 52〕王闓運，《穀梁申義‧序》，頁 1～2。
〔註 53〕王氏說：「凡說《春秋》欲通三傳而申一家，則必陰取他說，別出己意。」見《穀梁申義》，卷一，頁 4，「隱公五年九月，考仲子之宮條」。

參差闕略，是出自於孔子有意的筆削，因而大義存焉，遂起了兩者的爭辯。近代學者戴君仁認為，《春秋》三傳中，《公羊》學家是首先以義例解說《春秋》者，解說《穀梁》、《左傳》的學者隨後跟進。時月日例雖由三傳所始發，而推波助瀾，助成其勢者，則為三傳注家。三傳言時月日例者，《左傳》僅日食與大夫卒二事，《公》、《穀》雖然較多，以《公羊傳》論，亦不過二十條左右，尚不甚密，義亦平實，及三傳注家，《左傳》則劉、賈、許、穎等，《公羊》則何休，《穀梁》則范寧，往往假日月褒貶之義遍注經傳，言例愈廣，詮義更細。至於時月日例是否深合孔子修作之意，反對者斥為穿鑿附會，而順承主張者則又從而發其深蘊，以致於各是其是，各非其非，論戰不已而難有定論。〔註54〕

　　根據張廣慶的研究，歷代斥時月日例為曲附穿鑿者，其人物與言論，主要見於王充《論衡‧正說篇》、杜預《春秋釋例》、陸淳《春秋集傳纂例》、葉夢得《春秋傳》、朱熹《朱子語類》、呂大圭《春秋五論》等，以上諸人，皆主經書日月，詳略不等，均承自舊史的闕略，無關孔子筆削予奪之義。而認同時月日例寓有孔子筆削之義的言論，主要可見之於崔子方的《春秋本例》、劉逢祿《春秋公羊何氏釋例》、廖平《公羊解詁三十論》、皮錫瑞《經學通論》、劉師培《春秋左氏傳古例詮微》等。以上諸人認為，經書時月日例，詳略不同，乃是裁自聖心，均關筆削之義。〔註55〕以上讚成或反對時月日例的學者，包括《左傳》家、《公羊》家，亦有會通三傳的《春秋》家。王闓運認為時月日例是《春秋》的微言所在，他論《春秋》之例是從《公羊》學的方向來發揮，而其闡明時月日例為《春秋》的微言所在，他的立足點有一個很重要的命題，就是要說《春秋》是「經」而不是「史」。以下則從王氏著作中擷取代表性的例子以言之：

（1）經文：隱公六年，秋，七月。

　　《公羊傳》：此無事何以書？《春秋》雖無事，首時過則書。首時過
　　　　　　　　則何以書？《春秋》編年，四時具然後為年。
　　王箋：示《春秋》非記事之書也。不但書秋，必連七月者，《春秋》
　　　　　主記王法，時者，天道，月乃人事，雖無事必有法也。……

〔註54〕張廣慶，《何休春秋公羊解詁研究》（台灣師範大學國文研究所碩士論文，民
　　　　國78年5月），頁261。
〔註55〕張廣慶，《何休春秋公羊解詁研究》，頁262～264。

> 所以明去秋冬，記夏五，皆非闕誤，因知時月日爲大義微詞
> 所在。

這條《春秋》經文只書時（季節）和月份，並沒有書寫發生什麼事。《公羊傳》說，既然沒有什麼事情，爲什麼要書寫季節和月份呢？因爲《春秋》是編年之書，雖然無事，「首時過則書」。何休曰：「首，始也。時，四時也。……春以正月爲始，夏以四月爲始，秋以七月爲始，冬以十月爲始，歷一時無事，則書其始月也。」〔註56〕所以首時是春正月，夏四月，秋七月，冬十月。王闓運接著指出，無事仍書時、月，就可看出《春秋》一書的目的不是爲了記載史事，而是爲了要張王者之大法。他說，「時」代表天道，「月」代表人事，雖無事必書之，代表有法。所以《春秋》中書時月日的方式，都是孔子有意的筆削，例如有的地方沒有書秋或書冬，或者是如桓公十四年經文僅書「夏五」二字，而非書「夏五月」，這都不是因爲史文闕漏，而是孔子故意這麼書寫，要表達其微言大義所在。

（2）經文：桓公十四年，夏五。鄭伯使其弟語來盟。

　《公羊傳》：夏五者何？無聞焉爾。

　　王箋：無聞者，《春秋》有無正無王去時去月之例，皆不待問而知。
　　　　　此夏五亦去月例，非比事相起，不可以據，故曰焉爾。焉爾
　　　　　者，可聞而託無聞也。按下十七年五月，無夏，與此相起，
　　　　　此夏五無月，文若有脫落，然鄭伯使來盟例時，假令從月例，
　　　　　亦了然亦知爲脫月字，二文不相連續，讀者誤連之。

此處經文只書寫「夏五」，「夏五」爲何？是否脫落了「月」字？《公羊傳》指出「無聞焉爾」，也是對這兩個字表示存疑。而王闓運認爲，「無聞者，《春秋》有無正無王去時去月之例，皆不待問而知。」例如，《春秋》書公即位的正例是「某公元年，春，王正月，公即位。」但並不是《春秋》十二公的即位都是這麼書寫，有的去掉了正月，而書二月，有的去掉了王字，有的去掉了季節，王氏認爲這都不是因爲史文的脫落，而是孔子刻意這麼書寫，以寓褒貶大義。公羊子既親聞於孔子的微言大義，對於這種情況，應該是很清楚，即使孔子對這條經文沒有多講解，公羊子也應該了解，不必要再多問的，所以他說「無聞者……皆不待問而知。」故「夏五」，也是孔子故意不書「月」

〔註56〕何休，《春秋公羊傳解詁》（校永懷堂本），頁17。

字之例，然而這條經文下面沒有記載其他的事情，無事可據，故無法確切的看出孔子所褒貶在哪一件事情上，所以他又說「然非比事相起，不可以據，故曰焉爾。」其實王氏自己也覺得此處書「夏五」二字顯得突兀，但是篤信經文的他，仍然堅信這是孔子的筆削，雖然後人不知其意含爲何，但這絕對不是史文的殘闕脫落。他接下去說：「按下十七年五月，無夏，與此相起，此夏五無月，文若有脫落，然鄭伯使來盟例時，假令從月例，亦了然亦知爲脫月字，二文不相連續，讀者誤連之。」這是在說明《公羊傳》中，將「鄭伯使其弟語來聘」一句接於「夏五」之下，當成是同一條經文，但王氏認爲兩者是兩條不同的經文，因爲根據何休的說法，《春秋》中，涖盟或來盟皆例時，〔註57〕若是接於「夏五」之下，就成了例月了，仿佛成了經文「夏五」脫了「月」字一樣。這也是他主張「夏五」與「鄭伯使其弟語來盟」應該分成兩條經文的原因。

　　總之，在篤信《春秋》是經不是史的前提下，王闓運雖不知道「夏五」褒貶之處，仍然相信孔子這麼書寫，是故意不書「月」字，有他的用意所在，就如同桓公十七年「五月，丙午，及齊師戰於奚」這條經文之上不書季節，道理是一樣的。

　　（3）經文：桓公十七年，五月，丙午，及齊師戰於奚。

　　《公羊傳》：（無）

　　　王箋：於五月上去夏，使若承上二月，起及戰者公也。及，本内微
　　　　　者之詞：日者，結日偏戰，貴人之事，言戰則敗，諱，去公
　　　　　例明而義不顯，故去時以起之，亦以示月不必蒙時也。〔註58〕

按照《公羊傳》的說法，《春秋》雖無事，首時過則書。（見隱公六年，秋七月）何休也指出，春以正月爲始，夏以四月爲始，秋以七月爲始，冬以十月爲始。而桓公十七年「五月，丙午，及齊師戰於奚」這條經文的前一條是「二月，丙午，公及邾婁儀父盟於趡。」很顯然的，按照首時之例，在「五月，丙武」之前少書了「夏四月」。爲什麼不書呢？王氏指出因爲「及齊師戰於奚」，是指魯桓公和齊國的軍隊戰於奚這個地方，魯桓公戰敗，《公羊傳》認爲書「戰」爲敗，《春秋》爲了替國君諱，於是就只書一個「及」字，不說是魯桓公，但

〔註57〕何休，《春秋公羊傳解詁》（校永懷堂本），桓公十四年「夏五，鄭伯使其弟語來聘」條，頁33。
〔註58〕王闓運，《春秋公羊傳箋》，頁113。

又爲了使人知道作戰的人是魯桓公，於是使這條經文上承於「二月，丙午，公及邾婁儀父盟於趡」，因爲這裡點出了桓公的角色。這就是「五月，丙午」這條經文之前爲什麼不書季節「夏，四月」的原因。

　　土氏最後的重點放在「亦以示月不必蒙時也」，《春秋》書月不必繫於季節，是否要書季節，也都是孔子的設計，有其意義所在。同樣的道理，書日也不必要繫於月，日、月、時均不必相繫，各自爲文，這樣才能表現孔子的筆削之意。

　　（4）經文：桓公十二年，丙戌，公會鄭伯盟於武文。丙戌，衛
　　　　　　　侯晉卒。

《公羊傳》：（無）

王箋：《春秋》設月日之例，若可蒙上則例亂不明，故出二日以顯
　　　之。日尚必重出，則他例顯矣。不蒙月而重月者，下復見自
　　　正月是也。月不繫月者，冬下見壬申，不見月也。此皆弟
　　　子所通知，故無問詞。而《穀梁》輒爲發傳，彼經晚出故也。

〔註59〕

「丙戌，衛侯晉卒」的前一條經文是「丙戌，公會鄭伯盟於武文」。既然前一條經文已經書寫「丙戌」之日了，那麼「衛侯晉卒」也同樣發生在丙戌之日，爲何不承蒙上文即可，何以要再重複書寫一次「丙戌」呢？這是因爲《春秋》設月日之例，每一條經文是否書日書月都各有其褒貶所在，不能因爲前一條經文也是書同一日，就承蒙上文而不再書寫一次，這樣就會混亂了《春秋》之例，看不清褒貶所在。這種時月日不相蒙的情形，王闓運又舉《春秋》中的其他例子以證明之。他說：「不蒙月而重月者，下復見自正月是也。日不繫月者，冬下見壬申，不見月是也。」《春秋》中有前一條已經書月，後一條又書月者，這是表示月不相蒙的情形；也有前一條書時，後一條書日者，這是表示日不繫於月的情形。例如僖公二十八年的「壬申，公朝於王所」是書日，而前一條經文「天王狩於河陽」則是書時，可見書日、書月、書時都是各自獨立的情況，不相繫屬。

　　此外，王闓運於《公羊傳箋》的文公九年「春，晉人殺其大夫士穀及箕鄭夫」、成公六年「壬申，鄭伯費卒」，以及襄公四年「秋，葬陳成公」等處，

〔註59〕王闓運，《春秋公羊傳箋》，頁109。

均隨處闡發這種日月時不相蒙，各自爲文，不可虛加之意。從以上的說法，也可以看出，王闓運是在回應前代反對時月日例的學者。前代反對時月日例的學者，多有一個看法，認爲《春秋》是否有書時月日，是因爲史文記載的殘闕或脫落，﹝註60﹞而王氏站在篤信《春秋》爲經文的立場上，認爲任何一字的增損都經孔子的筆削，尤其時月日更是代表天地與人事的大法，書或不書都是寓含孔子的微言大義所在，這也是他堅信並強調有時月日例的最主要原因。

2、從書法問題看《春秋》是經非史

王闓運指出《春秋》是經非史還表現在經史書法不同的問題之上。以下則直接舉例以明之：

（1）經文：桓公元年，春，王正月，公即位。

　　《公羊傳》：繼弒君不言即位，此其言即位何？如其意也。

　　王箋：凡弒君而自立者，必自以爲己正，而被弒者不正，故因而子
　　　　　之，以示託正之義。若眞書絕之，則統絕矣。彼弒君罪既見，
　　　　　即已受治，此正即位，又若更新《春秋》之義，賊無不討，
　　　　　如其無及，亦仍以正君之法待之，使彼逆取順守，改過悔罪，
　　　　　乃爲宏也。若爲史臣，則當守正直筆，身死而已。

《公羊傳》指出，如果前一任國君是被弒而死，則按照《春秋》的成例，繼位的國君是不書即位的。今天隱公被桓公所弒，桓公即位，爲什麼《春秋》還要書他即位呢？這是要遂了桓公篡弒的心意，以彰顯其惡。王闓運提出了自己的一個看法，指出凡是弒害國君而自立的人，必定認爲自己是正的，別人爲不正，故《春秋》仍然用正君即位的方式來書寫；若是書寫他不正，則代表魯國的君統已絕了，這並不是《春秋》的本意。而且桓公弒隱公的事已經從前面的經文可推見之，即其罪已受治，現在他即位的事情既然已經造成了事實，則《春秋》就用正君之法來對待他，使他能夠改過悔罪，逆取順守，這才是最積極的意義。王氏又再指出，這就是經學的書法和史學的書法不同

﹝註60﹞ 例如葉夢得《春秋傳》曰：「日月不可以爲例，爲是說者，《公羊》、《穀梁》之過也。然則，何以有日或不日，或有月有不月，此史之闕，而《春秋》不能益也。」呂大圭《春秋五論》曰：「事成於日者書日，事成於月者書月，事成於時者書時，……其或宜月而不月，宜日而不日者，皆史失之也。……是《春秋》不以日月爲例也。」見張廣慶，《何休春秋公羊解詁研究》，頁262～263。

的地方。如果是史家，就會直接書寫史實，表明桓公殺隱公而篡位，可能也因此而引起殺身之禍。但《春秋》畢竟是經，它的重點並不在於事實的眞相，而是它所要彰顯的義。

（2）經文：**桓公六年，九月，丁卯，子同生。**

　　《公羊傳》：子同生者孰謂？謂莊公也。何言乎子同生？喜有正也。
　　　　　　　　未有言喜有正者，此其言喜有正何？久無正也。子公羊
　　　　　　　　子曰，其諸以病桓與？

　　王箋：病桓不正當絕，不得有世子，故以君薨稱子某，起桓當誅，
　　　　　《春秋》殺君者不再見，而桓不從其例，特於子生著之，使
　　　　　若殺隱者已伏然，以爲凡殺君之例，子生無名，追本其生日
　　　　　而誦名之，亦《春秋》不記事之例。

桓公的世子，也就是後來的莊公，於桓公六年九月的丁卯這一天出生，取名爲同。通常國君的世子出生，《春秋》是不書寫的，這個地方爲什麼要書寫呢？《公羊傳》說「喜有正也」，欣喜國家有了正嗣。子同是桓公正夫人文姜所生，故爲嫡長子，是正嗣。爲什麼《春秋》這麼重視同這個正嗣的出生呢？這是因爲魯國已經很久沒有正嗣了。魯隱公和魯桓公都不是正嗣，也正因爲如此，後來才發生了桓公篡殺隱公的悲劇。公羊子說「其諸以病桓與」是因「感隱桓之禍生於無正，故喜有正，而不以世子正稱書者，明欲以正見無正，疾惡桓公。」王闓運指出，這是在貶刺桓公不正當絕，他用「屬詞比事」的方式指出，《春秋》中，前任國君死，繼位之君稱「子某」，這個地方，稱桓公的嗣子爲「子同」，這是要表明，桓公篡弒隱公的罪是應當被誅絕的，《春秋》中，若是殺國君的人，就不再讓他出現，代表絕之。但桓公的身分較特殊，他是魯國的國君，《春秋》不能不書寫他，於是就在其世子出生之時書「子同」，使若桓公已經伏罪。

　　歸結王氏的重點，這條經文最主要的意義有兩個地方，一是稱「子同」代表桓公受誅；二是《春秋》不書其他世子的出生，只在這條經文上著明桓公世子的出生，這可以看出經文是有所用意，而不是記載所有史事的書。

（3）經文：**莊公二十八年，冬，築微。大無麥禾。**

　　《公羊傳》：冬既見無麥禾矣，曷爲先言築微而後言無麥禾？諱以凶
　　　　　　　　年造邑也。

　　王箋：將見凶年不修例，故於此顯之，使學者知《春秋》不記事，

前後相通見意，冬不必冬，月不必月，日不必本日。〔註61〕

經文說，莊公二十八年，冬天，魯莊公在微這個地方建築城邑。同樣這個冬天，麥禾的收成很不好。《公羊傳》指出，以時序來說，冬天一到，就已經先知道麥禾的收成很不好了，經文為什麼要先說冬天魯莊公在微這個地方築邑，再說收成不好？這是為了要替魯莊公隱諱他於凶年造邑的不德，使若先造邑之後，才出現收成不好的情況。

王闓運於此指出，這條經文是要警示國君行德政，於凶年不要再動用人力物力來建築城邑，而從經文書寫的時序來看，也可以得知《春秋》的性質不是在記載史實的，因為史實的情況是冬天一到，就已經知道麥禾的收成不好，故「大無麥禾」的情況應該在「築微」之前，而經文卻先書築城邑，再書無麥禾，和史實的時序不同。由此可知，《春秋》的書寫並不一定要和事實的真相完全符合，所以事實是冬天而經文不一定要書冬天，事實是某月而經文不一定要書某月，因為《春秋》的書法有它要彰顯的經義，不是要呈現事實的真相，這就是經史不同的地方。

（4）經文：宣公十六年，秋，郯伯姬來歸。

《公羊傳》：（無）

> 王箋：來歸例時，特見來歸者，與杞叔姬來歸月相比見正例也，因
> 以見女嫁不書，書者，皆有所為。《春秋》書事取張法，見
> 者不復見，不為人作記簿也。〔註62〕

魯宣公十六年的秋天，郯伯姬從郯國回到魯國來。何休《解詁》曰：「嫁不書者，為媵也。來歸書者，後為嫡也。死不卒者，已棄，有更適人之道，或時為大夫妻，故不得待以初也。棄歸例，有罪時，無罪月。」〔註63〕何休解釋說，魯女嫁為諸侯夫人的，《春秋》皆書之，如「叔姬歸於紀」、「伯姬歸於宋」等。當初郯伯姬出嫁時，《春秋》沒有書寫，可見她不是嫁為諸侯夫人，而是作媵妾。不過媵妾來歸是不書寫的，這個地方寫她來歸，是因為她本來是媵妾，後來成為嫡夫人。魯女若是成為諸侯的嫡夫人，在死時、葬時《春秋》也會書寫，例如莊公二十九年「紀叔姬卒」，三十年「葬紀叔姬」皆是。但郯伯姬死時《春秋》都沒有記載，這種情況應該是郯伯姬後來被諸侯休棄，或

〔註61〕王闓運，《春秋公羊傳箋》，頁147。
〔註62〕王闓運，《春秋公羊傳箋》，頁244。
〔註63〕何休，《春秋公羊傳解詁》（校永懷堂本），頁118。

是改嫁爲大夫之妻，所以《春秋》不再當她是夫人，卒葬皆不書之。何休又指出，「棄歸例，有罪時，無罪月」，徐彥疏指出這種說法是對比於成公五年「春，王正月，杞叔姬來歸」此條經文例月，成公八年又書「杞叔姬卒」，故杞叔姬無過，可推知「郯伯姬來歸」書秋例時則是代表有罪。所以何休的看法，例月是正例，例時是變例。

王闓運的看法和何休有所出入，他不多討論郯伯姬的身份，只認爲，經文書「秋，郯伯姬來歸」是爲了要突顯成公五年正月的「杞叔姬來歸」一事，「杞叔姬來歸」書月才是變例。王氏的說法及其根據是否正確，此處不多討論，我們只將重點放在「因以見女嫁不書，書者，皆有所爲。《春秋》書事取張法，見者不復見，不爲人作記簿也。」經文書郯伯姬，是有目的，其目的是爲了突顯杞叔姬的特殊性。所以可以知道，《春秋》並不是每個魯國的女子出嫁都要爲之書寫作記，而是要取事張法，可以彰顯經的意義的才書寫。這也是《春秋》爲經不爲史的地方。

其實，王闓運於其著作中，隨處均可見其闡發《春秋》是經不是史的思想，王闓運在注解到敍述史事性質的傳文時，往往會指出「此下自言史事耳，無與於經旨」、〔註64〕「以此便問史事，無與經義」，〔註65〕或是「此史記之文便言耳，無關經義……」〔註66〕等等，很多地方均表現了他十分強調經史的不同，而經史的不同，在於「史」是表現人事，重點在於事實眞相的呈現；而「經」是爲天道人事張大法，重點在於「義」，雖然也是託於史事以明之，但是在申張「義」的前提下，所書之事只是爲了示現所張之法，不必是眞正史實的呈現。《春秋》因爲是聖人所作的「經」，有其王心所在，所以具有永久垂法於後世的價值，這也是王闓運認爲孔子的《春秋》可以被援引到其當世作爲撥亂大法的一個根本命題。

二、《春秋》符號說的端倪

「《公羊》學」的風格，本身就是一種經世的性格。其實歷代以來，儒學本身經世的需求向來都大過於智識的研索。余英時先生指出，十九、二十世

〔註64〕見《春秋公羊傳箋》桓公二年「春，王正月，戊申，宋督殺其君與夷及其大夫孔父」條。

〔註65〕見《春秋公羊傳箋》僖公二年「夏，虞師晉師滅夏陽」條。

〔註66〕見《春秋公羊傳箋》定公四年「冬，十一月，庚午，蔡侯以吳子及楚人戰於伯莒」條。

紀之交，儒學內部存在著「改變世界」的強烈要求，同時也強調乾嘉考證之
際，第一流人才仍不忘經世，在專為考證而考證的學風裡，仍潛藏著儒學經
世主義的伏流，到了十九、二十世紀之交，已由伏流變為主流了。而「經世
之志」正是「《公羊》學」者的標誌，〔註67〕這一點在王闓運的學術性格上，
有著明顯的表現。王闓運尊崇《春秋》，是認為孔子的《春秋》可以被援引到
其當世，作為一個撥亂的大法，而這種《春秋》可以作為一個經世法典的根
本命題，就是他認定《春秋》是聖人所作的「經」，有孔子的王心所在，所以
具有永久垂法於後世的價值。

　　清代今文家認為古文經不足以探求孔子的微言大義，所以他們要掃除蕪
說，尋找孔子真正理想的藍圖，這種「返求聖經」的努力，隨著晚清時局的
日趨危急而更加明顯。「返求聖經」的理想，推展到極致，就是廖平、康有為
為了尊孔，將一切的經書「符號化」。在這發展的過程中，有一個很重要的理
念，就是經、史之間的問題，此處的爭辯重點，是六經中的史事究屬史實，
抑或是孔子虛構以寄託其政治理想的問題。廖平曾經指出，六經不是「史」，
故絕對不可以研究歷史的態度看待。〔註68〕康有為的《孔子改制考》亦脫胎
於此一理念。經書經過廖平、康有為的詮釋之後，經書中所記載的史跡皆一
一化為孔子寄託其理想的代號，其實這種結果，是順著清代的《公羊》家長
期的思想脈絡而來。王汎森先生在《古史辨運動的興起》一書中，曾對這種
思想的演變有過十分清楚的研究。他指出，《春秋》中的史事是否屬實的議題，
是來自於微言派的理論核心「《春秋》王魯」這個主題，由這個主題引導出《春
秋》中的史事是否為真的問題。態度比較激進的《公羊》經師常將「王魯」
解釋為由於孔子是以《春秋》來寄託其「王心」，故實際上有兩個魯國：一個
是歷史上真正存在的魯國，一個是孔子筆下的魯國。劉逢祿、凌曙、陳立等
人皆認為《春秋》中的魯國，是孔子筆下的魯國，《春秋》中的史事，是孔子
用來寄託其「王心」的手段或工具而已。劉逢祿說，《春秋》中的魯與天王、
諸侯都是所謂的「薪蒸」，這是說孔子假借魯史以發揮其義，不過他尚未把《春
秋》中的歷史全部看成是虛假的。和他同時的凌曙，態度較為激進，他為了

〔註67〕 蔡長林先生，《論崔適與晚清今文學》（台北：聖環圖書股份有限公司，民國
　　　　 91 年 2 月），頁 59。

〔註68〕 王汎森先生，《古史辨運動的興起》（台北：允晨文化實業股份有限公司，民
　　　　 國 76 年 4 月），頁 160。

說明《春秋》是「明義」之書而不是「記事」之書，在《公羊禮疏‧序》中說出了《春秋》中的史跡「其事實不足繫有無之數」的道理。這是說，不必把《春秋》中記載的史事當真，因爲其事只在「有無」間而已，這相當嚴重的打擊了《春秋》經的信史性。承繼凌曙之學的陳立，又提出了「筌蹄」之說，就是《春秋》中的史事皆如《莊子‧外物篇》中所說的「筌蹄」，只要「義」能到手，「事」是可以當作筌蹄般的拋棄的。他的態不是因爲孔子是「假王」、「託王」於魯，故《春秋》中的史蹟都不必實有其事。〔註69〕王汎森先生指出，由劉逢祿到凌曙，再到陳立，中間有一條清楚的思想脈絡，完全不能加以忽視，而不管是「薪蒸說」或是「筌蹄說」，與廖平、康有爲的「符號說」雖有緊密的關連，卻都還有相當的距離，因爲不管是「筌蹄」說或是「薪蒸」說，畢竟不像廖平、康有爲明白宣稱《春秋》中的史事全都是假的，都是「符號」。〔註70〕廖平、康有爲的經學「符號」之說，本欲尊經，最後卻引發了民國初年疑古辨僞的大風潮。雖然劉逢祿、凌曙、陳立等人的想法和廖平、康有爲還有一段距離，但可以肯定的是，他們之間，是同一個脈絡發展下來的。然而向來爲學者所忽視的是，王闓運在這個脈絡中又扮演一個重要的角色。錢基博先生於民國二十五年在《現代中國文學史》的「四版增訂識語」中說：

> 疑古非聖，五十年來，學風之變，其機發自湘之王闓運，由湘而蜀

〔註69〕劉逢祿在《春秋公羊經何氏釋例》的「王魯例」中說：「就十二公論之，桓宣之弒君，宜誅，昭之出奔，宜絕；定之盜國，宜絕；隱之獲歸，宜絕；莊之通、外淫、滅同姓，宜絕，閔之見弒，宜絕，僖之僭王禮，縱季姬……成襄之盜天牲、哀之獲諸侯、虛中國，以事強吳，雖非誅絕，而免於《春秋》之貶黜者鮮矣。吾故曰：《春秋》者火也，魯與天王諸侯，皆薪蒸之屬，可以宣火之明，而無與於火之德也。」在劉逢祿看來，魯的十二公都是該貶該絕的昏君，可是孔子卻在他們身上寄託行之百世的理想，則春秋時代眞正的魯史與字面上的魯史，是歧爲兩層的。凌曙則說「將謂《春秋》非事實不明，孔子不能逆料丘明之爲作傳，世無《左傳》而聖經亦因之而晦乎？似非通論也。《春秋》故無傳而明者也，孔子假當日之行事而王法寄焉爾，其事實不足繫有無之數。」這表明了要解《春秋》不需要《左傳》的事實，因爲《春秋》是孔子藉以借事明義之書，其重點在義，其中所記載的史事則未必要當真。陳立則在「春秋王魯」一文中指出，「凡此十二君者，魯之君乎哉？《春秋》之君也。方之於周，此二百二十四年隱公之統緒也，繼世相延而業隆太平，則十二公皆筌蹄也。」這是指《春秋》的「十二公」不是歷史上魯國的君主，而是孔子改制計畫中的十二個代表。換句話說，魯十二公皆是「筌蹄」，只要得了「義」，「事」是可以如同筌蹄一般被棄的。見王汎森先生，《古史辨運動的興起》，頁127～130。

〔註70〕王汎森先生，《古史辨運動的興起》，頁131。

（廖平），由蜀而粵（康有爲、梁啓超）而皖，以匯合於蜀（吳虞），
其所由來者漸矣，非一朝一夕之故也！〔註71〕

錢氏認爲疑古非聖之風的發端在王闓運，果眞是否如此？這又是什麼樣的情
況？這還是要回到清代《公羊》學的脈絡，來探討王闓運在其中所扮演的角
色。

清代公羊學微言派的理論核心是「《春秋》王魯」，王闓運即是接續這樣
的精神。「《春秋》王魯」的觀念，來自於「新周、故宋，以《春秋》當新王」
的通三統例中。《公羊傳》明言孔子作《春秋》以撥亂返正爲志，〔註72〕何
休於其〈文釋例〉中，指出「新周、故宋，以《春秋》當新王」爲一科三旨。
公羊家認爲，王者既失，當有撥亂的新王出現，《春秋》作於此時，是表示
《春秋》本身是開創一個新局的王。不過，《春秋》當新王只是一個理想中
的王，是孔子理想的一個寄託，希望眞能出現一個王者能夠擔當起撥亂反正
的工作。王闓運十分強調「《春秋》王魯」這個命題，在其著作中經常提及。
例如他說：「《春秋》王魯，……託王非實王也。」〔註73〕他說的「託王非實
王」，這就明顯的點出了《春秋》內容只是孔子寄託的理想而已，未必眞有
其事。又如「《春秋》託王於魯，假伯於齊，內會以內爲正，桓會故無所危
也。」〔註74〕在歷史事實上，齊國不可能是魯國所任命的方伯，但是因爲《春
秋》是孔子假託爲天子的地位之王，天子有任命方伯之權，所以王闓運認爲
《春秋》中，齊國即是魯國所假託任命的方伯。這都說明了，在他的觀念中，
《春秋》裡的史事，未必是眞的，只是一種理想而已。先前筆者在「《春秋》
是經不是史」一節中，詳細的探討了王氏對《春秋》一「經」的看法，他於
此非常強調經史的不同，「史」是表現人事，重點在於事實眞相的呈現；而
「經」是爲天道人事張大法，重點在於「義」，在申張「義」的前提下，所
書之事只是爲了示現所張之法，不必是眞正史實的呈現。例如先前討論過的
經文「莊公二十八年，冬，築微。大無麥禾。」《公羊傳》說，史實的情況
是冬天一到，就已經知道麥禾的收成不好，故「大無麥禾」的情況應該在「築
微」之前；而經文卻先書築城邑，再書無麥禾，和史實的時序不同。王闓運

〔註71〕錢基博，《現代中國文學史》（台北：文學出版，1965 年 9 月），頁 1。
〔註72〕哀公十四年，《春秋》經文：「春，西狩獲麟」。《公羊傳》曰：「……君子曷爲
　　　爲《春秋》？撥亂世，反諸正，莫近諸《春秋》。」
〔註73〕《春秋例表》（光緒三十四年東洲刊本），頁 1。
〔註74〕《春秋例表》（光緒三十四年東洲刊本），頁 14。

則曰：「使學者知《春秋》不記事，前後相通見意，多不必多，月不必月，日不必本日。」〔註75〕這是說，《春秋》的書寫並不一定要和事實的眞相完全符合，事實是多天而經文不一定要書多天，事實是某月而經文不一定要書某月，因爲《春秋》的書法主要在彰顯經義，不是要呈現事實的眞相。

這種《春秋》中的史事只是孔子用來寄託王心的手段或工具的想法，和劉逢祿、凌曙、陳立的思想，他是一脈相承下來的，從這個方向來看，王闓運被歸入常州學派的一員，是有其道理的。雖然他並不曾和廖平、康有爲一般，明白的宣稱《春秋》中的史事全是孔子一人所作。〔註76〕不過筆者發現，在對《春秋》是「經」的詮釋中，王闓運又比劉逢祿、凌曙、陳立等人進了一層。

在清末世變日亟的時代，向來懷抱經世熱忱的中國知識份子，急欲尋求一個經世的大法，而一個接受傳統教育的知識分子如王闓運，他所堅信的是傳統的經典早已蘊含了治國平天下的理想與方法，可以垂法於萬世。在五經之中，他又獨崇《春秋》一經，因爲他認爲《春秋》有別於其他的經典之處，在於它所要對治的是亂世，張撥亂之法。《春秋》三傳之中，他選擇了重視孔子微言大義的《公羊傳》作爲自己抒發理想抱負的依據，這固然與清代長久以來常州學風的影響有關，但是時局的因素，也是造成他個人學術風格的重要原因。

王闓運極度的推崇孔子，既然《春秋》是「經」，《春秋》中的史事只是孔子所假託，以寄寓王心的工具而已，不必是眞正的魯史，他極度強調經史的不同，《春秋》是經不是史，等於是擺落了《春秋》中的史實成份，這是承繼著前人劉逢祿、凌曙、陳立的說法，而更值得注意的是，從王闓運的著作中可以看出他已經有了孔子爲萬世制法的觀念。例如經文：「哀公十三年，公會晉侯及吳子于黃池。」王闓運箋曰：「言公會二伯，則天下諸侯可知矣。齊伯亦爲莫不至之文。今以吳而得此，故爲中國憂而託大信以重吳。《春秋》文致太平，立外二伯，後分陝之舊制，則天下諸侯廣及海外，故云。」〔註77〕王闓運認爲，以《春秋》之制，天子之下設方伯，委以大權，而《春秋》是託王於魯，魯公所會的二伯，一是晉君，一是吳君。《春秋》文致太平，此時已是魯哀公年間，太平世來臨，天下的二伯，一個是諸夏的晉，一個是夷狄

〔註75〕 王闓運，《春秋公羊傳箋》，頁 147。
〔註76〕 廖平、康有爲不僅宣稱《春秋》中的魯史全由孔子一人所造，更將這種觀念推擴到六經，認爲六經中的史事亦全由孔子一人所造。
〔註77〕 王闓運，《春秋公羊箋》，頁 346。

的吳，可見此時中國和夷狄已經沒有界限，他說「天下諸侯廣及海外」，這是影射自己當前的時局，有將整個世界統一在中國之下的期待。他隱然認為二千年前的孔子已經預見了二千年後，中國與西方海外的接觸了。又如經文「哀公十四年，春，西狩獲麟。」王闓運解釋說：「災王者獲之於西，若海外不臣者皆滅亡也。」〔註 78〕他將「西狩獲麟」解釋為麟被獲於西方，就好像是孔子的道不能行於海外的西方國家一樣，孔子本是聖人，當王天下，不幸沒有其位，所以著書希望後世的人能行其道，而且這樣的道，孔子當初已經預見，是要普及以後的西方世界的。從以上兩個例子來看，王闓運其實已經有了孔子為萬世制法的思想。這可以說是他特別強調《春秋》是「經」，不是「史」的理念極度推展的結果。既然《春秋》不是「史」，則解經就可以擺落掉《春秋》中史實的成分，這就大幅的擴大了經典詮釋的範圍，他已有孔子為萬世制法的理念，也是從這樣的觀念發展而來的。他雖未曾像廖平一樣，明白的宣稱《春秋》中的字句都是符號，〔註 79〕但是他把「吳」比為海外之國，影射西方，又把「西狩獲麟」的「西」比為西方海外的國家，由此看來王闓運的思想，似乎也出現了《春秋》是「符號」的端倪。

這種解釋經典的任意性，並不是偶然發生的。在時局危難之中，他堅信孔子的道可以拯救時弊，然而，兩千年來，以儒家思想為主流的中國卻仍不免沈痾，在他心中隱然認為，最根本的原因，是後世的儒家都不懂真正孔子的義理，這也是他反對宋明理學的根本原因之一，楊度在《丙申日記》中曾經比較了王闓運與康有為的經術。他說：「王先生謂儒家不足言孔，康長素謂儒教實創於孔，其說皆新，而可並存，其智皆足以知聖人。」〔註 80〕王闓運所謂的後世儒家都不足以言孔子之道，不能真正理解孔子之道，和康有為的想法：儒教創於孔子，兩者是不相矛盾的，都是極度尊孔下的產物。

王闓運既欲尋求孔子真正的道，而後世的儒家又不能詮釋孔子的真理，在這種情況下，要理解真正的孔子，只有返回經文的原典去探求孔子的微言大義，因此他的經學詮釋，便有一種返經的路向，而這種表現，就是拋開前人的傳注來解經，這也造成了一種解經任意性的特色。

〔註 78〕 王闓運，《春秋公羊傳箋》，頁 349。

〔註 79〕 例如廖平把歷史上的魯、商二國解釋成是「中」、「外」、「華」、「洋」的符號。

〔註 80〕 楊念群，《儒學地域化的近代型態——三大知識群體互動的比較研究》（北京：三聯書店，1997 年 6 月），頁 206～207。

第四節　王闓運的解經特色與時代意義

一、從「宗傳」到「宗經」的隱微路向

　　前文論述王闓運《春秋》學的一個很重要的特點，就是欲拋開前人的傳注，直探經文的本意，這是王闓運解經方式的重要特色。他要直探經文的本意這種思想，在其著作中是以何種方式呈現？這是本節要探討的重點。王氏治《春秋》，其實有一個發展的歷程。《清史稿》王闓運本傳說他年「二十八而達《春秋》微言，張《公羊》，申何學。」蕭艾認為此處的「二十八」疑為「三十八」之誤，這是根據王闓運的著作年代來推論的。因為王氏的《年譜》中，二十八歲以前（包括二十八歲）並沒有治《春秋》的任何紀錄，他的第一部《春秋》學著作又是作於同治八年，三十八歲時。這或許是蕭艾認為《清史稿》的「二十八」是「三十八」之誤的原因。事實上，王闓運注意到《春秋》，應當在三十八歲之前的幾年。在《年譜》，同治五年條下，王闓運三十五歲時曾言：「聖述既窮，乃有莊生本《春秋》經世之志。」〔註81〕王闓運傾心《莊子》應有自身的遭遇以及曾國藩的影響，而「莊生本《春秋》經世之志」這句話，顯示他此時應已注意到《春秋》。而且《穀梁申義》著於同治八年，王氏三十八歲時，在這之前的幾年也必定有一段醞釀的時期。

　　王闓運的《春秋》學專著有《穀梁申義》、《春秋公羊傳箋》、《春秋例表》三種。從始作的年代來看，《穀梁申義》作於同治八年，《春秋公羊傳箋》始作於光緒二年，《春秋例表》始作於光緒六年，若照這樣的先後次序來研究其內容，以理說來應該可以由此尋找出一個思想演變的理路。但事實上卻不是這樣單純。要探討王闓運《春秋》學思想的演變不是一件容易的事情。首先，從《春秋》學的著作及其年代來說，只有《穀梁申義》確定是完成於同治八年。此外，《春秋公羊傳箋》與《春秋例表》的著作，從初稿到完稿，都有一段長時期的發展過程，《春秋例表》甚至還牽涉到了複雜的作者問題。雖然要從這些著作探討王闓運思想的演變不是一件容易的事，不過筆者發現，他的《春秋》學思想仍然有一條隱微的路向指向返經的途徑，這在晚清學術發展的過程中，代表著一些重要的意義，因此筆者於資料的解讀中，努力的呈現出這樣的特色。

〔註81〕《年譜》，同治五年條，頁47。

（一）早年時期的宗傳態度

《穀梁申義》是王闓運的第一部春秋學作品，作於同治八年，三十八歲時，現今所見的版本，是刊行於同治十七年的版本。依王闓運的習慣，一部著作完成後，他總是會不斷的修改，並將修改的情形記之於日記裡。不過從同治八年一直到同治十七年中，從其日記中並沒有看到他修改的紀錄，所以《穀梁申義》的定稿，應該也是在同治八年。

而王闓運要作《穀梁申義》最大的理由，是認爲前人對《穀梁傳》的注解有所瑕疵，所謂瑕疵就是說解《穀梁傳》的經師，本身不能完全相信傳文，對傳文產生質疑，王氏認爲這種態度是不恰當的。他說：

> 言《穀梁》者，唯麋、范傳於博士，及唐唯用范氏。今頒學宮，范
> 爲先師。晉代不以專門說經，號爲通取，故范氏注《穀梁》，而有毀
> 傳之詞。夫傳述聖言，不能無瑕。然穀梁子私淑仲尼，親研異同，
> 指事立教，必有宏旨。受經授義，義同君親，入室操戈，昔人所傷。
> 說傳疑傳，後生何述？徒令滅師法、侮聖言，因緣抵隙，六經皆訛，
> 自趙宋及前明，流禍烈矣。〔註82〕

晉代的范寧，作《春秋穀梁傳集解》，王氏指出范寧的注解最大的缺失就是有「毀傳」之詞。他說「說傳疑傳，後生何述？徒令滅師法，侮聖言……」。他認爲後人注釋或解說傳文，若是連傳文的本身都不能相信，這就滅了師法，後學者將無所本，所以在《穀梁申義》中，舉凡對范寧的注解，或是對范寧所引何休的《穀梁廢疾》、鄭玄的《釋廢疾》中，對於《穀梁傳》文有所懷疑的地方，他都予以批評。

由上可見，至少在同治八年，三十八歲以前，王闓運在意識上是篤信傳文的，認爲傳文傳經縱然無法十全十美，但是傳文是彰顯經義的，具有崇高的地位，宗經就必須要宗傳，不容許對傳文有些許的質疑。唯需說明的是，返傳的最根本目的，是爲了明瞭經文本義，在王闓運的學術進程中，這是他始終不變的原則，因此在返傳的過程中，爲了宗經，也逐漸透露了由傳再返經的訊息。到了他作《春秋公羊傳箋》和《春秋例表》的時候，他對傳文已漸漸不再堅持，唯有經文才是最後的依歸，爲了真正理解孔子的經文本意，傳文是可以被質疑的。

〔註82〕王闓運，《穀梁申義·序》，頁 1。

（二）《春秋公羊傳箋》的返經路向

在即將探討《春秋公羊傳箋》和《春秋例表》的返經路向時，有一個較爲困擾的問題，就是兩者的年代先後。《春秋公羊傳箋》作於光緒二年，於光緒三年初稿成。〔註83〕不過在這之前的同治十二年，王闓運已經著手作檢《春秋》義例的事了，由於《春秋公羊傳箋》與《春秋例表》所著重的是「例」的發揮，因此同治十二年的檢《春秋》義例這件事，代表他已經注意到《春秋》的例，爲後來的著作作準備。《春秋公羊傳箋》雖然初稿成於光緒三年，但是它不斷的在增修當中，《年譜》光緒九年和十年條下俱言「改《春秋箋》」，至光緒十七年又加以改定。現今可見的版本，是光緒三十四年的修正完的版本。因此《春秋公羊傳箋》的著作過程，橫跨了王闓運的中年和晚年。《春秋例表》的著作年代，也是橫跨了他的中年和晚年，因此《春秋公羊傳箋》與《春秋例表》的內容在呈現王闓運思想進程的年代意義上，有不少的重疊之處。而《春秋例表》有兩個版本，又牽涉到作者爲王闓運或是其子王代豐的問題，頗爲複雜，不過經由一番考證，筆者認爲《春秋例表》的內容確實可以代表王闓運的重要思想，前文已作過一個詳細的考證與說明。

《春秋公羊傳箋》與《春秋例表》的著作年代既有相當大的重疊，則如何論述王闓運中晚年的思想轉變，於此便有困難。在此，筆者不從細節處去討論孰先孰後的問題，而且兩者內容也有互滲的情況，兩者都能表現王闓運中晚年的思想，但是《公羊傳箋》與《例表》是完全不同的著作形式，在此筆者仍然選擇將兩者分開討論，先討論《公羊傳箋》，再討論《例表》，以便清楚的呈現。

王闓運作《穀梁申義》時，已有《公羊》優於《穀梁》的意識，而同治八年寫成《穀梁申義》之後，他一生的《春秋》學就以《公羊》爲主，不曾再言及《穀梁》。《公羊傳箋》的全名爲《春秋公羊傳箋》，從名稱來看，他似乎主要是針對《公羊傳》文本身來作注解。不過從內文來看，本書的著作形式是在《公羊傳》文之下，先列出何休的《解詁》，於何休的《解詁》之下，再書王氏自己的箋，而且王氏的箋常和何休的說法有所不同。那麼《春秋公羊傳箋》是爲了闡發何休之論，還是爲了駁斥之呢？王闓運不曾說過作此書的動機，不過，從書名來推測，「箋」是表識的意思，它來自於鄭玄。鄭玄解

〔註83〕《年譜》，光緒二年，「始作《公羊春秋箋》」。光緒三年，「是歲《春秋箋》初
　　　稿成」。

說《詩經》，以宗毛亨的傳爲主，如果毛傳講的不夠明白，或太簡略，鄭氏便加以補充發揮；如果自己對毛傳有不同的見解，便記下自己的意思，不和毛傳相雜，於是稱這一寫作的方式爲「箋」，這和別出心裁，自成一家之言的傳注有所不同。從這樣的角度來看，《春秋公羊傳箋》先列出何休的《解詁》，再書王氏自己的箋，基本上應是有許多地方仍然認同何休的主張，而不是完全爲了駁斥何休而作。〔註84〕而且王闓運於同治十年時，曾指出何休的《春秋公羊傳解詁》是有系統、有根柢的學問，〔註85〕這些都顯示王闓運作箋，並不是要刻意與何休的解釋作一個對立。在討論《春秋公羊傳箋》的返經理路前，必須先說明的是王闓運的「返經」，並不是完全不相信何休的《解詁》或是《公羊傳》文，事實上，終其一生，他始終所強調的《春秋》王魯、三世說、華夷觀等等，都是從《公羊傳》和何休的《解詁》發揮而來，然而，在他解經的過程中，我們仍可以看到，他爲了要探尋經文的眞理，有漸漸的要擺脫何休的思想，返回傳文，甚至質疑傳文，要超越傳文，而從經文的本身下以己意的傾向，這是一種急欲探尋孔子本意的現象之反映。

王氏在作《春秋公羊傳箋》時，他面臨的是經文、《公羊傳》、何休《解詁》，也就是經、傳、注三者的問題。他認爲「經」當然是最終的依歸，而注與傳，就不一定是「經」的眞理。爲了理解「經」，使他的解經有「返傳」與「返經」的現象。事實上，「返傳」與「返經」兩者在《公羊傳箋》和《例表》中，都是同時進行不悖的。「返經」的意識必然會導向「返傳」，最終的精神是爲了探求原典，因此傳文最後也有被質疑的可能。以下先討論《春秋公羊傳箋》中的返傳與返經情形，一是對何休思想的捨離，這表現最明顯的是他的災異觀。另一個方面，是對傳文的質疑與超越，在此則詳細論述之：

〔註84〕陳其泰指出，王闓運作《春秋公羊傳箋》，是因爲不滿意徐彥爲何休的《解詁》所作的疏，所以重新作箋，不過，在王闓運的文集或言論中，筆者並未看到有相關的說法。見陳其泰，《清代的公羊學》，269～270。

〔註85〕同治十年，王闓運40歲時，入京應試，雖未及第，但新科進士聽聞王闓運來京，多來向他問學，於是王闓運對他們論讀書方法曰：「夫學貴有本，古尚專經，初事尋摭，徒驚浩博，是以務研一經以窮其奧。唐以文多者爲大經，小者爲小經，限年卒業，立之程課，經解列六藝之名而視性之所近，今亦宜就己所好以求師說，師說存者如鄭君《詩》《禮》，何公《春秋》，皆具有本末，成爲家學，其已絕復明者，若李鼎祚《周易集解》，孫星衍《尚書疏證》，亦能抱殘守缺，上紹淵源，但求一經，群經自貫，旁通曲證，溫故知新，恃源而往，靡不濟矣。」參《年譜》，同治三年條，頁62～63。

　　1、從對何休《解詁》思想的背離看返傳與返經——以災異觀為例

　　災異的理念，在歷代《公羊》學的領域中是一個非常重要，常為學者所注意的一個環節。而從王闓運對災異的觀點，我們可以看到他不同於前人的地方，這不僅是他個人的特色，也是饒富意義的地方。

　　災異論興盛之初，可說因為科學未興，不明自然變化之理，故對天變等異象多附會之說，但後來卻成為中國思想重要的一部份。天人相與的災異說，起源遠在春秋之前，例如《尚書》、《詩經》之中都有這方面的記載。〔註86〕在經學家中，明確提出「天人相與」的理論者，當始自董仲舒的〈賢良對策〉，而董仲舒的理論根源，是來自於其所學的《公羊》學。《春秋》中所記的災異之事甚多，但不過是言其何事為災，何事為異而已，未曾言及造成某災某異的理由。但是董子卻由《公羊傳》所記載的災異，加以推衍其「天人相與」之論，由是遂開漢儒以災異說經之風氣。《公羊傳》的本身是否已有天人相與的觀念，在此暫先不論，然東漢的何休作《春秋公羊傳解詁》，即是將董仲舒的理論加以發揮，並受到東漢以圖讖解經義風氣的影響。因此從《春秋》經文到《公羊傳》，再到何休的《解詁》，其實是有一個發展與轉變的過程的。以下舉兩個例子以說明之：

　　　經文：桓公三年，秋，七月，壬辰朔，日有食之，既。

　　　《公羊傳》：既者何？盡也。

　　　《解詁》：是後楚滅鄧、穀，上僭稱王，故尤甚也。楚滅鄧、穀不
　　　　　　　　書者，後治夷狄。

案：傳文只解釋日食的情況，詮釋「既」為「盡」，而何休則將日食對應到楚
　　滅鄧、穀的具體人事上來。

　　另舉一星變之例以言之：

　　　經文：文公十四年，秋，七月，有星孛入于北斗。

　　　《公羊傳》：孛者何？彗星也。其言入于北斗何？北斗有中也。何以

書？記異也。

《解詁》：孛者，邪亂之氣，彗者，掃故置新之象也。北斗，天之樞
機玉衡，七政所出。是時桓、文跡息，正都不能統政，自
是之後，齊、晉並爭，吳、楚更謀，競行天子之事，齊、
宋、莒、魯弒其君而立之應。

案：傳文只言記載星變是為了記異，而何休則將這種星變對應到齊、宋、莒、
　　魯弒君的具體人事上來。

　　由上可知，何休的《春秋公羊傳解詁》對於《春秋》的災異皆以具體的
人事相應說之，這是深受董仲舒天人相與說的影響。何休認為人事與天垂之
象相應，故曰「天之與人，昭昭著明，甚可畏也。」〔註87〕又曰「明天人相
與報應之際，不可不察其意。」〔註88〕《解詁》言災異者，包括日食、晦、
星變、雨雪、雨雹、霣、雨木冰、無冰、不雨、大旱、大雩、大水、地震、
水涌、地陷、山崩、螟、蜮、獲麟、火災、大災、有年等，皆以「天人相與」
論之，將各種的災異，對應到具體的人事上來。

　　何休這樣的說法，是否有離《公羊傳》的本意太遠呢？依據清代學者王
引之的《經義述聞》，認為《公羊傳》記災記異不可枚舉，然皆無一語及於感
應，只是據人事以明法戒而已。他說：

《公羊春秋》記災異者數矣。自董仲舒推言災異之應，何休又引而
申之，其說至詳且備。然尋檢傳文，惟宣公十五年，冬，蝝生有「變
古易常，應是而有天災」之語，其餘則皆不言致此之由，亦不以為
禍亂之兆。其他記災記異者不可枚舉，而皆無一語及於感應，乃知
《公羊》之學，惟據人事以明法戒，不侈天道，涉禱張。蓋天人之
際，荒忽無常，君子於其所不知，蓋闕如也。自董仲舒推言災異之
應，已開讖緯之先，何氏而又祖述之，跡其多方揣測，言人人殊，
謂之推廣傳文則可，謂之傳之本指，則未見其然也。〔註89〕

依王引之的說法，《公羊傳》所記的災異完全沒有及於感應，只是董仲舒推言
災異之應，於《春秋繁露》及《漢書·天人三策》中建構了一套有系統又完

〔註87〕《春秋公羊傳注疏》，頁139。
〔註88〕《春秋公羊傳注疏》，頁125。
〔註89〕王引之，《經義述聞》，頁595～596。

整的災異理論，而何休又引而申之，其說至詳且備。不過根據黃肇基的研究，他認為王引之說的「《公羊傳》記災記異者不可枚舉，而皆無一語及於感應」二語是值得商榷的。他提了三個例子以說明，第一是宣公十五年經：「冬，蝝生。」《公羊傳》把這年的蟲災歸因於「初稅畝」，《公羊傳》中明言：「變古易常，應是而有天災」，即是以天人感應來詮釋災異之現象。第二是莊公二十五年經：「日有食之，鼓，用牲於社。」《公羊傳》對日食用牲於社，是因「日食」陰氣勝過陽氣所致，故用牲祭社及求於陰救陽，由此亦可見《公羊傳》有以「陰陽相勝」的思維言及感應。第三是僖公十五年經：「己卯晦，震夷伯之廟。」《公羊傳》明言「天戒之，故大之」，即相信雷擊是天之戒，此即以天人感應來詮釋《春秋》之災異。〔註90〕不過，黃肇基自己也認為，若說《公羊傳》以「天人感應」、「陰陽之理」來詮釋災異，具體的例證唯有此三則，如果依此就論定《公羊傳》有天人感應的思維，實證則嫌薄弱；但若如王引之所言，「無一語及於感應」，似乎也並不如此。總之，可以說《公羊傳》詮釋《春秋》經義，乃本之於孔子「畏天命」，冀望在位的君主見《春秋》災異能潛心體察，反躬自問，從天象的變異中懷著憂患意識，修養德性，善待百姓，這是《公羊傳》發揮《春秋》推見至隱的精神所在。〔註91〕奚敏芳也指出，《公羊》之於災異，以解說經義微旨，闡明書法為重，目的仍在解說孔子的《春秋》經旨，未於災異與天意、天戒的關係另做發揮。而漢代以降，董仲舒、劉向、何休等每藉災異以論時政，勸諫君主，乃至雜合五行陰陽讖緯之說，這都是《公羊》學說藉《春秋》、《公羊傳》而通經致用之術也。〔註92〕正因為《公羊傳》未明顯的將災異對應到具體的人事上來，所以陳柱於《公羊家哲學》中曾批評何休的說法為穿鑿附會。他說：

> 《春秋》記災異甚眾，然《公羊》之傳，亦不過言其為災為異而已，未嘗言其所以為災所以為異也。而何休《解詁》則附會穿鑿以實之。如隱三年經書曰：「春，王二月，己巳，日有食之。」傳曰：「何以書？記異也。」如是而已。而何休則曰：「異者，非常可怪，先事而至者。是後衛州吁弒其君完，諸侯初僭。魯隱係獲，公子翬進諂謀。」

〔註90〕黃肇基，《漢代公羊學災異理論研究》（台北：文津出版社，1998年5月），頁217。

〔註91〕黃肇基，《漢代公羊學災異理論研究》，頁215。

〔註92〕奚敏芳，〈公羊傳災異說考辨〉，《孔孟學報》，第73期（民國86年3月），頁80。

是天以日食示警於人矣。隱五年經書曰：「螟。」傳曰：「何以書？記災也。」如是而已。而何休《解詁》則曰：「災者，有害於人物，隨事而至者。先是隱公張百金之魚，設苛令急法，以禁民之所致。」是天以螟致災於人矣。……漢世儒者，暗於科學，未明經恉，故何休釋《公羊傳》亦遂多迷信附會之說。〔註93〕

陳柱很具體的指出了何休《解詁》和《公羊傳》不同的地方，並認為何休偏離了《公羊傳》的本意。蓋何休將《公羊傳》的記災記異引申到人事的對應上，但某災某異應該對應何種人事物，其根據為何，後人自是不得而知，只能說是何休的一家之言。

當然何休災異之說的淵源背景甚多，包括董仲舒的說法、劉向的觀點、東漢圖讖解經風氣的影響、《春秋緯》的影響等等，〔註94〕不過這不是本文的重點，現在我們只將重點放在何休的《解詁》之上，因為對《公羊傳》的災異作最具體的發揮，並為後世長遠以後的學者所繼承者，當為何休的《解詁》。宋代胡安國的《胡傳》就對災異大肆的發揮，認為「《春秋》災異必書，雖不言其事應而事應具存。惟明於天人相感之際，響應之理，則見聖人所書之意。」〔註95〕例如「桓公元年，秋，大水」，《胡傳》釋為「陰逆而怨氣並之所致也。桓行逆德而致陰沴，宜矣。」〔註96〕此外，諸如日食、星隕、山崩、地震、雷擊等自然現象的變化，《胡傳》皆以天人相與說釋之，將災異對應到具體人事的變化上來。《胡傳》自南宋初年成書以來，為元、明兩朝科舉取士的經文定本，其學說對後世有相當的影響。

到了清代，不論是漢學派，或是今文經學派的學者，仍是篤信這種災異與人事相對應的觀點。惠士奇、惠棟等人的著作中，都明顯的有陰陽災異與讖緯之學。〔註97〕清代今文經學所治之學為漢代的今文經學，諸經師注經廣採董仲舒、何休的思想，對災異說頗為重視。莊存與於《春秋正辭》中多言

〔註93〕 陳柱，《公羊家哲學》（台北：中華書局，民國58年12月），頁110～115。
〔註94〕 對何休災異說的淵源與背景作過深入研究的學者與著作，有黃肇基的《漢代公羊學災異理論研究》（台北：文津出版社，1998年5月），以及張廣慶的《何休春秋公羊解詁研究》（國立台灣師範大學國文研究所碩士論文，民國78年5月），第五章。
〔註95〕 《春秋胡傳附錄纂疏》（四庫全書珍本），卷三，頁13。
〔註96〕 《春秋胡傳附錄纂疏》，卷四，頁8。
〔註97〕 徐敏玲，《劉逢祿公羊學思想之研究》（國立中興大學中國文學研究所碩士論文，民國86年6月），頁76。

五行災異之說，借五行五事以言災異，乃因人之行爲不當。〔註98〕孔廣森在《公羊通義》中，凡書災異者，皆以天人相與釋之。例如莊公二十八年，經文曰「大無麥禾」。孔廣森曰：

> 解詁曰，譏使若造邑而後無麥禾者，惡愈也。謹案大無麥禾，內淫
> 亂之罰也。玉藻曰，年不順成，土功不興。〔註99〕

將收成不好歸因於上天對魯國淫亂的懲罰，可見孔廣森也是篤信天人相與的觀念的。清代今文學的張大旗幟者劉逢祿，則對於何休的災異論，有更詳細的發揮與演繹。劉逢祿的《春秋公羊經何氏釋例》於〈災異例〉中，歸納何休的災異說共三十三類，一百餘例，徐敏玲在《劉逢祿公羊學思想之研究》的第伍章中，曾逐條作過詳細的分析，於此不再贅述。劉逢祿雖然不是每條議論都是跟隨何休的說法，但是其精神確實是繼承發揚何休的理論的。〔註100〕

　　由上可知，清代的學者，不論是漢學家或是今文學家，災異論的根據，可說都是跟隨何休的路數而下的。但是王闓運在這個地方卻展現了他的特殊性。他說：

> 《春秋》始元終麟，以示天道，其義主於記變，以法象治人事，人
> 事常者不書，然則主書者唯災異爾。自周以前，曆家皆知日食有定
> 限，不足爲異，唯小雅之詩曰：「月食其常，日食不臧。」小雅，周
> 公之徒也。文王演《易》於明夷、豐，皆見日食之象，至《春秋》
> 而重爲大法，以爲天異之最重，殺君三十六，日食三十七，似其應
> 矣，而不可推測，其餘則皆〈鴻範〉六沴之占，亦無述以言之，信
> 乎天道不可得聞乎！具列其端以待達人發其奧焉。〔註101〕

他說，歷代的曆算家，都知道日食是有它一定的道理與時間的，並不足爲異。但是《詩經》〈小雅〉中曾明白的說，月食是正常的，日食是不善的。而〈小雅〉的作者又是聖人周公的徒弟。此外，文王演《周易》，也見到日食之象，到了《春秋》，重視日食，認爲是天異中最重的一種警戒。王闓運說《春秋》中「殺君三十六，日食三十七，似其應矣，而不可推測」，又說「其餘則皆〈鴻範〉六沴之占，亦無術以言之，信乎天道不可得聞乎！具列其端以待達

〔註98〕莊存與，《春秋正辭》，收錄於《皇清經解》，卷三百七十五，頁25。
〔註99〕孔廣森，《公羊通義》，收錄於《皇清經解》，卷六百八十一，頁31。
〔註100〕徐敏玲，《劉逢祿公羊學思想之研究》，頁79～122。
〔註101〕《春秋例表》（光緒三十四年　東州刊本），頁150。

人發其奧焉」，由這兩句話似可以看出王闓運對災異的觀點，是用一種半信半疑的態度，甚至是存而不論的態度。不過王氏並沒有去完全否定災異的意義，這一方面是他崇經的思想所致，因爲他說《詩經》〈小雅〉中有言「日食不臧」，而《春秋》又是示天道之書，雖然天道不可得聞，而《春秋》書之應有其意義，所以他在《春秋例表》的〈災異例表〉中，仍然歸納災異的種類，「以待達人發其奧焉」。王闓運的災異觀，及其與《公羊傳》、何休《解詁》的關係如何，從《春秋公羊傳箋》中我們可以看得更仔細，以下先舉一例以言之：

> 經文：僖公十四年，秋，七月，有星孛入于北斗。
>
> 《公羊傳》：孛者何？彗星也。其言入于北斗何？北斗有中也。何以書？記異也。
>
> 《解詁》：孛者，邪亂之氣，彗者，掃故置新之象也。……是時桓文跡息，王者不能統政，自是之後，齊晉並爭，吳楚更謀，競行天子之事，齊宋呂魯殺其君而立之應。
>
> 王箋：天垂象而見異，與日食同，故謹記焉。

傳文只書記異，何休《解詁》則牽引到齊、宋、呂、魯殺其君而立之應。特別值得注意的是王氏的箋：「天垂象而見異，與日食同，故謹記焉。」王闓運摒棄何休牽引人事的部分，以王氏一向解經的理路來推測，他必定是認爲何休《解詁》中，災異所對應的人事是經、傳文中所沒有的，故何休的說法沒有根據，所以他不談。不過他仍然認爲《春秋》經文書寫這件事情，必定是有它的用意，所以他說「天垂象而見異」，天示異象以警醒於人，可見他並沒有完全否認天人感應的思維，只是未於災異與天意、天戒的關係另作發揮。整體說起來，王氏對於災異的態度如何呢？以下筆者則依《春秋公羊傳箋》中，敘述災異的一些較具代表性的例子，分爲十一類，依次析論之：

（1）日　食

> 經文：桓公三年，秋，七月，壬辰，朔，日有食之，既。
>
> 《公羊傳》：既者何？盡也。
>
> 《解詁》：光明滅盡也。是後楚滅鄧、穀，上僭稱王，故尤甚也。
>
> 王箋：以盡爲尤重。

案：何休將此日食視爲事後楚滅鄧、穀，上僭稱王之應，而王氏則只解釋傳

文的「盡」，認爲整個日被食盡，是天示警尤重，故《春秋》記之，此種
說法較貼近《公羊傳》文。

（2）水 災

經文：桓公元年，秋，大水。

《公羊傳》：何以書？記災也。

《解詁》：先是桓篡隱，百姓痛傷，悲哀之心蓄積而後，專易朝宿之
邑除逆而與怨氣并之所致。

王箋：水之所損傷多。

案：何休認爲桓公篡隱公，百姓痛傷，悲哀之心與怨氣蓄積而感應引發大水。
王氏則認爲，《春秋》記載大水，是因爲這個水災所造成的傷害很大，這
可說是解釋《公羊傳》所謂「記災也」這句話。

（3）雨 雪

經文：桓公八年，冬，十月，雨雪。

《公羊傳》：何以書？記異也。何異爾？不時也。

《解詁》：周之十月，夏之八月，未當雨雪，此陰氣大盛，兵象也。
是後有良師龍門之戰，流血尤深。

王箋：十月雨雪，遂恆雪，故爲早寒也。

案：何休認爲，此時未當下雪而下雪，是因爲有兵象的前兆，果然是後有龍
門之戰。而王氏說，經文書「十月，雨雪」，是指十月本不當下雪，但卻
提早下，所以是提早寒冷。這只是在解釋《公羊傳》的「不時」之意。

（4）無麥苗

經文：莊公七年，無麥苗。

《公羊傳》：無苗則曷爲先言無麥，而後言無苗？一災不書，待無麥
然後書無苗。何以書？記災也。

《解詁》：先是莊公伐衛納朔，用兵踰年，夫人數出淫佚，民怨之所
生。

王箋：穀不熟則爲災也。

案：何休認爲無麥苗是因爲莊公不德，加上夫人淫佚的民怨所感召。而王氏

則只說「穀不熟則爲災」，這僅是解釋《公羊傳》的「記災」之意。

（5）大　火

經文：襄公九年，春，宋火。

《公羊傳》：曷爲或言災，或言火？大者曰災，小者曰火。然則內何
　　　　　以不言火？內不言火者，甚之也，何以書？記災也。外
　　　　　災不書，此何以書？爲王者之後記災也。

《解詁》：是時周樂已毀，先聖法度浸疏遠不用之應。

王箋：聞世存二王後，已記成周災，後記宋火，不言災，所謂新周
　　　故宋。

案：何休指出宋火是因爲當時周樂已毀，先聖法度漸漸疏遠不用之應。王氏
　　則認爲，宋國發生火災，《春秋》要記載是因爲宋國的地位重要。宋國
　　重要的原因，他是引用三統說的理論：新周、故宋、以《春秋》當新王，
　　所以記載宋國的火災，是因爲宋國地位的特殊性。這種解釋，並不是跟
　　隨何休的感應理論，而是發揮《公羊傳》的「爲王者之後記災」之意而
　　來。

（6）晦

經文：成公十六年，甲午，晦。

《公羊傳》：晦者何？冥也。何以書？記異也。

《解詁》：此王公失道，臣代其治，故陰代陽。

王箋：但晦亦異，於此見之。

案：何休認爲是王公失道，臣下僭位，陰代陽之應，故天色晦暗不明。但王
　　闓運沒有跟隨這種說法，他只是解釋傳文所稱的「記異」，說《春秋》記
　　載「晦」也是天異的一種。他這樣的箋注其實沒有作什麼發揮，但可以看
　　出和何休的不同處。

（7）旱　災

經文：桓公四年，大雩。

《公羊傳》：大雩者何？旱祭也。然則何以不言旱？言雩則旱見，言
　　　　　旱則雩不見。何以書？記災也。

《解詁》：旱者，政教不修之應。先是桓公無王行，比爲天子所聘，

得志益驕，去國遠狩大城祝丘，故致此旱。

　王箋：水患可禦，旱災必雩，故謹而記之。

案：何休認為旱災是因為桓公無王行，政教不修之應。王氏則說「旱災必雩」。
　　這是在解釋傳義的「然則何以不言旱？言雩則旱見，言旱則雩不見」這句
　　話。並說因為重視大雩這件事情，所以謹而記之。

（8）星　異

　經文：莊公七年，夏，四月，辛卯，夜，恆星不見，夜中星霣如雨。

　《公羊傳》：恆星者何？列星也。列星不見，何以知夜之中？星反也。
　　　　　　　如雨者何？如雨者，非雨也。非雨則曷為謂之如雨？不
　　　　　　　脩春秋曰，雨星不及地尺而復，君子脩之曰，星霣如雨。
　　　　　　　何以書？記異也。

　《解詁》：……時天子微弱，不能誅衛侯朔，是後遂失其政，諸侯背
　　　　　　叛，王室日卑。

　王箋：夜明而有異光，使人震驚，歸之星異，雖異而實常也。

案：何休將星異的原因歸於周天子權力微弱，不能誅叛逆的諸侯，所以失去
　　威信，諸侯背叛，王室日漸卑微。王氏的解釋則是針對傳文而來。傳文指
　　出，不脩春秋原本記載，天上的星降下來未及地面，又返回天上。這種情
　　況，孔子可能認為不合常理，所以改修之為天上的星如雨般的降下來。傳
　　文又說，為什麼要記載呢？這是記載怪異的事情。王氏則根據傳文的說法
　　加上己意的解釋，認為夜中星明而有異光，使人震驚，便歸之為星異，事
　　實上這是正常的天象。

（9）霣　霜

　經文：定公元年，冬，十月，霣霜殺菽。

　《公羊傳》：何以書？記異也。此災菽也，曷為以異書？異大乎災也。
　《解詁》：異者，所以為人戒也。重異不重災，君子所以貴教化而賤
　　　　　　刑罰也。……是時定公喜於得位，而不念父黜逐之恥，反
　　　　　　為淫祀，立煬宮，共天亦以當早誅季氏。

　王箋：霜重棲菽，枝葉粗肥皆死，而草木無傷，是以大之而異之。

案：何休發揮傳文的「異大乎災」，認為是君子貴教化而賤刑罰。並把霣霜殺

菽這件事情牽引到定公忘德，天示之警一事之上。而王氏則針對傳文的「災菽」作發揮，認為霜重，但其他草木皆無傷，而枝葉粗厚的菽卻被霜殺，以此而異之。

（10）蟲　災

經文：**襄公七年，八月，螽。**

《公羊傳》：（無）

《解詁》：先是邾小邾婁來朝，有賓主之賊，加以城費，季孫宿如衛，煩擾之應。

王箋：螽例時，月者，災重例。

案：此條經文，《公羊傳》無解釋。何休指出是煩擾之應。王氏的解釋是「螽例時，月者，災重例。」這是從時月例上面來解釋，由此可看出，《公羊》無傳文時，王氏的解釋方向便回到《春秋》經文的本身，從時月日例來推測意義，而始終沒有走上何休天人感應的思維上去。

（11）地　震

經文：**昭公二十三年，八月，乙未，地震。**

《公羊傳》：（無）。

《解詁》：是時猛朝更起，與王爭入，遂至數年，晉陵周竟，吳敗六國，季氏逐昭公，吳光殺僚滅徐，故日至三食，地為再劫。

王箋：地震例日。

案：此條經文，《公羊傳》亦無解釋。何休指出，是因為當時的天下紛亂有以致之。而王氏沒有跟隨何休的天人感應理路來發揮，而是回到經文本身，來歸納《春秋》經文對地震的書寫條例。

災異論的發展有它的傳統，而後世的學者，多是跟從何休的思想理論而來；何休所言雖然是承續與發揮《公羊傳》而來，但是以陰陽相勝的思維言及天人感應，以及將天異對應人事，《公羊傳》則沒有這樣的說法。從上述王闓運的災異說，可以明顯的看出他捨棄了何休天人相與感應的思路，而欲回到《公羊傳》的較為平實的說法上去；若是《公羊》沒有傳文者，他便回到經文本身歸納經文的書法。從王闓運的災異理論，可以看到他解經方式的返傳與返經特色。

2、對傳文的質疑與下以己意

（1）對傳文的質疑

　　《春秋公羊傳箋》中，有的地方是不理會傳文，直接從經文解經；有的地方是明白的揑出對傳文說法的質疑。例如：

　　經文：閔公二年，九月，夫人姜氏遜於邾婁。

　　　　《解詁》：爲淫二叔，殺二嗣子出奔，……凡公夫人奔例日，此月者有罪。

這條經文下，《公羊》沒有傳文說明。何休指出，凡公夫人奔皆例日，此例月者，代表有罪。爲何姜氏有罪呢？因爲她於先前淫於二叔，後來又參與弒閔公。

　　王闓運箋指出「下云薨於夷，夷即邾婁，從不繫例，邾婁魯屬國，明夫人無所歸也。」若要明白王氏箋所指之意，必須要先與僖公元年秋七月的經文與傳文合看：

　　經文：僖公元年，秋七月，戊辰，夫人姜氏薨於夷，齊人以歸。

　　　　《公羊傳》：夷者何？齊地也。齊地，則其言齊人以歸何？夫人薨於夷，則齊人以歸。夫人薨於夷，則齊人曷爲以歸？桓公召而而縊殺之。

王闓運認爲「僖公元年，秋，七月，戊辰，夫人姜氏薨於夷，齊人以歸」這條經文的「夷」指的是邾婁，不稱魯國的屬國「邾婁」而稱「夷」，是爲了讓夫人無所歸。但是在「僖公元年，秋，七月，戊辰，夫人姜氏薨於夷，齊人以歸」這條經文的《公羊傳》文明白的指出「夷者何？齊地也。」王闓運不可能不知曉，但他似乎無視於傳文這句話的存在，逕指「夷」爲邾婁，並認爲《春秋》書邾婁爲「夷」是爲了讓姜氏無所歸，這代表王氏有擺脫傳文，直接從經文解經的傾向。又如：

　　經文：隱公八年，三月，鄭伯使宛來歸邴。

　　　　《公羊傳》：宛者何？鄭之微者也。邴者何？鄭湯沐之邑也。天子有事于泰山，諸侯皆從泰山之下，諸侯皆有湯沐之邑焉。

　　　　《解詁》：歸邴書者，甚惡鄭伯無尊事天子之心，專以湯沐邑歸魯，背叛當誅也。錄使者，重尊湯沐邑也。

　　　　王箋：此設言以見甚辱也。公執于鄭，當墮其成，而反受其邑，是

> 臣之也。故歸邴如賜湯沐邑，因言湯沐邑之典非邴在泰山下
> 也。封鄭時，周東遷矣，初無從朝泰山之事。假使宣王曾賜
> 鄭邑，經所不見，傳亦何由知之？何君暗以《左傳》說經而
> 不自知，《左傳》又爲此傳文所遺誤也。

經文的意思是，隱公八年，鄭國的國君派遣使者宛來魯國，送給魯國「邴」
這個地方。《公羊傳》文解釋：宛是誰呢？是鄭國的一個卑微人物。邴又是什
麼地方呢？是周天子賜給鄭國的湯沐之邑。何休《解詁》說，經文要書寫鄭
國將邴送給魯國，是因爲非常厭惡鄭伯沒有尊事周天子的心，將周天子賜予
的湯沐邑擅自送給魯國。但是王闓運並沒有跟隨《公羊傳》文與何休《解詁》
的這種說法。他認爲這條經文是要譏刺魯國甚爲羞辱。因爲魯公曾經被鄭國
所執，卻反而願意接受鄭國送給的土地，這就彷彿魯國是臣屬於鄭國，鄭國
之於魯國，就如同天子一樣，送邴這個湯沐邑給魯國。他不認同於傳文的說
法，主要是因爲「假使宣王曾賜鄭邑，經所不見，傳亦何由知之？」他認爲
經文既然沒有書寫，傳文所說的沒有經文作依據，就不可靠。這樣的說法，
我們無法以對錯來論斷，不過陳立在《公羊義疏》中曾說，傳文解經，有時
涉及到一些史事的問題，是從經文上所看不出來的，那麼作傳的人如何知道？
陳立認爲，作傳者離孔子的時代較近，有可能見到當時的史料，因此傳文內
容應是有史實的根據，不一定是作傳者的望文生義。但是今天王闓運說：「經
所不見，傳亦何由知之？」這顯示的含意是王闓運不信傳文，認爲只有經文
才能顯示孔子的思想。這就是明白的提出對傳文說法的質疑，認爲經文才是
最根本的依據。

（2）下以己意

王闓運的返經，有時也表現在對《公羊》、《穀梁》的超越上。以下則以
僖公十八年春、夏的經文爲例，並排比《公羊》、《穀梁》的說法，以及王氏
箋的看法，以見王闓運的這一特色。

> 經文：僖公十八年，春，王正月，宋公、曹伯、衛人、邾婁人伐
> 　　　齊。
> 《公羊傳》：（無傳文）
> 《解詁》：月者，與襄公之征齊，善錄義兵。
> 王箋：伐例時，以我救爲義兵，故先月錄與之。
> 《穀梁傳》：非伐喪也。

經文：(僖公十八年)，夏，師救齊。

《公羊傳》：(無傳文)

王箋：救例時，將卑師眾稱師。言救則義兵也。伐亦義，救亦義，
　　　所謂並行不相悖。

《穀梁傳》：善救齊也。

這兩段經文應與僖公十七年十二月的經文記載：「冬，十有二月乙亥，齊侯小白卒」合看。齊桓公去世，齊國發生內亂，宋襄公聯合曹伯、衛人、邾婁人伐齊。〔註102〕這件事情，《公羊》無傳文。何休《解詁》贊宋襄公，認為宋襄公伐齊是為了幫齊國平內亂，因此宋公的軍隊是義兵。《穀梁傳》則貶宋襄公，批評宋襄公伐喪之非。《穀梁傳》的立場既然認為宋是不對的，因此在僖公十八年「夏，師救齊」的經文條下寫著：「善救齊也。」這是指出，齊國在國喪期間受到宋國的侵伐，魯國去救齊國這件事是美善的。從這裡可以看出，《公羊》與《穀梁》的立場是完全不同的，《公羊》是讚美宋襄公平齊亂，《穀梁》是非難宋襄公伐喪，讚美魯國救齊國。王闓運則認為，「伐亦義，救亦義，所謂並行不相悖」，也就是說，宋襄公伐齊是對的，魯國救齊國也是對的，「救」、「伐」都是義兵，因此《公》、《穀》的說法並行不悖。陳立《公羊義疏》引孔廣森的《公羊通義》云：「《穀梁》云，善救齊也，非也。宋儒且謂凡書救未有不善者，呂不韋有言，兵苟義，攻伐亦可，救守亦可；兵苟不義，攻伐不可，救守不可。若齊之事，乃伐者義，救者不義耳。按以《史記》、《左氏》事證之，……五公子各樹黨爭立相攻，故宋襄伐之正也。」〔註103〕孔廣森的想法，是認同於《公羊》，以宋襄公的伐齊為正。王氏必定曾見過孔廣森、陳立的看法，但是他要走的是自己的一條路，即是超越《公》、《穀》，以經文為依歸的路。又如：

經文：莊公三十一年，秋，築臺於秦。

〔註102〕根據《左傳》記載，「齊侯之夫人三，王姬、徐嬴、蔡姬皆無子。齊侯好內，多內寵，內嬖如夫人者六人，長衛姬生武孟，少衛姬生惠公，鄭姬生孝公，葛嬴生昭公，密姬生懿公，宋華子生公子雍，公與管仲屬孝公於宋襄公以為大子。雍巫（易牙）有寵於衛共姬（即長衛姬），因寺人貂以薦羞於公（易牙長於烹調），亦有寵，公許之立武孟。管仲卒，五公子皆求立，冬十月乙亥，齊桓公卒，易牙入，與寺人貂因內寵以殺群吏，而立公子無虧（即武孟），孝公奔宋，十二月乙亥赴，辛巳夜殯。」
〔註103〕陳立，《公羊義疏》（台北：台灣商務印書館，民國71年），頁835。

－125－

> 《公羊傳》：何以書？譏。何譏爾？臨國也。
>
> 王箋：魯於薛近而去秦遠，蓋初與交聘，亦與互市築館，此後世通
>
> 商租界之事。

傳文指出，莊公在社稷宗廟附近築高臺，有褻慢之意，故以此譏之。但王闓運卻將之解爲後世，包括其所處時代的通商租界之事，這種解經方式，也是下以己意的方式，目的是爲了能讓經文可以切合當代的時政。

二、宗經意識下的《春秋例表》

《春秋例表》的著作動機是出於宗經，而由前後兩個版本的不同點，更可以看出王闓運返經的精神。

（一）版本的比較

經由比較，可以發現由長沙刊本到廖震重校本的《春秋例表》有幾個基本的不同點。長沙刊本有二十四例，重校本有三十八例，增多了十四例，而重校本對於長沙刊本，除了增補義例之外，還有修改、刪削的部分，以下則將兩個版本的義例，以表格方式列出，以便清楚的看出兩者的異同：

長沙刊本	廖震重校本
凡例	
五始首時例表第一	
九旨表第二	
七等進退夷國表第三	
（以上爲重校本所刪削之例）	
朝聘會遇例表第四	朝例表第一
	聘例表第二
	會例表第三
	遇例表第四
錫求獻例表第五	錫求獻例表第二十五
致至例表第六	致至例表第十
盟例表第七	盟例表第五
歸例表第八	歸例表第二十四
戰伐例表第九	戰伐侵例表第六
義兵例表第十	義兵例表第七

圍取入滅例表第十一	圍取入滅例表第九
失國邑例表第十二	失邑例表第十一
	亡國表第十二
敵國殺執君大夫例表第十三	敵國殺執君大夫表第十三
出入例表第十四	出入例表第十四
君臣相殺例表第十五（附殺君三十六數表）	君臣相殺表第十五
	殺君三十六表第十六
凶禮例表第十六	凶禮例表第十七
大國卒葬例表第十七	天王崩葬例表第十八
小國卒葬例表第十八	諸侯卒葬例表第十九
吉事例表第十九	吉事例表第二十
宮廟例表第二十	宮廟例表第二十一
昏禮例表第二十一	昏禮例表第二十二
婦事例表第二十二	婦事例表第二十三
政役例表第二十三	政役例表第二十六
災異例表第二十四	災異例表第二十七
（以下為重校本多增之例）	
	大例表第二十八
	有例表第二十九
	乃例表第三十
	及例表第三十一
	之例表第三十二
	自例表第三十三
	遂例表第三十四
	用例表第三十五
	以例表第三十六
	猶例表第三十七
	一見例表第三十八
共二十四例	共三十八例

　　由上表可見，兩個版本比較之下，可以分成三個部分說明：第一，長沙
刊本《春秋例表》的前三個例表──五始首時表、九旨表以及七等進退夷國
表，到了重校本時已完全的被刪削；第二，重校本的「朝例表第一」到「災

異例表第二十七」中的二十七例則是對於長沙刊本的「朝聘會遇例表第四」至「災異例表第二十四」的這二十一例內容的約略修加；第三，重校本從「大例表第二十八」到「一見例表第三十八」的這十一個例，是原本長沙刊本所無，重校本所新創之例。

　　整體分析起來，重校本對長沙刊本的修正，可以劃分成兩種方式，第一種方式是對長沙刊本的原有例表作一些調整，而基本的理念，與長沙刊本並無太大的不同，正如廖震所說的「具存舊製，約略修加」。第二種方式則是對長沙刊本作新例的增加或舊例的完全刪削，在此稱之為「改變舊製」。以下則分別敘述之。

　　1、具存舊製，約略修加

　　廖震於《春秋例表・補序》中說「自朝聘、會盟、戰伐、侵圍、出入、滅亡、吉凶、災異，具存舊製，約略修加」，經由上列表格的對應比較，這種方式的修正，集中於第二部分。第二部分中，兩種版本的例表，不但次序不同，而且編排的方式也有所差異，最明顯的有幾個地方：長沙刊本的「朝聘會遇例表」，到了廖氏重校本時，將之析分為各自獨立的「朝例表」、「聘例表」、「會例表」、「遇例表」；長沙刊本的「君臣相殺例表（附殺君三十六數表）」，到了重校本時，則將所附的殺君三十六數表獨立成「殺君三十六表」。此外，經由例表內容的檢閱，重校本的「次例表」是從長沙刊本的「義兵例表」中所獨立出來的。在表格的編排處理方面，重校本對長沙刊本則進行了補闕、修正與削繁的工作。這三種處理的方式本不能截然劃分，但為了行文方便，在此姑為分論之：

（1）補闕與修正

　　重校本對長沙刊本的不足與缺陷，作了補闕與修正的功夫。長沙刊本的「戰伐例表」，內容共分為四例，依次為戰例、伐例、侵例、伐我侵我例，重校本以長沙刊本的「戰伐例表」內容有侵例，故將名稱改為「戰伐侵例表」，並析分為五例，即戰例、伐例、侵例、伐我鄙例、侵我鄙例。在「義兵例表」，長沙刊本分為追例、還例、救例、次例，重校本的「義兵例表」則刪去了次例的部分，並將次例單獨立為「次例表」，這是由於原來的長沙刊本「義兵例表」序文指出《春秋》有彰顯「義兵」之義，因為「義兵」是「抑強扶危」的行為，其言：

　　　孟子曰：「《春秋》無義戰。」非達論也。王者以義征，苟務息兵，

則《春秋》恥之。故戎未入而大追者，力不能救，伯者諱焉。救而
實不救，月以致其意，所以抑強扶危，彰神武也。故追爲王者之師，
救爲伯者之師，次爲刺詞，還爲善詞，然後反於無戰。〔註104〕

「義兵例表」既名爲「義兵」，所善者爲「王者之師」（追）、「伯者之師」
（救），並指出「還」爲善詞，則追、救、還者爲義兵。長沙刊本彰明義兵之
例，卻又列了《春秋》所譏刺的次例，似與作表之意不符，故重校本將次例
獨立爲一表。這些都是對長沙刊本的補闕與修正。

（2）削　繁

　　廖氏重校本對長沙刊本一個很明顯的改訂，就是削繁的工作，尤其是在表
格的處理方面，長沙刊本之表對例的名目劃分太繁之處，重校本則將之簡化，
使覽者更易明白。舉例來說，長沙刊本的「朝聘會遇例表」中的「朝例表」，魯
公朝外的部分，長沙刊本將《春秋》經文中，無「致」字者歸爲正例，有「致」
字者歸爲變例，在變例中又細分爲「如時致時」、「如月不致」、「如月致月」、「如
時致月」、「如月致時」……等十一種名目，再加上正例的部分，共有十二類。
到了重校本時，則將「公如」例時者歸爲正例，例月者歸爲變例，總共只有二
類，減省了許多。以下則以圖示呈現兩個例表不同的處理方式：

致不　時	例正如公
時致時如	例變
致不月如	例變
月致月如	例變
月至時如	例變
時致月如	例變
事以 時至時如	例變
時復時如	例變
時復月如	例變
時如 時至時次	例變
時如 月在時次	例變

時	例正如公
月	例變

廖震重校本「朝例表」處理方式

─────────────

〔註104〕《春秋例表・義兵例表序》（光緒年間長沙刊本），頁63。

時如日至喪	例變

長沙刊本「朝聘會遇例表」之處理方式

2、改變舊製

　　改變舊制的部分，主要有三個地方。長沙刊本的「大國卒葬例表」與「小國卒葬例表」，重校本將之合併，改為「諸侯卒葬例表」，並增作「天王崩葬例表」。此外，即是重校本對長沙刊本所新增與刪削之例。重校本新增了虛字之例：大例、有例、乃例、及例、之例、自例、遂例、用例、以例、猶例，以及一見例。這是對例作一個更詳細的歸納，並彰顯《春秋》屬詞之精以及孔子一字褒貶的精神。〔註105〕最值得注意的，仍然是第一部分，重校本將長沙刊本的「五始首時表」、「九旨表」以及「七等進退夷國表」完全刪削的情況所顯示出的訊息。由於這三個例表的刪削，不只是作表形式的補闕削繁，還牽涉到一些思想的問題，以下的部分則從這樣的差異，詳細的探討其原因及其所顯示出的意義。

　　（二）從版本差異看王闓運宗經的本懷

　　先前比較了長沙刊本與廖震重校本的差異，重點放在兩個版本差異的形式分析之上。前文也論述了重校本對長沙刊本的修正，分成「具存舊製，約略修加」以及「改變舊製」兩個方式。重校本「具存舊製，約略修加」的部分，對於長沙刊本的內容、編排處理的方式雖略有調整，但思想方面並沒有什麼出入。較值得注意的是「改變舊製」的部分。「改變舊製」的部分有三個地方，而最令人疑惑的是，《春秋例表》第一部分的凡例、「五始首時表」、「三科九旨表」、「七等進退夷國表」，為什麼到了廖氏重校本時完全的刪削了呢？

　　五始、三科九旨、七等可說是《公羊》學的宗旨與基本精神。從長沙刊本的《春秋例表・凡例》中可看出作《春秋例表》的依據：

　　　傳《春秋》者莫能去例，左氏專詳於事，……如《通鑑》目，……
　　　《穀梁》又自不可通，唯《公羊傳》無牴牾，……今唯立一正例，……

〔註105〕廖震於《春秋例表・補序》中說：「至若虛字及一見之例，前書未例，今始創附，益見屬之精，游、夏不能贊也。」又於「乃例表」序文中說：「傳云：乃者，難也。又云：乃，難乎！而明凡言乃者，慎重之至也。故以而附見於後，著聖人一字之宏旨焉。」則可以看出作虛字例及一見例的動機。

其例皆依《公羊傳》，不歧其說。〔註106〕

明顯可見，長沙刊本的《春秋例表》是依《公羊傳》之例而歸納。但既是根據《公羊傳》而歸納其例，爲何書名爲《春秋例表》，而不是《公羊例表》？是否名爲《春秋例表》，是認同《公羊傳》能夠傳承孔子《春秋》的微言大義，因此《公羊例表》與《春秋例表》是可以等同的？這個問題於後文再討論。考察長沙刊本的內容，並不完全跟隨於《公羊》先師如何休等人的說法與義例。先以長沙刊本《春秋例表》對「三科九旨」的看法來說。「三科九旨」是《公羊》學的核心義例，這個名稱首次出現，是徐彥在《春秋公羊傳注疏》的引述，首先提到何休《文謚例》的三科九旨：

> 三科九旨者，新周、故宋，以《春秋》當新王，此一科三旨也；又云：所見異辭，所聞異辭，所傳聞異辭，二科六旨也；又內其國而外諸夏，內諸夏而外夷狄，是三科九旨也。〔註107〕

徐彥接著解釋：

> 何氏之意，以爲三科九旨，正是一物。若總言之，謂之三科；科者，段也。若析而言之，謂之九旨；旨者，意也。言三個科段之內，有此九種之意。〔註108〕

三科指三段，每一段涵蘊三個旨趣，共有九個意思，統稱三科九旨。與此同時，徐彥又引到宋均的三科九旨：

> 三科者，一曰張三世，二曰存三統，三曰異外內，是三科也。九旨者：一曰時，二曰月，三曰日，四曰王，五曰天王，六曰天子，七曰譏，八曰貶，九約絕。時與日月，詳略之旨也；王與天王、天子，是錄遠近親疏之旨也；譏與貶絕，則輕重之旨也。〔註109〕

何、宋二人的「三科九旨」一名相同，只是內容上宋氏比何休多。一般都以爲宋氏的三科，已概括了何休的三科九旨，張三世等於何休的二科六旨，存三統（又稱通三統）是何休的一科三旨，異外向（又稱風內外、異內外）是何休的三科九旨。不過，何休雖沒有宋氏所多出的九旨，但《解詁》對日月例及誅貶絕諸例等書法，已多所論述。讀長沙刊本《春秋例表·九旨表》序言：

〔註106〕《春秋例表·凡例》（光緒年間長沙刊本），頁4。在廖氏重校本中，將〈凡例〉完全的刪除。
〔註107〕《春秋公羊傳注疏》（十三經注疏版），卷一，頁4。
〔註108〕《春秋公羊傳注疏》（十三經注疏版），卷一，頁4。
〔註109〕《春秋公羊傳注疏》（十三經注疏版），卷一，頁4。

> 何君說新周、故宋、王魯爲一科三旨云云，宋均說張三世等爲三科，
> 時、月、日、王、天王、天子、譏、貶、絕爲九旨，既有不賅，而
> 《春秋》以時、月、日總全例，科莫大焉。三科九旨、七等，六輔、
> 二類、五始、七缺之名雖傳自先師，初不知其所來，要之經義，三
> 科有異例則求之九旨，何、宋說三科異九旨，三科異而同也。故宋
> 之三科即何之九旨，今則以時月日爲三科，用統群例，別爲〈九旨
> 表〉。〔註110〕

則長沙刊本是將何休的說法與宋均的說法相結合，以時、月、日爲三科，以
通三統（王魯、新周、故宋）、張三世（所見世、所聞世、所傳聞世）、異內
外（內其國、外諸夏、外夷狄）爲九旨，稍異於何休的三科九旨。所以長沙
刊本《春秋例表》雖然宗於《公羊傳》，但是並不墨守《公羊》先師的說法。

　　到了廖氏重校本時，將上述三個表刪除，這又是什麼情況呢？廖震的序
文中說「唯五始、九旨、七等諸篇，其名雖傳自先師，究莫知其所從來，因
文考義，猶非至當，則概從刪削，其有義不能略者，則無妨再見例，可從同
者，則姑爲附後。至所不知，非敢臆說，每有疑義，皆經師定，發凡起例，
庶幾有補於將來。」〔註111〕既然指出五始、九旨、七等之名傳自先師，又說
「莫知其所從來」，這又是什麼意思呢？考五始、九旨、七等之名，均來自於
何休的「文釋例」，〔註112〕未見於經文或傳文，則推測「莫知其所從來」應是
指經文或傳文中沒有明顯的五始、九旨、七等之意。

　　廖震等人刪去了體現《公羊》學義例的「五始表」、「九旨表」、「七等進
退夷國表」，是否有違王闓運依《公羊傳》作《例表》的本意？從廖震的序文
中，可以看出重校《春秋例表》的源起，是由於廖震等諸生認爲《例表》所
歸納之例，仍有瑕疵，因此在光緒三十三年秋，奉其師王闓運之命校讎時，
與同學十多人對於長沙刊本，分篇編次，並進行了刪削、增補以及修正的工
作。王闓運在光緒三十三年秋天的日記中，亦有提及學生對《春秋例表》內

〔註110〕《春秋例表‧九旨表》（光緒年間長沙刊本），頁6。
〔註111〕《春秋例表‧補序》（光緒三十四年刊本），頁2。
〔註112〕關於「五始」，何休「文諟例」曰：「五始者，元年、春、王、正月、公即位
　　　　是也。」「七等」之名亦來自於「文諟例」。公羊莊公十年傳曰：「州不若國、
　　　　國不若氏、氏不若人、人不若名、名不若字、字不若子。」何休「文諟例」
　　　　所謂七等者，即州、國、氏、人、名、字、子。「三科九旨」則是徐彥疏對何
　　　　休「文諟例」的引述。

容的疑惑。八月十三日的日記言：「蔡生問《春秋例表》歧異處，未遑修改。有時有月，亦未思其由。」八月廿一日的日記言：「諸生論《春秋》例者，言箋表差互，各擬表稿呈正，一望茫然，不如自作一表，檢經條列之。」由此看來，《春秋例表》的修改似乎是由王闓運的學生首先提出疑義，因而才有重校本的產生，但是重校本的產生卻不能忽略王闓運在其中的重要性。廖震是奉王闓運之命校讎，重新編次《春秋例表》，也是獲得王闓運的同意，他亦說「每有疑義，皆經師定，發凡起例」，〔註113〕王闓運的日記中甚至可見他參與修改《春秋例表》的紀錄。光緒三十三年十一月十一日的日記寫著：「看《春秋表》，當增補分別者甚多，還當作之。」在十月十二日到十二月十日的日記都有「作《春秋表》」的記載。因此重校本的編定，王闓運是有其影響力在其中，不可忽視。值得重視的是，王闓運在光緒三十三年，八月十二日的日記有言：

> 午講《春秋》，記王葬有過時、不及時、我往三例。他葬亦有慢渴之分，則卒葬當先見一時例，三月五月，經不自注，非例不顯，豈公葬有明例耶？向未致思，正當考之。魯既託王，則公葬即葬王也。公皆五月，王有過不及，列國亦不限五月，夫人猶不限，皆無譏文，明不治他人葬期也。《公羊傳》頻發例，傳師說耳，非經意。若如所傳，則小國無君臣父子耶？〔註114〕

此種說法，顯示王闓運此時似有疑傳之義，在探討王卒葬之例時，指出《公羊傳》的一些義例，只是《公羊》先師的說法，並非經文本意。而此日記的時間，與廖震等人重校《例表》的時間十分接近；再將重校本刪除〈凡例〉（〈凡例〉的內容是推崇《公羊傳》，並指出例表是依循《公羊傳》之例）一事互相對比，則我們是否可以推測，廖震等人刪除五始、九旨、七等進退夷國表的原因，是受了王闓運「疑傳」的影響？

　　《春秋例表》的著作，長沙刊本〈凡例〉中指出是依《公羊》之例條列《春秋》經文，而究其動機，是要彰明《春秋》經文的大義，這也是《春秋例表》以「表」的方式著作的目的。長沙刊本的〈凡例〉說：

> 《春秋》以時月日為三科，學者習聞之，或又疑其破碎隱譁，不似聖人所鄧，及欲捨之別求，仍不出時月日之說，於是信者無可信，

〔註113〕《春秋例表》（光緒三十四年刊本），頁1。
〔註114〕王闓運，《湘綺樓日記》（長沙：嶽麓書社，1996年），頁2835～2836。

疑者不敢疑，誠可哀也。未作表之初，亦未敢遽作此三科之例，以
其散文汎說，易可掩覆；切指粲列，無可文飾，或是或非，一覽可
定，故傳惜二千餘年，作表者不過十家，而一望榛梗，及得其例，
隨條編錄，無不有至當之義。〔註115〕

〈凡例〉中的這一段話，說明了為什麼要用「表」的方式呈現的原因。《春秋例
表》一書，顧名思義，可知是一部對《春秋》之義例作整理與闡發的著作。歷
代以來，《春秋》書時、月、日是承自舊史，抑或是孔子筆削以寓其微言大義，
頗有爭議。《公羊傳》記時月日者有二十二條，未用及「例」字，亦未詳細論斷
褒貶，但認為於書時月日之中已寓孔子筆削之義，因此可視為例之濫觴。其後
歷經兩漢學者的闡發、口授，其例愈廣，其義愈繁。而漢代以降，反對義例與
支持義例的壁壘逐漸矗立，原因是對聖人作《春秋》的用心認定不同所致。反
對義例的言論雖然不少，但以例說經的風氣卻未曾稍減，降至清代亦然。莊存
與十分重視時、月、日之義理，〔註116〕劉逢祿更根據《公羊傳》與何休《解詁》
歸納而成《春秋公羊經何氏釋例》一書。〔註117〕王闓運詮釋《春秋》，特重其例，
在王闓運所著的《春秋公羊傳箋》一書，即是用「以例銓經」的方式來闡發《春
秋》的微言大義。而《春秋例表》更欲以「表」的方式條列經文，以清楚的彰
顯《春秋》之例，因為「以其散文汎說，易可掩覆；切指粲列，無可文飾，或
是或非，一覽可定」，這句話說明了如果採用文字論說的方式詮釋《春秋》之例，
這種「散文汎說」不見得能夠完全切合《春秋》的本意，但若是依時、月、日
的方式以表條列《春秋》經文，則可以從表的編排中，清楚的看出孔子的褒貶
之意。這即是以表呈現的優點。長沙刊本雖然認同於《公羊傳》的義例，但是
並沒有墨守《公羊》先師如何休等人的說法，以先前所論述的「三科九旨」不
同於何休的說法，已可見之。長沙刊本的《春秋例表》不但不墨守《公羊》先
師的說法，也不盡然完全認同於《公羊傳》的說法。例如「宮廟例表」的序文

〔註115〕《春秋例表・凡例》（光緒年間長沙刊本），頁4。
〔註116〕莊存與在《春秋正辭・奉天辭》（載於《皇清經解》，卷三百七十五），頁24，
　　　　曾曰：「日、月有義乎？有著詳略之文也。于以正外內，于以定尊卑，于以審
　　　　輕重，于以紀遠近，于以徵敬怠，于以別同異，如之何其可廢也！然則無知
　　　　何以日徵，有知何以月，日不過乎物，以事天也。無知而變，變出于天；有
　　　　知而變，變出于地；或日、或不日，尊卑之辭也。」
〔註117〕劉逢祿的《春秋公羊經何氏釋例》一書是歸納《公羊傳》與何休《解詁》而
　　　　來，其中以闡發「時、月、日例」之說最為複雜，內容分為「正例」與「變
　　　　例」兩類，細目多達五十三個。

中說：「傳曰：周公稱大廟，魯公稱世，群公稱宮，此魯舊名，文家之辭也。《春秋》書廟者皆大廟，親廟皆稱宮，稱宮者非五廟之例。」〔註118〕不論這樣的說法是否正確，總之都可以看出長沙刊本的《春秋例表》並不迷信《公羊傳》文，而是要以《春秋》的經文來作爲大義的依歸。這也可以解釋，何以例表稱爲《春秋例表》，而不是稱爲《公羊例表》的原因。而廖氏重校本，則有更進一步的要拋開《公羊傳》文，以《春秋》經文來探討《春秋》之義。傳文都不一定能認同，更何況傳文所沒有的五始、九旨與七等，它被重校本完全刪削，我們應放在這樣的情況來理解。長沙刊本的「大國卒葬例表」依《公羊傳》的六例闡發，到了重校本時，則將「大國卒葬例表」與「小國卒葬例表」二表合併爲「諸侯卒葬例表」一表，又另作了「天王崩葬例表」一表，並指出「傳發六例，無據以言之，小國不與大國同，則例亦不可推」，故刪去了《公羊傳》的六例，改爲「諸侯卒葬例表」。〔註119〕將這個情況與先前所論述的王闓運在光緒三十三年八月十二日的日記所言，其意相符，這又可作爲重校本受王闓運思想影響的另一個佐證。

再從重校本新增的虛字之例來看，有些地方也明顯的表示出不盡認同於《公羊傳》的說法，而欲返回《春秋》經文探求大義之意。在「及例表」序文中說：

> 傳曰，何以不言及仲子？仲子微也。又曰：其言及防茲，不以私意累公邑也。又曰，何以不言及敵也？至於三累言及，則《春秋》之所貴矣，是知言及以別尊卑。故城諸及防，注以君臣邑言之，然城諸及運，運非臣邑也。取田言及，豈公私之詞乎？又諸侯大夫不分尊卑而亦言及，晉侯及吳子爲兩伯之詞，則及有二義，今具列之，以俟說經者。〔註120〕

「及例表」序文指出《公羊傳》言「及」有尊卑之意，但是從各經文中推測，並非每個言「及」者都有尊卑之意。《例表》在此並沒有定見，只是提出這

〔註118〕《春秋例表・宮廟例表序》（光緒年間長沙刊本），頁107。
〔註119〕長沙刊本「大國卒葬例表」依《公羊傳》之六例而發，序文指出：「大國之例，卒日葬月，當時，月葬不日，正也。日者危也。不及五月而日，渴葬也。不日，慢葬也。過五月而日，隱之也。不日，不能也。此六例者，以治其臣子也。」到了重校本時改爲「諸侯卒葬例表」，並指出，「凡諸侯五月而葬者，禮說也。傳發六例，無據以言之」，明顯的不認同《公羊傳》之例。
〔註120〕《春秋例表・及例表序》（光緒三十四年刊本），頁63。

樣的疑問，並條列出經文，「以俟說經者」，這種返回經文之意，甚爲清楚。

　　總之，《春秋例表》的著作，有一個不能忽略的動機，就是要返回《春秋》經文去探求經文本意。這從《春秋例表》的名稱，以及著作體例以「表」的方式呈現，已可見之。長沙刊本《春秋例表》已不盡認同於《公羊傳》的說法，到了重校本時，欲拋開傳文，返回《春秋》經文之意更明顯。

　　重校本《春秋例表》的內容，是從長沙刊本而來，固然有許多部分相同於長沙刊本，例如作表形式常依三世之意表達，而其中常強調的「《春秋》王魯」、「王化自近者始」、「《春秋》自正，躬自厚而薄責於人」等理念，也是《公羊》學的通三統與異內外之義的發揮，若要說長沙刊本，以及廖氏重校本的《春秋例表》仍然無妨於是一部《公羊》的著作，也是正確的。但是經由兩個版本的比較，我們在同中見其異，便可以發現從長沙刊本到重校本的轉變中，透露了一個王闓運《春秋》思想深處的訊息。王闓運雖然認同於《公羊》的許多理念，但他的最終目的，仍是要返回經文探求孔子的本義，這種情況，在他晚年有較爲明顯的趨勢，這是透過版本的比較而得知的。

　　由前文的敘述可知，不論是長沙刊本或是重校本，皆是由王闓運經手作最後的定稿或認同，兩者的內容可以說都是代表了王闓運的思想。今將兩者合觀，重點放在兩種版本的相同與相異之處，則可見到王闓運思想的一個較隱微的深處。王闓運長久以來被認定爲是一個《公羊》家固然有其道理，但是透過了《春秋例表》的研究，可以讓我們對王闓運的思想有更深一層的認識。這也是研究《春秋例表》的最大意義之處。

三、返經以求聖心的意義

　　錢穆論魏源的說經風格謂「是默深之說經，本主擺脫傳注直求經文，又主以躬行踐履求經文也。」〔註121〕以魏源自己的話來說，就是「今日復古之要，由詁訓音聲以進於東京典章制度，此齊一變至魯也；由典章制度以進於西漢微言大義，貫經術、政事、文章於一，此魯一變至道也。」魏源要進於西漢之微言大義，於是著重於董仲舒的《公羊》學。這相較於劉逢祿等人的宗於何休，又更上溯了一層。不過西漢闡揚《公羊》學的學者，除了董仲舒以外，尚有胡母生，爲何魏源獨重視董仲舒呢？因爲他認爲胡母生雖然也治《公羊》，但是專

〔註121〕錢穆，《中國近三百年學術史》，頁 530。

明章句，遠沒有董生述大義來得宏通。而何休又依著胡母生的條例作《公羊解詁》，對經傳作逐條的解析，在魏源看來，這樣的學術風格就遠遜於董仲舒，因為「蓋彼（胡、何）猶泥於文，此優柔而靨矣；彼專析例，此（董）則曲暢而旁通矣。故掘經之心，執聖之權，冒天下之道者，莫如董生。」〔註122〕所以魏源對清代以來莊存與、孔廣森、劉逢祿、宋翔鳳、陳立等人只專對何休的《解詁》作疏表示不滿，認為他們仍帶有章句之儒的殘習而未能達於微言大義的精深宏旨。〔註123〕因此魏源要在莊存與等人的基礎之上更進一步，由申何休的《解詁》進而申董仲舒的《春秋繁露》，以發揮《公羊》的微言大義，「而補胡母生《條例》、何邵公《解詁》所未備也。」〔註124〕

　　魏源既然認為莊存與等人仍帶有章句之儒的殘習而未能達於微言大義的精深宏旨，那麼王闓運作《春秋公羊傳箋》，對《公羊傳》與何休的《解詁》逐條箋注，相較於魏源的述董生大義，表面上看似乎是退步了，其實不然。魏源申董仲舒，最終是要回復到西漢之古，這比前人進了一步；王闓運卻不以西漢為限，這又比魏源進了一步。舉一個例來說，魏源認為董仲舒「微言大義」的精旨在於「三科九旨」，謂「無三科、九旨則無《公羊》」，三科九旨確實是《公羊》學的核心，它由董仲舒提出，由何休繼承發揮。但王闓運的《春秋例表》著作，則進一步的要破三科、九旨，甚至要破《公羊傳》文，返回《春秋》經文，《春秋公羊傳箋》也有這樣的特性。在這個層面上，王闓運可說比魏源更激進，在清代的《春秋》學史上，無疑有他的特殊性。

　　先前論述王闓運《春秋》學的一個很重要的特點，就是欲拋開前人的傳注，直探經文的本意，這是王闓運的解經方式一個很重要的特色。魏源解經欲由東漢返回西漢，認為西漢近古，較東漢更近於孔子的思想；王闓運則更進一步的要破一切傳注，返於經文本身，探求孔子的本意，在這個層面上，我們也可以說王闓運是接續著魏源的精神作更進一步的發揮。但王闓運欲拋開前人傳注的特點也同時是被許多人所詬病的地方，認為他抹殺前人研究的成果，以己意解經，流於穿鑿附會。葉德輝在《聖學通詁》中說他「箋《詩》補《禮》，抹殺前人訓詁，開著書簡易之風。」又張舜徽也曾指出「大抵王氏說經，想擺脫舊有傳注，自成一家。其流弊乃至杜撰出奇，為世所譏。有人

〔註122〕魏源，〈董子春秋發微序〉，《魏源集》，頁135。
〔註123〕路新生，〈論魏源學風〉，頁279。
〔註124〕魏源，〈董子春秋發微序〉，《魏源集》，頁135。

罵他『開著書簡易之路，成末流蔑古之風』，不是沒有根據的。」〔註125〕欲拋開前人的傳注，以己意解經，這對於王闓運來講，是什麼原因造成的？這可以從王闓運的個人內在原因，以及外在大環境的影響兩方面來探索。

　　從王闓運個人的敘述，可以看出造成這種情況的一些內在原因。王闓運在同治八年九月廿八日的日記中說：「自研經以來，疑義浸廣，皆以己意通之，人病不思耳。」可見王闓運對自己以己意解經的特質，以及別人對他的批評，相當的清楚。不過王闓運會用這樣的方式解經，也是有他無奈的個人因素。他在同治十二年四月廿一日的日記中說：「……比年作《書箋》廿九篇已成，近又作《詩補箋》及《禮記箋》，初命生徒創稿，多發古義，有可觀覽，惟獨學無友，鮮啓憤悱，學之不講，是吾憂也。」又在光緒十七年七月九日的日記云：「檢『蒐狩』通推，得三罕之例，乃甚明晰。後三大蒐不發傳，故滋疑耳，作說明之，並改《箋》說，積疑致此始得說，治經之難，無師故也。」王闓運於同治十二年的日記中感慨自己獨學無友，又於光緒十七年的日記說自己治經遇到了疑難，經過了許久才得到解答，這種治經的辛苦困難，是因為沒有老師的緣故。我們從王闓運的治學經歷來看，確實是沒有看到他的師承，他治經可說都是自學而來。這相較於劉逢祿、魏源等人的常州學派淵源，是有所不同的。錢基博《現代中國文學史》中記載，王闓運初到尊經書院時，廖平以己作《公羊論》示王闓運，闓運賞之曰「睹君此作，吾愧弗如。」而廖平則哂王闓運的經學為半路出家。廖平早年治樸學，根基紮實，加之以乾嘉學者視小學為治經的不二法門，而王闓運對於文字、音韻、訓詁不甚留意，這就更要為正統派所哂了。姑不論王闓運的學術根柢是否深厚，從他所具有的「狂」的性格，自是不會只墨守遵循一先生之言的；再加上為學治經無所師承，沒有師法、家法的束縛，使他更能夠自由的放開自己，闡發自己的思想觀點。因此以己意通經，也不盡然只是無師友諮詢的無奈。如果說，王闓運在沒有師承的情況下，是「被動」的以己意解經，但是，他也是有意識的，積極主動的要去超越前人的傳注。他在光緒八年正月十九日的日記中說：「校經堂生成贊君、黃澤生、羅伯堅來，極言治經之要在篤信經，莫怕傳、注，此余生平所得力者。孔子云：『為之不厭，誨人不倦。』若專以解經而論，庶幾可以效此。」

　　過去有些學者持著一個看法，認為今文經師們反對聲音訓詁之學，專講微

〔註125〕張舜徽，《清儒學記》（山東：齊魯書社，1991年11月），頁348。

言大義，對於初中期的今文經師而言，這個觀察並不全對。但觀王闓運《春秋公羊傳箋》的著作方式，非常簡易，幾乎沒有引用前人的注疏資料，相較於孔廣森的《公羊通義》、陳立的《公羊義疏》或是凌曙的《公羊禮說》的徵引繁富，有著相當大的不同。張舜徽甚至認爲，王闓運只是把「鈔書」當成「著書」，他一邊鈔書，一邊寫下自己的一些心得，等到一部書鈔成，一部著作也完成了。〔註126〕這樣的形容，其實是太低估了王闓運，因爲仔細研讀王闓運的作品，依然可以看到他許多特殊的見解，而且他的注疏簡易，不能只單純的視爲不讀前人的書，因爲擺置到清末的學術思想史上，這也正是呈現出王闓運要擺脫一切前人的傳注，回向原典的一種風格。《春秋公羊傳箋》的簡易著作形式固然如此，而《春秋例表》以「表」的方式列出，爲的是進一步清楚的呈現經文本身。所以王闓運始終都有重視「經」勝於一切傳注的思想。

　　王闓運這種以己意通經的特色，從他個人內在的原因來解釋，固然可以說他是無所師承，不爲師法、家法所局限，但是更值得我們注意的是造成他這種特色的整個時代背景。在世變之時，知識份子欲積極的從經學中尋求經世之法，他們認爲經學確實是寄寓聖人之道，但是往往又有感於既有的注疏與解釋不能因應當前的情況，這個時候常會出現拋開前人的注疏，以己意解經的情況，例如唐朝中葉之後的啖助學派，以及宋朝王安石的三經新義的出現，都是這樣的情形。湯用彤曾指出「反求聖經」是許多聖教演進史上常有的現象，而且這種重新尋求其最初之根據的活動常帶來自由解釋的風氣。他說：「大凡世界聖教演進，如至於繁瑣失眞，則常生復古之要求，耶穌新教，倡言反求聖經（return to the Bible），佛教經量部稱以慶喜（阿難）爲師，均斥後世經師失教祖之原指，而重新尋求其最初之根據史。夫不囿成說，自由之解釋乃可以興。」〔註127〕王闓運的返求原典，自由解經的態度與尊經抑史，強調經史之分的理念結合起來，成了「託古改制」的濫觴，王闓運對廖平的影響，乃至於造成後來的疑古非聖之風，都應從這個地方說起。王闓運的不守先人與舊傳，遂帶動了以己意解經的新詮釋風氣，不爲舊有的經解所囿，這在一定程度上鬆綁了傳統經說的詮釋方式，展現了一種恢闊的格局。行文至此，令人聯想到唐代中後葉興起的啖助學派。啖助學派興起的一個重要原

〔註126〕張舜徽，《清儒學記》，頁347。
〔註127〕湯用彤，〈王弼之周易論語新義〉，《湯用彤學術論文集》（北京：中華書局，1983年），頁267。

因，是安史亂後，唐中央大一統的政治實力走下坡，當然唐朝和清末的年代相差太遠，所面臨的情況也截然不同，我們不能將兩者強加比附，但是啖助學派「不拘守先儒章句」和晚清經學的情況有幾分神似，都是發生在大一統的局面發生改變的時候。劉乾於〈論啖助學派〉中說：「到了清代，又一次啖學興起，那是在道光二十年鴉片戰爭以後，到光緒二十四年戊戌變法這一段時間，又一次並非偶然的相似。」〔註128〕劉乾將清末啖派特色興起的時期，認定在鴉片戰爭以後，一直到戊戌變法這一段時間，這大約就在龔自珍、魏源一直到康有爲的時期，這固然是有他的道理。不過，本文要指出的是，王闓運在「捨傳求經」這一點上，自是有他的突破與影響。〔註129〕

魏源等人欲復西漢之古，有強烈的今古文家派意識，王闓運同樣欲返求原典，卻沒有明顯的今古文壁壘，這是什麼原因？一方面，王闓運欲破一切傳注，他已經要越過西漢經說的門檻了，他的思想自不必以西漢今文經說爲限，所以他並不須要汲汲的以西漢的門戶去攻東漢許鄭等人的說法；另一方面，根據蔡長林先生精闢的研究，「今文學」與《公羊》學」之間仍是存在著些許的差異的。今文學風格是學術性強的，是考證的，封閉的，《公羊》學風格是經世性強的，開放的，他們或許不嚴格區分今文學與古文學的門戶，也喜歡以《公羊》大義範圍五經，以能裨益經世的經說爲依歸，最大的目的在於經世。當然，這兩者也難以截然的劃分，一個學者可以同時具有今文學風格與《公羊》學風格。而且，《公羊》學也算是今文學領域中一個最重要的部分。相較於今文學風格，王闓運是屬於《公羊》學風格較強的學者，再加上學無師承，不爲今古文家派所囿，因此當今文經學的發展正在一步步的回向原典的過程中，今古文經學的壁壘也隨著一步步的森嚴之際，王闓運接續著回向原典的路程，卻在破一切傳注的這個節骨眼上，忽然看不到他對今古文經學的確切立場，這種耐人思索的情況，我們只能用這樣的理由來試著解釋。

或許有人會質疑，王闓運之後的廖平、康有爲，也是欲破一切傳注的學者，何以他們能夠堅守今文學的門戶？其實，學術性格相近的學者，固然有他們的共相，但是，也不能否認的會存在著個別差異。廖平、康有爲有著深

〔註128〕劉乾，〈論啖助學派〉，收入林慶彰先生編，《中國經學史論文選集》（台北：文史哲出版社，民國81年10月），上冊，頁678～700。

〔註129〕不過，啖助學派的返經，有彙整三傳的特色，可視爲三傳學以外，「自成家法」的解經系統。而王闓運的返經，《公羊》學的色彩依然很重。

厚的，以考證爲基礎的學術根柢，當他們要去論證「六經皆孔子所作」的這個命題時，他們的方法就必須落實在先前今文經學家的考證成果之上再進一層推進，唯有經過嚴格細密的考證推論，才具有說服力。因此，廖平、康有爲固然有著強烈的「《公羊》學風格」，他們也同樣有著深厚的「今文學風格」，他們的「今文學風格」正可以輔助他們的「《公羊》學風格」，又或者也可以說這兩者是相輔相成的。相對於王闓運，考證之學本不是他的專長，在「今文學風格」所必須具備的條件下，他是較爲缺乏的，而且以他通脫的性格，「《公羊》學風格」應是更適合於他。

　　本文所探討的主題，是從王闓運的《春秋》學來探討其在清末學術上的特色。王闓運在群經中突出《春秋》的特色，認爲五經的功用在於治理治世，惟獨《春秋》在於撥亂，他特別重視《春秋》，與清末的亂局有密切的關係。若要爲王氏的《春秋》學在清末的學術中下一個定位，則他可以算是梁啓超所謂清代學術四階段中的第四步——復先秦之古，對於一切傳注而得解放的一個先驅。但是他的對於一切傳注而得解放，在他個人的學思歷程中，是有一個漸進的經過。在他早年作《穀梁申義》的時期，將《公羊傳》、《穀梁傳》的地位，視爲與經同樣的重要，不容懷疑，相對的，他對於後世解傳的作者，如何休、范寧等則多所批評；到了中晚年，他不曾再談《穀梁傳》，甚至對《公羊傳》也漸漸地透露出懷疑，這自始至終的目標，都是爲了解經，認爲經典是最高的權威，後世的學者不一定能了解孔子的眞意，因此解經要返傳，當傳文也不能傳述經義時，只有返經。返求原典，本是清代學術的特色，但是他在「復先秦之古，對於一切傳注而得解放」的進程中，算是一個先驅的人物，無疑有他的特色與影響，而造成他這種特色的原因，時代背景是不可忽視的一環。

第伍章　《春秋》學實踐通則之建立

　　此章說明他對《春秋》學實踐通則的建立，這是他將《春秋》學的撥亂理念與實際的局勢作一個結合的發揮，他從中闡發如何以《春秋》學淑世，包括社會與國際秩序的安排。在王闓運的眼中，晚清正如春秋時期一般，是一個列國並立、夷狄交侵的時代，若欲「撥亂」反正，則「自治」與「禮」是這個時期，中國立於天下所必須的，唯有從禮義之邦的中國自己先做起，才能化導外國，朝著《春秋》中的天下太平理想邁進。而他的華夷思想，以及由此引申出的世界觀言論理念，可以說是從《春秋》中的王道思想而來，特別是他所推尊的《公羊》裡，天下一家、世界大同的觀念，對他有許多的啟發。

第一節　「爲政以漸」之緩進思想

一、《公羊》學三世觀的演進

　　王闓運論撥亂至太平的過程，結合了三世說的理念，而太平世與《公羊》三世說的關係本是十分密切的。三世的說法，事實上是有一個發展的過程的。在《公羊》傳文中，並未明言「三世」一辭，後世《公羊》學者對「三世」意義的闡發，主要是根據《公羊》傳文中的「異辭」而發揮的。在隱公元年、桓公二年，以及哀公十四年的傳文中，均出現了「所見異辭，所聞異辭，所傳聞異辭」的說法。由《春秋》經文與《公羊傳》文來看，「異辭」的原因，是緣於經文所載之事距離孔子修《春秋》的遠近而言的。哀公十四年的傳文

曰：「《春秋》何以始乎隱？祖之所逮聞也。所見異辭，所聞異辭，所傳聞異辭。」這一段文字可以清楚的解釋所見、所聞與所傳聞之別。祖之所逮聞者，則非孔子修《春秋》時所及見，亦非其所直接聞於祖者，而是由孔子的父祖輩長老聽來的傳說得知，所以說是「所傳聞」，年代離孔子最遠。所聞則是由孔子的父祖輩告訴自己的事，年代稍近。孔子己身所及見者則曰所見。所以三者之別，都是在時間的遠近，因為作者受限於與己身時代的遠近，見聞有廣狹，所以記載的文辭就有所不同。

董仲舒本著所見、所聞、所傳聞「異辭」的說法加以發揮，而有「三等」之說。他說，所見一等是昭、定、哀三世，所聞一等是文、宣、成、襄四世，所傳聞一等是隱、桓、莊、閔、僖五世，共三等。董仲舒認為孔子「筆削」《春秋》，於所見之世「微其辭」，於所聞之世「痛其禍」，於所傳聞之世「殺其恩」，這種異辭，是繫乎親疏、貴賤、遠近、厚薄、善惡，故「文有詳略之分，辭有恩殺之義」，離孔子自己年代愈近的，孔子親眼見到的事，如昭、定、哀時，因時近而恩重，不忍直接嚴厲的批評君父之非，因此書寫《春秋》經文時，用較為曲折隱微的方式來表達批評之意，即是所謂的「微其辭」；對於稍遠一點以前的事情，孔子沒有親眼見到，只有親耳聽到的事，如文、宣、成、襄時期的事情，他在《春秋》的言辭中痛惜當時人們遭遇的災禍，不再用很隱微的方式來表達，即是「痛其禍」；至於孔子時代所傳聞的事情，因為距離孔子的時代更遠，如隱、桓、莊、閔、僖時期，孔子在敘述這個時代時，言辭中所表現的恩情也就更淡薄了，所以說「殺（減少）其恩」。這種根據與自己親疏遠近所表達恩情厚薄的書寫方式，與人情是一致的。〔註1〕因此董仲舒的三等，是根據《公羊傳》的三種異辭，將魯國十二公的歷史分成三個階段，並設定了每一階段的時間起止。這可說是把春秋時代的歷史作階段的劃分，並依據階段的不同來解釋書法不同的問題。

何休進而將董仲舒據情感等差記事的三世說，賦予另一樣貌：所傳聞世

〔註 1〕《春秋繁露·楚莊王》中說：「《春秋》分十二世以為三等：有見、有聞、有傳聞。有見三世，有聞四世，有傳聞五世。故哀、定、昭，君子之所見也，襄、成、文、宣，君子之所聞也；僖、閔、莊、桓、隱，君子之所傳聞也。所見六十一年，所聞八十五年，所傳聞九十六年。於所見，微其辭，於所聞，痛其禍，於傳聞，殺其恩，與情俱也。是故逐李氏而言又，微其辭也；子赤殺，弗忍言曰，痛其禍也；子般殺，而書乙未，殺其恩也。屈伸之志，詳略之文皆應之。……吾以其近近而遠遠，親親而疏疏也；知其貴貴而賤賤，重重而輕輕也，有知其厚厚而薄薄，善善而惡惡也。」

是衰亂之世，所聞世是升平之世，所見世是太平之世。他認爲所傳聞世是衰亂世，所聞世是升平世，所見世是太平世，《春秋》中歷史的發展，是由衰亂世，進而升平世，進而太平世。何休這種「三世遞進」的理論，是與「異內外」的觀念相結合的。《公羊傳》中有「內其國而外諸夏，內諸夏而外夷狄」之說，有內外與夷夏之分。何休認爲，在衰亂世、升平世時內外、夷夏的差別並未消失，而到了太平世則沒有這種分別了，「天下遠近大小若一」，天下是一個統一的天下，這實際上就是表達了太平世就是「大一統」。〔註2〕故三世說從《公羊傳》、董仲舒到何休的說法，是有一個發展的過程的。

何休的三世遞進理論，最深刻的意涵，是表明了孔子寄託了其由衰亂之世到王化大行的理想。三世之說與實際春秋時代的史實並不合，《春秋》的二百四十二年中，實際的社會狀況是愈來愈混亂的，並非是一個「進化」的歷程，但在何休以後的《公羊》學者眼中，孔子是以《春秋》「文致太平」，借此非信史，去表現其所希望彰明的意義。而後世的《公羊》學者在論及孔子《春秋》的「微言大義」時，即是以這樣的理念爲基礎。王闓運的撥亂與三世理念，也是以此爲大方向，但是因爲所面對的時代不同，個人價值觀念的差異，因此後世的《公羊》學者對三世理想的內涵，以及所偏向的重點，均有所不同。

何休的三世說雖然有高遠的理想，指出一個未來發展的方向，但是卻缺乏具體的政治、社會、經濟做法，也就是只有形式意義，缺少內容意義。但是治國理政，不能僅憑經文的褒貶，沒有治國理政的制度，三世說的不足，就在此處。清代的《公羊》學者，不少人也注意到了何休理論的這層缺憾，因此在闡發自己的理想時，往往思欲援引其他經典的制度納入《春秋》的體系中，作爲闡發施政理想的依據。據丁亞傑先生的研究指出，清代《公羊》家論三世，概有三種思路：一以書法論三世，莊存與、孔廣森屬之；一以禮制論三世，劉逢祿、宋翔鳳、皮錫瑞、廖平屬之；一以政事論三世，龔自珍、魏源屬之。〔註3〕而王闓運是否亦屬於這三種思路中的其中之一，抑或是他

〔註2〕何休曰：「於所傳聞之世，見治起於衰亂之中，用心尚粗，故內其國而外諸夏，先詳內而後治外，錄大略小，……於所聞之世，見治升平，內諸夏而外夷狄，……至所見之世，著治太平，夷狄進至於爵，天下遠近大小若一，用心尤深而詳。……」

〔註3〕丁亞傑先生，《清末民初公羊學研究──皮錫瑞、廖平、康有爲》（台北：萬卷樓圖書有限公司，民國91年3月），頁312。

有不同的方向？這就需由深入的比較得知。

莊存與說《春秋》：「據哀錄隱，隆薄以恩。屈信之志，詳略之文。智不危身，義不訕上，有罪未知，其辭可訪。撥亂啓治，漸於升平。十二有象，太平以成。」（《春秋正辭‧奉天辭第一》）又於「隱公七年滕侯卒」條曰：「滕，微國也。所聞之世始書卒，所見之世乃書葬，曷爲於所傳聞之世稱侯而書卒？以其子來朝，恩錄其文，王者所不辭也。」（《春秋正辭‧諸夏辭第五》）這是根據時代的先後，在避除災禍的前提下，以隱微的辭例，判斷歷史人物的功過，冀能撥亂啓治，達到太平；或者是根據與魯國本身的親疏遠近，來決定書法的不同。孔廣森說：「所以三世異辭者，見恩有深淺，義有隆殺。……親疏之節，蓋取諸此。」〔註4〕總之，莊存與和孔廣森都是以時代先後的關係親疏來解釋三世書法的相異。

劉逢祿與宋翔鳳以後，說三世漸漸牽引到了禮制的問題。劉氏的《春秋公羊經何氏釋例》其實是借例以論禮制，劉氏所談到的內容包括爵位、采地、職務、刑罰，〔註5〕又談到了封建制度的問題。宋翔鳳認爲《春秋》之制是孔子損益三代之禮而成，〔註6〕並具體的討論制度的優劣問題，諸如《王制》才是孔門弟子七十子所傳，《周官》是戰國陰謀之書等。〔註7〕這些都是以制度來充實三世之義。之後的皮錫瑞以《王制》爲內涵，認爲是素王所制，〔註8〕廖平則牽引《周禮》、《王制》、《月令》等來補足《公羊》學的不足。〔註9〕他們相較於劉逢祿、宋翔鳳，則是更具體的提出三世中所應實施的制度爲何，至於龔自珍、魏源，則又是另一種類型，他們是具體的牽引時政來論三世。

至於王闓運所論的三世內涵，其思路是否爲上述三種類型的其中之一，抑或是他有獨自的一種想法？這就需要以下深入的探討以得之。

〔註4〕孔廣森，《公羊通義》，《皇清經解》（台北：藝文印書館，1962年4月），卷677，頁7。

〔註5〕劉逢祿，《春秋公羊經何氏釋例》，《皇清經解》，卷1282，頁5～6，20。

〔註6〕宋翔鳳，《論語說義》，《皇清經解》，卷389，頁13。

〔註7〕宋翔鳳，《論語說義》，《皇清經解》，卷389，頁3。

〔註8〕皮錫瑞，《經學通論‧春秋‧論王制爲今文大宗即春秋素王之制》，卷4，頁67。

〔註9〕廖平在光緒29年成書，32年刊刻的《公羊補證》中，申述「皇帝」、「王伯」之學，借《周禮》、《王制》以制度之異說明皇帝、王伯之異，在僖公三十一年中說：「《周禮》專爲皇帝之書，《春秋》、《王制》爲王伯之學。」又於昭公二十一年中說：「奉天爲皇帝學，《月令》其大宗。」

二、為政以漸——王闓運的三世觀

　　王闓運的《春秋》學著作中，從來不曾明顯的牽引時政，他只強調《春秋》的精神，並用此以撥亂，他說撥亂反正，正聖人之事。〔註 10〕又言五經皆治聖明之世，獨《春秋》在於撥亂。〔註 11〕而撥亂的目的，在於達到太平世的境界。在《春秋例表》「會例表」第三的序文中說：

> 傳聞世、聞世，不見離會，至定、哀，文致太平，則錄洮之會，其
> 蔡、鄭會鄧，書者，蓋鄧為滅國，故書會存之，非離會也。以此推
> 之，則會盛、會郜、會穀、會溫、會陳、會鄆，皆所以興滅繼絕，
> 為天子方伯所深恤也。〔註 12〕

在所傳聞世、所聞世，皆不書離會之事，到了所見世的定公時期，也就是《公羊》家所謂的「太平世」的時期，才書寫了洮之會，這是《春秋》經文為了要「文致太平」，故有如此的設計。此外，桓公十二年書寫的鄧國本身是一個被滅的國家，但在經文之中仍書寫其與他國相會，彷彿鄧國仍然存在，這是為了要揭示「興滅國，繼絕世」的精神，故《春秋》不是記載史實，而是寄託孔子的王心。興滅繼絕也是撥亂的精神，目的也是太平世的境界。

　　又「遇例表」第四說：

> 遇者，殺禮而會。離會不書，離遇則書，皆在傳聞之世，所以撥亂
> 也。……王者以會統諸侯，諸侯以遇相協，故遇簡於會。而太平無
> 所用遇矣。〔註 13〕

經文中，書寫兩國相「遇」的，都是在所傳聞之世，到了太平之世，就不書這種事了，這也是《春秋》的設計，所以《春秋》是寄託著從所傳聞世開始撥亂，直到太平之世才撥亂功成的理想。

　　王闓運很少用何休「據亂」、「升平」的字眼來論三世，〔註 14〕但是他所重視的《春秋》撥亂至太平，是由所傳聞世到所聞世，一直到所見世的太平功成，不斷遞進的理念，與傳統的《公羊》學者基本上是一致的，不過值得

〔註 10〕王闓運，《論語訓》（台北：藝文印書館，民國 55 年），下冊，頁 1。
〔註 11〕王闓運，《春秋公羊傳箋》（據華東師範大學書館藏，光緒三十四年刻本影印原書版，續修四庫全書版），頁 349。
〔註 12〕《春秋例表》（光緒三十四年東州刊本），頁 14。
〔註 13〕《春秋例表》（光緒三十四年東州刊本），頁 20。
〔註 14〕在王氏的《春秋公羊傳箋》，僖公元年，楚人伐鄭條下箋曰：「至此近升平，伯功盛，將帖荊。」在此提到了「升平」二字，但這種情況很少見。

注意的是王闓運對三世的認知，也就是爲什麼《春秋》要設定成三世，以及他對三世內涵的詮釋，這正是他闡發其理想的特點所在。

王闓運認爲《春秋》志在撥亂，而撥亂要透過三世。他認同《公羊》學的「張三世」理念，在爲尊經書院學生手書《春秋》經時，特別將之分爲三卷，強調「張三世」的思想。那麼爲什麼撥亂一定要透過三世？因爲他認爲王道的化導一定要用「漸進」的方式。他在《公羊傳箋》的哀公十四年傳文「所見異辭，所聞異辭，所傳聞異辭」之下箋注曰：「必張三世者，見爲政以漸」，又說：「《春秋》以二百四十年當三世，率八十年而一世，必世者，撥亂不能即太平。」〔註15〕撥亂不能馬上就達到太平的境界，一定要經過長久的過程。《春秋》有二百四十二年，所見六十一年，所聞八十五年，所傳聞九十六年，這種清楚的年代劃分，王氏是知曉的，但是此時他提到三世，僅以大略二百四十年三分之，一世大略八十年，這樣的敘述，可見他並不是在仔細探究《公羊》學如何細分三世的年代，他的重點是在強調從撥亂到功成的過程，是有階段性的。

（一）三世的模式與內涵

王闓運在《春秋公羊傳箋》中時時提到三世理念，筆者認爲，從《春秋公羊傳箋》中的大閱、蒐、大蒐之例的箋注，可以有系統並清楚的呈現王闓運對三世理念的詮釋，故在此選擇以這幾條經文爲例來分析之。

「大閱」、「蒐」、「大蒐」均是古代的一種閱兵制度，經文書大閱、蒐、大蒐共有六個地方，散見於桓公、昭公、定公年間。王闓運認爲這六條經文的書寫，是一路貫串的，從中並可表現出《春秋》撥亂至太平的一個制度漸趨完備的進程。

1、經文：桓公六年，秋，八月，壬午，大閱。

　傳文：大閱者何？簡車徒也。何以書？蓋以罕書也。

　王箋：既無文言之，故云蓋也，以見世於大蒐張太平法，故先於傳
　　　　聞世見之。前三見以罕書，後再見爲正法，三世故必見三罕。
　　　　言大者，君在也。〔註16〕

2、經文：昭公八年，秋，蒐於紅。

　傳文：蒐者何？簡車徒也。何以書？蓋以罕書也。

〔註15〕王闓運，《論語訓》，下冊，頁 27。
〔註16〕王闓運，《春秋公羊傳箋》，桓公六年條，頁 101。

　　　　王箋：蒐者，有司之事；大廋，君之事。三事（疑作「世」）故必
　　　　　　三見。〔註17〕

3、經文：昭公十一年，夏，大廋於比蒲。

　　　傳文：大廋者何？簡車徒也。何以書？蓋以罕書也。

　　　王箋：上蒐言罕嫌實罕，此非罕自明，乃足起譏公意。大廋者，君
　　　　　　蒞之，與大閱蒐例同，見罕以起定比年廋爲止。〔註18〕

4、經文：昭公廿二年，春，大廋於昌奸。

　　　傳文：（無）

　　　王箋：將見正例，故復見大蒐。無譏文者，以起上下，於定二大蒐
　　　　　　見正例，此與上蒐、大蒐、大閱相通，一譏罕，一無譏，上
　　　　　　下文例方明也。不重見蒐者，譏君也。不重見大閱者，重見
　　　　　　大閱例反不明，專見大蒐乃可與大閱通爲一事也。比上見十
　　　　　　一年爲十二年，下距定十四年爲廿五年，明以罕書而非爲罕
　　　　　　見，乃以此張法也。必下距廿五年者，語曰，教民七年，可
　　　　　　以即戎，三七廿一，三倍其年，明教之必豫，非但講武治兵
　　　　　　也。上距十一年通昭公年，復三分之，以起此爲升平之制。
　　　　　　魯蒐未必遼闊如此。〔註19〕

5、經文：定公十三年，夏，大蒐於比蒲。

　　　傳文：（無）

　　　王箋：此與下見比年大蒐正例，講武詰戎，教民之大典，太平以此
　　　　　　止戈，故特見正法。〔註20〕

6、經文：定公十四年，秋，大蒐於比蒲。

　　　傳文：（無）

　　　王箋：大蒐例時，此與上見比年大蒐正法，自此不復見。〔註21〕

王箋認爲，桓公六年的經文「秋，八月，壬午，大閱」，是要爲所見世的「大
蒐」張太平之法，所以在所傳聞世先書這條經文，以見《春秋》撥亂反正，

〔註17〕王闓運，《春秋公羊傳箋》，昭公八年條，頁299。
〔註18〕王闓運，《春秋公羊傳箋》，昭公十一年條，頁301。
〔註19〕王闓運，《春秋公羊傳箋》，昭公二十二年條，頁310。
〔註20〕王闓運，《春秋公羊傳箋》，定公十三年條，頁333。
〔註21〕王闓運，《春秋公羊傳箋》，定公十四年條，頁335。

至於太平世境界的進程。他說「前三見以罕書，後再見爲正法，三世故必見三罕。」「前三見以罕書」，指的是經文1、2、3，即桓公六年「秋，八月，壬午，大閱」、昭公八年「秋，蒐於紅」、昭公十一年「夏，大蒐於比蒲」這三條經文，都是爲了譏諷魯國罕有舉行大閱、蒐、大蒐這一類的軍事典禮而書寫的，《公羊傳》在這三條經文之下均解釋曰「何以書？蓋以罕書也。」即是此意。王箋曰「三世故必見三罕」，是認爲譏罕的經文有三條，是因爲《春秋》有所見、所聞、所傳聞三世之故。但事實上，譏罕的經文有三條，與《春秋》分三世有何必然的關係，王箋並沒有交代，亦不知其根據爲何。不過從這個地方可以看出王闓運對「三」這個數字非常敏感，這是由於重視《春秋》三世理念的緣故。

「後再見爲正法」指的是經文5、6所書者才是正法。說得更明白一點，經文1、2、3所書者，是爲了要譏諷，因爲此時還未撥亂功成，《春秋》中的魯國仍未臻於太平之制，到了經文5、6的時候，才是眞正到了太平之制的境界，這個時候的大蒐之法，就是每年舉行大蒐一次。王箋在經文3之下說：「見罕以起定比年蒐爲止。」比年蒐就是每年舉行大蒐一次，所以經文1、2、3的譏諷是爲了導引出經文5、6的完美之制。經文5，即「定公十三年，夏，大蒐於比蒲」，王箋曰：「此與下見比年大蒐正例，講武詰戎，教民之大典，太平以此止戈，故特見正法。」王箋的意思是，這條定公十三年的經文應與定公十四年的經文「定公十四年，秋，大蒐於比蒲」合著看，因爲定公十三年與定公十四年各舉行了一次大蒐，這代表了《春秋》撥亂功成，從此經文不再書寫大蒐之事，因爲已經到達了太平之制的境界了。

《公羊傳箋》認爲經文1、2、3是代表撥亂未成；經文5、6是代表撥亂功成，而經文4，「昭公廿二年，春，大蒐於昌奸。」則是代表承上起下的一個文例。箋曰：「將見正例，故復見大蒐。無譏文者，以起上下，於定二大蒐見正例，此與上蒐、大蒐、大閱相通，一譏罕，一無譏，上下文例方明也。」王氏認爲這條經文的書寫，同經文1、2、3一樣，一樣是要導引出定公年間的大蒐正例（即經文5、6）。但是經文4與經文1、2、3的書寫目的不同，經文1、2、3的每一條下，都有《公羊》爲之發傳曰「何以書？蓋以罕書也。」而經文4沒有，所以王箋說經文4沒有譏文。王箋又說，這條經文的書寫條例和經文1、2、3的書寫條例一樣，但1、2、3有譏文，4沒有譏文，因爲4是要承上起下，經文4以前的1、2、3是撥亂未成；經文4以後的5、6是撥

亂功成，所以經文 4 也有撥亂已漸進於功成的表徵。王箋曰「比上見十一年
為十二年，下距定十四年為廿五年，明以罕書而非為罕見，乃以此張法也。
必下距廿五年者，語曰，教民七年，可以即戎，三七廿一，三倍其年，明教
之必豫，非但講武治兵也。」這是說，經文 4 的昭公廿二年距離經文 3 的昭
公十一年有十二年之久，距離經文 6 的定公十四年有二十五年之久，以太平
的完善之制來說，大蒐應該是每年都要舉行的，但是在這個時期，還不能達
到這樣的境界。但是王箋認為，《春秋》設定這個時期還不能達到太平的境界
是有理由的，因為「語曰，教民七年，可以即戎，三七廿一，三倍其年，明
教之必豫，非但講武治兵也。」要躋至太平，需要漸進的化導人民，不僅是
大閱、蒐、大蒐這種治兵講武方面的事情如此，其他的一切政教，也需如此
的漸進化導。王闓運很重視漸進的觀念，認為張三世就是要呈現這樣的理念。
又例如他在哀公十四年的傳文「所見異辭，所聞異辭，所傳聞異辭」之下箋
曰「必張三世者，見為政以漸，亦以三世異辭明美惡同辭」亦表達了同樣的
想法。

　　值得注意的是，經文 4 的王箋最後曰：「上距十一年通昭公年，復三分之，
以起此為升平之制。魯蒐未必遼闊如此。」這是說，昭公在位三十二年，若
將三十二年再分成三世，即昭公元年至昭公十一年為一世；昭公十一年至昭
公廿二年為一世；昭公廿二年至昭公三十二年為一世，則此時期的昭公廿二
年，正是昭公年間的升平之制的末期。他說「魯蒐未必遼闊如此」，是指《春
秋》所書並非真正魯國的史事，而是孔子的設定，否則時間不會這麼完密。
那麼王闓運似乎有一個理念，就是在大的三世之下，又可再細分為小的三世，
這種理念的核心，就是「漸進」的強調。因為，若是從以上的六條經文來看，
只有桓公屬於所傳聞世，其他的昭公、定公都已進入所見世了。何休以後《公
羊》學家的劃分，隱、桓、莊、閔、僖的所傳聞世為據亂世；文、宣、成、
襄的所聞世為升平世；昭、定、哀的所見世為太平世，這樣的劃分，王闓運
是清楚知曉，並且認同的，〔註22〕但是以大蒐之事來說，既然經文 2、3、4
的昭公年間已經是進入到太平世的時期了，何以王氏卻認為仍然是撥亂未

〔註22〕例如僖公三年，秋，經文曰：「齊侯、宋公、江人、黃人會於陽穀。」《公羊
　　　　傳》曰：「此大會也，曷為末言爾？桓公曰：無障谷、無貯粟、無易樹子、無
　　　　以妾為妻。」王箋曰：「此四者，皆文致太平也，實未足及此，《春秋》三世
　　　　時亦不當此，但以襃桓公而引及之。」

成，一直要到定公年間才眞正的撥亂功成，到達「太平制」的境界？這是因
爲王闓運的「三世」觀念並不是跳躍式的，而是漸進式的，既然昭公年間已
經進入到前代《公羊》家所謂的「太平世」了，但王闓運認爲文、宣、成、
襄的「升平世」撥亂功成進入到昭、定、哀的「太平世」，「太平世」的時期
仍然要在這一階段繼續的「撥亂世，反之正」，一直到最後才撥亂功成，達到
眞正的太平之制，這種爲政漸進的理念是他的特色。

　　王闓運的撥亂至太平的過程，結合了三世說，但是他的重點放在「爲政
漸進」的漸進化導之上。他推演的《春秋》由亂世到太平的過程，表達了一
個強烈的理念，就是《春秋》所書的內容，是由人爲所設定的，目的是要垂
法於後世，而不是要記載魯國的史事。晚清《公羊》家的三世說，還有一個
重點，就是爲自己所處的「世」定位，但王闓運並沒有特別去指出己身目前
所處的是三世中的「據亂世」或「升平世」，他所強調的只有要不斷的撥亂，
直到太平制的來臨才是重點，而撥亂至太平，是要用漸進的方式，不是一蹴
可幾的。這種「漸進」的強調，和康有爲有相似之處，〔註 23〕但康有爲對於
理想世界的進程，包括政治制度、社會結構、文化狀況都有具體的規劃，相
對照之下，王闓運的漸進過程，需要有什麼樣的具體施政措施配合以達到太
平則似乎是一個較爲模糊隱晦的問題。

　　王闓運的《春秋》學著作中，從來不曾明顯的牽引時政，我們研究王闓
運，也沒有必要將他的學術與現時的政局勉強的作一個比附，但是經學被他
視爲淑世的根本，《春秋》公羊學又確實是他引以爲可以作爲當今撥亂的憑
藉，〔註 24〕這就讓我們有足夠的理由，肯定他的《春秋》學的學術著作與
他對現實的理想其實是一體的兩面，只是他在撰述時，僅將自己的理想很隱
微的寄寓其中，這和龔自珍、魏源的以《公羊》議時政的風格不一樣，當然
也和皮錫瑞、廖平、康有爲等人，具體的提出以《公羊》學的理想改造當前
的政局有所不同。因此要探究他的理想，也只有從這樣的隱微之處去發掘闡
微。關於《春秋》的制度，王闓運曾提及是損益三代，「民事法夏，行政法

〔註 23〕康有爲的三世說，極強調漸進，他雖懸一高遠的理想，但是由於謹慎小心，
　　　　並不認爲可以即時達成，也不採取盡破一切的方式，以完成其理想。相反的，
　　　　他一再告誡理想不可速進，必須步步爲之，所謂「人文之進化，不能一蹴而
　　　　幾於盡善。」見康有爲，《春秋筆削大義微言考》，莊公四年條。
〔註 24〕《年譜》，民國元年條，頁 306～307。

殷，自治法周」，又說孔子作《春秋》去文從質，且欲改家天下之法，〔註25〕
他也曾提過太平世來臨時，天子任二伯以權，諸如此類，都是他對撥亂至太
平中，所應行使的制度作較為具體的敘述者。此外，他又作《春秋例表》，
由例以探討禮，與劉逢祿相似，這麼說來，他思考三世的內涵，其路數似乎
較為接近劉逢祿、宋翔鳳。

　　但是王闓運所論的制度，不僅數量非常的少，而且往往不甚具體。例如
「民事法夏，行政法殷，自治法周」，也未明言夏制、殷制、周制的民事、行
政、自治為何，究嫌空泛。其實，與其說王闓運所重視的撥亂至太平的過程
應用的是完美的制度，不如說他更重視的是完美的禮義道德。在《春秋》中，
他最重視的兩個人，推許為中興與撥亂精神的代表者，一個是宋襄公，一個
是宋共姬（伯姬）。他說：「《春秋》受命者文王，而中興者伯姬，撥亂者宋襄，
而成之者孔子。」〔註26〕宋襄公的事蹟見於僖公二十二年。經文曰：「冬，十
一月，己巳，朔，宋公及楚人戰於泓，宋師敗績。」《公羊傳》曰：「宋公與
楚人期戰於泓之陽，楚人濟泓而來，有司復曰，請迨其未畢濟而擊之，宋公
曰，不可。吾聞之也，君子不厄人，吾雖喪國之餘，寡人不忍行也。既濟，
未畢陳，有司復曰，請迨其未畢陳而擊之，宋公曰，不可。吾聞之也，君子
不鼓不成列。已陳，然後襄公鼓之。宋師大敗。故君子大其不鼓不成列，臨
大事而不忘大禮，有君而無臣，以為雖文王之戰，亦不過此也。」宋襄公同
楚國約定好在泓水的北邊打仗，楚人正在渡河時，宋的官吏對宋公說，乘楚
國未全渡過來時攻擊之，宋襄公不許，因為君子不乘人之危。等到楚人已經
渡河，尚未擺成陣勢，宋國的官吏又請乘此時攻打，襄公亦不許。等到楚軍
陣勢已經擺好了，襄公才擊鼓進兵，結果宋國軍隊大敗。《公羊傳》很稱讚他
的不攻擊不擺成陣勢的軍隊，臨遇大事而不會忘了禮節，以為即使是周文王
的戰爭，也不過如此。王闓運箋曰：

　　文王，開國之王，《春秋》所託者也。……守成中興，或可以權詐取
　　利，如欲開國垂統，撥亂反正，非大禮不足服人。故孔子亟予宋襄，
　　以為開國之法，宋弱楚強，見執被圍而有此敗，復被齊兵，襄公旋
　　卒，楚日來伐，人皆謂宋必亡矣，乃適以開晉楚遂不逞，反因宋以
　　求平，終合晉楚，惡在其不競乎？襄公一守禮而國以振，故託此以

〔註25〕王闓運，《論語訓》，下冊，頁48～49。
〔註26〕王闓運，《春秋公羊傳箋》，襄公三十年條，頁291。

爲開國王。〔註27〕

王氏以爲，撥亂反正，莫過於用大禮，宋襄公臨危不忘禮，雖然國家不算強盛，但最後終能服人，使國振興，《春秋》託宋襄公爲開國之王，就是要揭示這樣的道理。所以撥亂反正，莫過於用禮義。又關於伯姬的事蹟，見於襄公三十年。經文曰：「秋，葬宋共姬。」《公羊傳》曰：「……宋災，伯姬卒焉。其稱諡何？賢也。宋災，伯姬存焉。有司復曰，火至矣，請出。伯姬曰，不可。吾聞之也，婦人夜出，不見傅母不下堂，傅至矣，母未至也。逮乎火而死。」宋國發生火災，伯姬仍在宋國的都城，官吏請伯姬出離。依據古禮，后夫人若夜出，沒有傅和傅母在身旁就不能下台階。伯姬守禮，即使是失火了，但因爲傅母未到，伯姬就寧可讓火焚而死，不願違禮。這件事引起了各國的尊敬，會於澶淵，就是因這件事而起的。王闓運箋曰：

> 伯姬爲禮於亂世，當時廢禮私己，專利貪生者，一聞其行，莫不洗然易心，戚然自愧。以其所重，雜然效之，其所謂聖人作而萬物睹，感通之至也。……是故《春秋》受命者文王，而中興者伯姬，撥亂者宋襄，而成之者孔子，其於伯姬尤詳者，見王道之易易也。若夫人心陷逆，深忘禮義，有君母執節死義，天下不知其衰，雖聖人不能空褒一人也。故其詳錄伯姬者，以會澶淵故也。〔註28〕

伯姬守禮而死，引起各國的崇敬，相率會於澶淵，可見在人心陷逆的亂世，唯有禮義足以化人，撥亂起正。宋襄公和宋共姬（伯姬）都是在紛亂危惡中不忘大禮，終於能夠起到王治化導的功效，前者振興宋國，後者感動國際視聽。故宋襄公和伯姬是繼文王之後，《春秋》所託的撥亂反正精神的代表。

由上述可知，王闓運的三世與撥亂反正，其內涵就是禮義的實行，而撥亂功成的境界，也是一個禮興樂盛的境界。其實他的這些論點，都是影射時局，有感而發的。王氏認爲當時列強對中國最主要的要求在通商，通商目的在逐利，加上外交上的爾虞我詐，外國皆貪利之人，而國內的回應，諸如自強運動對富國強兵的追求，亦是競逐財富的表現；再加上晚清社會的浮華奢靡之風，在在都使王氏覺得中國不論在國家本身的施政上、社會人心風俗上，或是國際之間的相處之道上，都背離了「禮」的精神。所以今日要以《春秋》撥亂，而撥亂的內涵是禮義。

〔註27〕王闓運，《春秋公羊傳箋》，僖公二十二年條，頁184。
〔註28〕王闓運，《春秋公羊傳箋》，頁291～292。

陳其泰曾批評王氏：「王闓運並未能掌握《公羊》學說變易進化的哲理和緊密聯繫政治的特點，他所作的《春秋公羊何氏箋》並未能擺脫經注家的舊軌。他為《公羊傳》所作的注解，毫無『微言大義』可言。」又批評王氏所說的「必張三世者，見為政以漸，亦以二世異辭，明美惡同辭」這句話。陳其泰說：「何休所言在進化，在變革，王氏所言在變革必須漸進的進行，而且立即又退步，將『三世』解為『明美惡同詞』，抹殺異辭的界限和區別。……實則窒息了何休注中具有進步意義的東西。」〔註29〕其實，王闓運的撥亂至太平，必須要用漸進的方式，這是他的特色所在，而且也是建立在三世說的基礎上來發揮的。此外，他雖然沒有在經注中直接牽引政治，但是他對《公羊》學所作的發揮，確實是他對現實政治的理想與期待，因此陳其泰的批評，亦有稍嫌嚴苛之處。

（二）對現狀革新的期待

晚清《公羊》家的三世說，還有一個重點，就是為自己所處的「世」來定位，但王闓運並沒有特別去指出己身目前所處的是三世中的「據亂世」或是「升平世」，他所強調的只有不斷的撥亂，直到太平制的來臨才是重點，而撥亂至太平，是要用漸進的方式，不是一蹴可幾的，所以他反對用激烈革命的方式來改革現狀。楊度曾說其師「專注《春秋》說民主」，其意似是說其師講《春秋》寓含著主張革命，實行民主之意。王氏的「王魯」與「太平制」，無疑是含有願景的期待之意，但這期待，真的是對革命與民主的追求嗎？先從王闓運對楊度思想的評論來看，《年譜》光緒二十八年云：「楊晳子來言《春秋》大義，皆新說可駁，與廖平所言不同，然尤為橫議。」〔註30〕王氏覺得楊度對《春秋》的說法「可駁」，比廖平「橫議」，我們現今雖然看不到楊度的說法如何，但可推測其所說的大蓋是引《春秋》言當前政治改革之事，王闓運認為說法過偏。則楊度說其師注《春秋》說民主，有可能是將其師的思想過度引申，因為從王氏的著作與言論中難以看出有革命、民主思想的端倪。〔註31〕王氏對革命的態度如

〔註29〕陳其泰，《清代公羊學》（北京：東方出版社，1997年4月），頁269～271。
〔註30〕《年譜》，光緒二十八年條，頁221。
〔註31〕王闓運在光緒二十一年十二月二十六日的日記中，曾提到「民主」二字，內
　　　容如下：「子瑞云夜子刻合朔屬前日，京外各省有後四刻者則屬次日，故湖南
　　　有晦日，曆無晦日，以此通書不符時憲，此亦民主之兆。」其子王代功在《年
　　　譜》中著錄此事，指出王闓運認為清朝不能正朔，蓋亦民主之兆。王氏提到
　　　「民主」僅此一次，而且在往後，革命黨勢力愈澎湃之際，又完全看不到這

何，在晚清與現代，都有人略為提到這個問題。論者以為王闓運曾遭肅順之事，他的反滿、反慈禧蓋緣於此。他曾上書曾國藩，反慈禧聽政，這是事實，至於是否曾勸曾國藩反清，無確切的證據，但當時有這樣的傳說。而王闓運與彭玉麟、俞樾合建船山書院於衡陽，啓迪維新人物及革命鉅了甚多。《花隨人聖盦摭憶》甚至說：「使湘綺稍後數十年生，必一革命黨無疑」。龔鵬程認同這樣的說法。〔註32〕蕭艾曾對於王闓運是否說過民主之事求證於王氏的學生馬宗霍。他說：「憶五十年代初，馬宗霍教授自湖南兩次入城，……予以湘綺假《公羊》說民主求教於馬，他說：如湘綺師提及，『上不正則不足以治人』，往往放言時政之亂莫不自上始。並謂清末為『據亂世』，有待於撥亂反正。凡此，皆見之於言說，而不見之於文字。」〔註33〕不過，認為清末為據亂世，有待於撥亂反正，並不代表所追求的就是民主。

考察其言論，王氏不贊成變法，也不贊成革命（他曾稱革命黨為「逆黨」），但是他對於變法、革命，始終不曾見他用激烈具體的言詞批評，到民國成立之後，他還願意接受袁世凱之詔，出任國史館館長一職，這與在後世同樣被視為「保守」的葉德輝，於民國成立後，激烈反對共和的行為，有著天壤之別。王闓運在民國五年過世時，湖南公祭文有一段話：

> 蜀承湘學，《公羊》大昌，流風所扇，國論斯嚨，惟公高覽消遙，相羊大鈞酬幹，主之蒼蒼物極必反，道窮必變，皇帝王霸，終使遞嬗，共和草創，乃若天春，古言制禮，今則立憲，撥亂反正，《春秋表》作。王魯新周，素王斯託，嗚呼先生，此意寥落，史館回旋，萬流駭愕，至人御世，一龍一蛇，與物變化，無有常家。……〔註34〕

這一段祭文的意涵，是不是說王闓運的王魯、撥亂反正的期待，就是共和新制的來臨？從王闓運的三世觀點來看，他的撥亂反正，當然是有一個終點的，這個終點就是太平制的來臨，但是太平制的來臨，在王闓運的心中是一個完美的理想，它包含的不僅是政制的層面，更重要的是人心道德的完美。說得更明白些，王闓運甚至不認為現實的政制改革是當務之急，要改革的是在人心風俗之上。在民國成立之後，王闓運的言論中仍然不斷的提到撥亂。民國

　　　樣的文字，則此處所書的「民主」，很難對王氏的意涵遽下論斷。
〔註32〕龔鵬程，《近代思想史散論》（台北：東大圖書公司，民國80年11月），頁193。
〔註33〕蕭艾，《王湘綺評傳》，頁125。
〔註34〕湖南公祭文收錄於王代功述，《清王湘綺先生闓運年譜》（台北：台灣商務印書館，民國67年12月），頁340～341。

元年，何樹燊問其撥亂之方，答曰：

> 治亂之原，各有所由，歷代相禪，各防其敝。撥亂之說，始於《春
> 秋》公羊家，謂不立章程，就而正之也。蓋周公六典，思已密矣，
> 仰坐旦夜，無慮不周，不及百年，良法盡敝，至於今日，掃地無餘。
> 孔子蓋已傷之，故曰：文武方策，人亡政息。於是始作《春秋》，就
> 事論事，撥正而已。至於今日，四維不張，利中人心，無復可撥，
> 聖人當此，必不遑治民也。行遠自邇，且先自修，治其家人以及從
> 臣，則大學之說爲切矣。大學之道，致知爲先，生財爲後，皆所以
> 救言利也。戰國之禍在殺，今日之禍在利，殺可以利止之，而用力
> 者必先以利餌人。七國之亡皆以金反間，至漢初猶用其術，利則當
> 以殺止之，不嗜殺人，西洋以此愚我，蓋不殺亦即利也。彼以利得
> 國，亦終以利失國，必起殺機也。則今之撥亂，首在去利，利之害，
> 尤慘於殺，殺傷人肌，利害人心也。〔註35〕

即使是民國已經成立，他仍不斷的強調當下要撥亂，可見他撥亂至太平的終點，
不在於民國的成立。現在話說回來，他對民國的成立抱著什麼樣的態度呢？筆
者認爲，王闓運的性格與思想中，有一種通脫的，與時推移、隨順現實的特性，
這也表現在他的《春秋》學思想上。例如，《春秋》經文「桓公元年，春，王正
月，公即位。」《公羊傳》文曰：「繼殺君不言即位，此其言即位何？如其意也。」
桓公殺了隱公而即位，經文對於桓公即位，仍用正君即位的方式書寫。殺君而
即位是大惡，爲何此處經文仍要用正君即位的方式書寫呢？傳文的解釋是「如
其意也」，也就是說要遂了桓公即位的心意。何休的《解詁》解釋說，桓公殺君
欲即位，所以經文故意如桓公之意，書其即位，以彰顯桓公殺君即位之惡。但
王闓運有他的另一種看法，他認爲桓公弒隱公，這樣的事實已經造成了，無可
改變，故經文仍讓桓公以正君的方式即位，以正君之法待之，目的是要使桓公
能夠逆取順守，改過悔罪，這才是最重要的。他說：

> 凡殺君而自立者，必自以爲己正，而被殺者不正，故因而子之，以
> 示託正之義，若直書絕之，則統絕矣。彼殺君罪既見，即已受治，
> 此正即位，又若更新《春秋》之義，賊無不討，如其無及，亦仍以
> 正君之法待之，使彼逆取順守，改過悔罪，乃爲宏也。〔註36〕

〔註35〕《年譜》，民國元年條，頁306～307。
〔註36〕王闓運，《春秋公羊傳箋》，頁92。

由他「逆取順守」一文，可見他認為，既已造成的事實，無可改變，不如承認之，並在現有的情況下盡力，使當下變得更好。惟有從這樣的觀念出發，才可以解釋何以王闓運雖不贊同革命，但民國成立之後，仍然能答應袁世凱出任國史館館長一職的原因，也有人說，王氏想藉著這個職位影響袁氏，實行自己的理想，這也是有可能的。

第二節　撥亂之道在「自治」與「禮」

一、「自治」的理念

　　王闓運對經典的理解，獨有會心的，就是「自治」的理念。他說「經學以自治，史學以應世」，〔註37〕「自治」的觀念來自於《春秋》公羊家所謂的「自正」，就是從自己先要求起，從自己先做起的意思。在《公羊傳》與何休的《解詁》中有多次發揮這樣的理念，以下舉幾個例子說明之：

　　1、經文：成公十五年，冬，十有一月，叔孫僑如會晉士燮、齊高
　　　　　　無咎、宋華元、衛孫林父、鄭公子鰍、邾婁人，會吳於鍾
　　　　　　離。

　　　《公羊傳》：曷為殊會吳？外吳也。《春秋》內其國而外諸夏，內諸
　　　　　　　夏而外夷狄。王者欲一乎天下，曷為以外內之辭言之？
　　　　　　　言自近者始也。

　　　《解詁》：內其國者，假魯以為京師也。諸夏，外土諸侯也。……
　　　　　　　明當先正京師，乃正諸夏，諸夏正，乃正夷狄，以漸治
　　　　　　　之。葉公問政於孔子，孔子曰，近者悅，遠者來。季康
　　　　　　　子問政於孔子，孔子曰，政者正也。子帥以正，孰敢不
　　　　　　　正？

　　《公羊傳》指出，為何對吳國要用較為特殊的方式書寫，因為這是以吳為外的意思。《春秋》的義例，以本國為內的時候就以諸夏為外，以諸夏為內的時候就以夷狄為外。王者要一乎天下，就要從近處開始。何休進一步解釋，《春秋》假魯以為京師，先正魯，再正諸夏，漸及於夷狄，與孔子所說的「近者悅，遠者來」，以及「子帥以正，孰敢不正」的精神是一樣的。

〔註37〕王闓運，〈論經史之分〉，《王志》卷一，《湘綺樓詩文集》，頁514。

2、經文：隱公二年，春，公會戎於潛。

《公羊傳》：無傳文。

《解詁》：凡書會者，惡其虛內務，恃外好也。古者，諸侯非朝時不
　　　　　得踰境，所傳聞之世，外離會不書，書內離會者，《春秋》
　　　　　王魯，明當先自詳正，躬自厚而薄責於人，故略外也。

魯隱公在二年春天，於潛這個地方與戎相會。《公羊傳》沒有發傳。何休解釋
說，書「會」的情形，都是因爲貶斥國君不能好好治理內務，卻汲汲的向外
去做外交的工作。在所傳聞之世，別國的國君若是有這種情形是不書寫的，
只書寫、貶斥魯國的國君。這是因爲《春秋》王魯，要說明律己當嚴，對別
人則當寬厚，所以只書自己國君的過失，外國則不書。

3、經文：隱公十年，六月，壬戌，公敗宋師於菅。辛未，取郜，辛
　　　　　巳，取防。

《公羊傳》：取邑不日，此何以日？一月而再取也。何言乎一月而再
　　　　　取？甚之也。內大惡諱，此其言甚之何？《春秋》錄內
　　　　　而略外，於外大惡書，小惡不書，於內大惡諱，小惡書。

《解詁》：於內大惡諱，於外大惡書者，明王者起，當先自正內，無
　　　　　大惡，然後乃可治諸夏大惡。……內小惡書，外小惡不書
　　　　　者，內有小惡，適可治諸夏大惡，未可治諸夏小惡，明當
　　　　　先自正，然後正人。

《公羊傳》說，隱公十年六月壬戌這一天，魯國在菅這個地方打敗宋國的軍
隊。辛未這天，取郜這個地方，辛巳這天，又佔據了防這個地方。《春秋》義
例，書寫取邑是不書日的，這次爲什麼書日？因爲一個月內連取兩次。這是
爲了要表明魯國的好戰，非常過分。國內的大惡，《春秋》都是避諱的，這次
爲何記載魯國好戰？《春秋》詳細記載魯國本身的事，國外的事則記載得很
簡略。對於外國的大惡書寫，小惡不書寫；對於國內的大惡就避諱，小惡才
書寫。由《公羊傳》這一段話來看，魯國一月中連續取兩邑而被書寫，這算
是小惡，故沒有隱諱。何休引申說，內大惡諱，外大惡書者，是說明王者起，
當先自正內，使若魯國自己沒有大惡，然後才可治諸夏的大惡。內小惡書寫，
外小惡不書寫，是因爲內有小惡，還可以正諸夏的大惡，但不能正諸夏的小
惡。這也是說明應當先自正，然後再正人。

　　由上述可見這種「自治」的觀念，是與「張三世」與「異內外」的理念

相結合的。何休謂「所傳聞世，見治起於衰亂之中，內其國而外諸夏，先詳內而後治外，錄大略小，內小惡書，外小惡不書；內離會書，外離會不書。所聞世，見治升平，內諸夏而外夷狄，書外離會。所見世，著治太平，夷狄進至於爵，天下遠近大小若一，用心尤深而詳。」《公羊》家以《春秋》當新王，撥亂反正即是以魯爲王化之首，假魯以爲新王之京師，王化由魯及於外，若內不正則無以化外，所以魯必須先自治，然後才能治華夏，再進而治夷狄，然後天下一同，不再有內外之分。

　　王闓運十分認同這種理念，認爲整部《春秋》的重點，就是在「自治」之上。他說：「《春秋》先自治，撥亂而反正」，﹝註38﹞又說孔子「作《春秋》……，言但自治，設條教也。」﹝註39﹞在對他的學生論致用當通《春秋》時，曾指出「恆見己之不足，豈計人之順逆，……治經致用，莫切《春秋》」，﹝註40﹞也都是說明先自正再正人的理念。他所說的「自治」與「自正」，意義是一樣的。他又將這種理念加以解說推擴，小至個人修身，大至治國、平天下，都是要以自治爲基礎。他以自治言個人修養者，多見之於《論語訓》中：

1、子曰：從我於陳蔡者，皆不及門也。德行：顏淵、閔子騫、冉伯牛、仲弓。言語：宰我、子貢。政事：冉有、季路。文學：子游、子夏。（先進）

　　王訓曰：門以喻道也。言游宦徒勞，教授有益也。從者，子路、子貢、顏淵皆異材爾。時猶未及門，在陳思歸，裁其成章，乃皆升堂入室。若終生求仕，不暇講論，故亂世以自治爲貴矣。﹝註41﹞

朱子對這一段話的解釋是「孔子嘗厄於陳蔡之間，弟子多從之者，此時皆不在門。故孔子思之，蓋不忘其相從於患難之中也。」﹝註42﹞王闓運則將「門」解釋爲「道」，他說，跟從孔子的子路、子貢、顏淵都是秀異俊材，不過當初都未能眞正體會孔子的思想。及至困厄於陳蔡之間時，不能向外求仕進，故能專務於學問，會心於孔子的大道。如果終身只知向外求取仕進，就不能專心修養自己，對自己的涵養有所精進，所以在亂世應該要以自治爲第一要務。

﹝註38﹞《春秋例表》（光緒三十四年，東州刊本），頁51。
﹝註39﹞王闓運，《論語訓》，下冊，頁47。
﹝註40﹞王闓運，〈論致用當通春秋〉，《王志》卷一，《湘綺樓詩文集》，頁504。
﹝註41﹞王闓運，《論語訓》，下冊，頁1。
﹝註42﹞朱熹，《論語集注》（山東：齊魯書社，1996年7月），頁103。

2、司馬牛問君子。子曰，君子不憂不懼。（顏淵）

　　王訓曰：君子但自治。〔註43〕

王闓運認爲，君子只要專力於自己所當爲，所爲無愧於心，就能內省不疚，這就是自治的功夫。

3、子曰：古之學者爲己，今之學者爲人。蘧伯玉使人於孔子，孔子與之坐而問焉，曰：夫子何爲？對曰，夫子欲寡其過而未能也。（憲問）

　　王訓曰：自治不暇，未能及世事也。〔註44〕

孔子說，古時的學者專務於一己的涵養，今天的學者卻只知向外營求，王闓運認爲，這就是闡明「自治」的道理，修身讓自己寡過已經來不及了，更無暇去向外求取。

　　由上可見王闓運的「自治」，放在個人的修養之上，包括了德行與學識兩方面的增進。尤其他論及孔子仕途困頓，故能專心講學，裁成其弟子，這也頗有寄寓自己的遭遇之抒發，他已將《春秋》與個人的生命修養聯繫在一起了。但是個人的生命修養，對他來說只是次要的部分，他最重視的，當然是整個國家社會，要把《春秋》的自治理念，致用於國家政治之上。

二、以禮自治

　　王闓運強調撥亂，並認爲撥亂功成，是一個臻於禮興樂盛的境界。而要達到這個境界，就是要行「禮」，以禮來撥亂，實踐禮又要從自己先做起，也就是爲國必須要以禮先自治。在《春秋例表・圍取入滅例表》序中說：

> 《春秋》所以撥亂，將使諸侯各守其封地而不相侵陵。強陵弱，眾暴寡，則君子恥之，天下不得相滅亡而太平治見矣。然無他道，在自治以正，反求諸己。故抑負固，貴死位，賤苟免，絕貪利，義相反而各得道，並行而不悖，雖亡國殺君相隨續，而聖人之治之也，雍乎游之於禮樂之林，皆愧畏悔悟，各正性命，不怨天，不尤人，確然其有以自樂也。盛哉乎！非堯舜之世，其孰能若此乎！然其憂深而思精，例繁而義隱，傳者慎之，發揮旁通，詞詳旨闊……〔註45〕

〔註43〕王闓運，《論語訓》，下冊，頁15。
〔註44〕王闓運，《論語訓》，下冊，頁40。
〔註45〕《春秋例表》（光緒三十四年，東州刊本），頁44。

由上述可見，王氏認為要達到一個太平盛世，要先「自治以正，反求諸己」。《春秋》王魯，為孔子的王心所加，魯國處在各國禮衰樂崩的時代，《春秋》正之以「抑負固，貴死位，賤苟免，絕貪利」，雖然外在形勢惡劣，但是魯國從自己本身做起，最後終能夠化導外國，達到太平治的境界，這個就是禮的作用與功效。所以太平治的最根本，在以禮自治。

（一）禮的意涵與精神

禮的意涵是什麼呢？孔子說：「人而不仁，如禮何？」這說明禮是仁心的呈現，是一種內心的自覺作用，因此仁心是禮的本質，一個內在沒有仁心的人，不可能表現禮的實質意義。所以「仁」是內在生命的真誠，禮的形式規儀是具有生命真誠的灌注。「禮」又是理性的辨別，凡事經過理性辨別，應行而行之，便是「合理」。所以，《禮記》說：「禮也者，理也。」又說：「禮也者，天地之序也。」可見，禮節儀文所顯現的是有道理、有條理、有秩序性的，禮儀的制定，也正是為人提供一個有條理、井然有序的軌道，使人在應事接物時，能夠依尋某些原則，而做得正當合理。〔註46〕中國傳統的思想認為，這樣的禮儀之則，是小至於個人的修身，大至於經國治世都不可或缺的。《左傳》記有周公制禮，用以觀德、處事、度功、長民。《左傳》魯隱公十一年記載君子評論鄭莊公的一句話：「禮，經國家、定社稷、序民人、利後嗣者也。」可見古人認為，禮不但可以治理國家，安定社稷，並可以提供生活的秩序，以及為後代子孫的幸福奠下基礎。孔子又說：「禮之用，和為貴。」「和」就是和諧，禮最根本切要的目的，是要使人與社會、自然之間維持一種高度和諧的狀態。〔註47〕

禮既是中國的社會傳統、社會規範，而王闓運的重視禮，在他的時代也有其背景。陸寶千指出，清初以來，知識界的研析經籍，實寓含「考據以經世」的意圖，〔註48〕而且認為清朝這種本諸六經以求治世之道的學風，則以《春秋》與三禮為大宗，究其緣由，因此四經中所載存者多為歷史事件與具體制度之評斷，較利於經世的參酌。而且，在清朝中葉以後，學術界興起了一股研習禮學

〔註46〕林安弘，《儒家禮樂之道德思想》（台北：文津出版社，民國77年11月），頁54～55。

〔註47〕簡松興，《公羊傳的政治思想》（國立師範大學國文研究所碩士論文，民國68年5月），頁88。

〔註48〕陸寶千，《清代思想史》（台北：廣文書局），頁163～190。

的風潮。張壽安指出，清中葉以後，「禮」已被部分乾嘉學者用以取代「理」，作爲發展新思想體系的基石。此種學風的肇始者，凌廷堪可作爲一個代表。張壽安在《以禮代理——凌廷堪與清中葉儒學思想之轉變》一書中說：「清初顧炎武提倡實學思想，其後戴震建立以欲爲首出之義的新思想，到凌廷堪『以禮代理』之說出，然後清儒通經致用、重欲務實的學風，才有了前後承啓的完整思想體系。廷堪禮學思想具有濃厚的社會實用性。簡單言之，是要通過五倫關係之實踐，以重整倫常秩序；並經由喪祭等日常典禮之推行，以淨化社會風俗，達到正人心厚風俗之目的。看來平平無奇，卻意味儒學性質從理學走向實學之重要轉化。」〔註49〕這一段話指出，清中葉從凌廷堪之後，禮學受到重視，它的重要性是透過倫常秩序的實踐，以及各種典禮的推行，以淨化社會。張壽安又指出：「廷堪《禮經釋例》一書，表面上看是整理歸納的功夫，使素以『難讀』著稱的《儀禮》，不再被人視爲畏途。……其實，廷堪考訂禮制的目的，是在制度中求取治世之方。條例的歸納，一方面可使特定典禮之禮儀在執行時，有具體之儀則可循；再方面也可以從儀則之同義處，得知制度制定時所持之價值準則。嘉道以降，《公羊》學應運而興，其治經方法亦多有採釋例一途者，如劉逢祿《春秋公羊經何氏釋例》、王闓運《公羊箋》，都是對具體事例進行歸納以探知《春秋》褒貶之是非準則者。」〔註50〕王闓運的《公羊》學著作採用釋例的方式解經，也是禮學興起之後，這種考訂禮制的治學風氣之呈現。在前一節中，筆者提到王闓運對有形的「禮」的制度之追求，似乎沒有劉逢祿等人那麼明顯，不過透過對禮例的歸納求取行爲準則的標準以及治世之方這樣的精神，則是相同的。

　　王闓運認爲，禮的內涵是經學的根本，諸經所言皆是禮。他在〈論習禮〉中說：

> 治經必先知禮，經所言皆禮制。唯講禮倍難於古，故自漢以來，唯重《禮》學。《官》禮是典制本原，《禮記》推其宜變。諸經所言，有明見三《禮》者，引而釋之；有不見三《禮》者，旁推以通之。余所著八箋，略發其例矣。〔註51〕

〔註49〕張壽安，《以禮代理——凌廷堪與清中葉儒學思想之轉變》（台北：中央研究院近代史研究所，民國83年5月），頁34。

〔註50〕張壽安，《以禮代理——凌廷堪與清中葉儒學思想之轉變》，頁21～22。

〔註51〕王闓運，〈論習禮〉，《王志》，卷一，《湘綺樓詩文集》，頁519。

王闓運指出，群經所要表達的，都是禮制。接著他又說明自己為經學作箋注
的原則。他說，群經的內容中所講的禮制，若是在三禮中已有具體的內容，
他就用三禮中的內容來解釋經文的意義；若是群經的內容沒有三禮具體談到
的禮制，他就用旁推的方式以求了解經文所要表達的禮制。他說：「余所著八
箋，略發其（禮）例矣。」〔註52〕他又曾說：「六經重禮，作偽教人；如欲徑
情，反為夷狄。」〔註53〕王闓運認為六經重禮，若行為沒有禮的規範，就如
同夷狄一般，並自稱對經學所作的箋注都是為了發明禮制的條例，可見他認
為經學的精神都是禮。

（二）自治之本在禮

王闓運於《春秋公羊傳箋》中多次隨文闡發《春秋》的「自治」之義，
例如：

1、經文：隱公二年，夏，無駭帥師入極。

> 傳文：無駭者何？展無駭也。何以不氏？貶。曷為貶？疾始滅也。
> 始滅昉於此乎？前此矣。前此則曷為始乎此？託始焉爾。曷
> 為託始焉爾？《春秋》之始也。此滅也，其言入何？內大惡
> 諱也。

> 王箋：將正人之滅，必先明己之不滅人也。

經文書寫魯國的展無駭率領軍隊進入極這個地方。這事實上是消滅別人的國
家，為什麼《春秋》不明說呢？因為魯國內的人犯了大惡，《春秋》是為之隱
諱的。王闓運指出，不書魯國滅人的國家，是因為魯國自己要先以身作則，
以明自己不滅別人的國家，才能化導外國。

2、經文：隱公二年，九月，紀履緰來逆女。

> 傳文：紀履緰者何？紀大夫也。外逆女不書，此何以書？……《春
> 秋》之始也。

> 王箋：將以禮治人，不可苟從也。……宜先自治以治人，唯《春秋》
> 謹之焉。

紀國的大夫來魯國為其國君迎女。這是譏紀國的國君不親迎非禮。王闓運指

〔註52〕王闓運闡發經學的著作頗多，書名有明言「箋」者，今可見者有《詩經補箋》、
《禮經箋》、《周官箋》、《禮記箋》、《春秋公羊傳箋》、《尚書箋》，共六種，但
王闓運自稱有「八箋」，則其餘二箋至今未見。

〔註53〕王闓運，〈答呂雪棠問〉，《王志》，卷一，《湘綺樓詩文集》，頁500。

出，《春秋》要以禮治人，必須要先自治，《春秋》經文書此條之意即在此。

    3、經文：桓公六年，春，正月，寔來。

        傳文：寔來者何？猶曰是人來也。孰謂？謂州公也。曷爲謂之寔來？
            慢之也。曷爲慢之？化我也。

        王箋：使若我先慢之，州遂不朝耳。君子先自正之。

《公羊》以「寔來」爲「是人來也」，而不書州公來，因爲州公只是路過魯國，沒有朝聘魯國，所以《春秋》簡慢他。王闓運指出《春秋》簡慢他，是故意使魯國理屈，好像錯在魯國，州公才不朝魯。這是闡發君子躬自厚而薄責於人的道理。

    4、經文：莊公十三年，冬，公會齊侯盟於柯。

        傳文：何以不日？易也。其易奈何？桓之盟不日，其會不致，信之
            也。其不日何以始乎此？莊公將會乎桓，曹子進曰，君之意
            何如？莊公曰，諾。於是會乎桓。莊公升壇，曹子手劍而從
            之，管子進曰，君何求乎？曹子曰，城壞壓境，君不圖與？
            管子曰，然則君將何求？曹子曰，願請汶陽之田。管子顧曰，
            君許諾。桓公曰，諾。曹子請盟，桓公下與之盟。已盟，曹
            子摽劍而去之，要盟可犯，而桓公不欺，曹子可讎，而桓公
            不怨，桓公之信著乎天下，自柯之盟始焉。

        王箋：以信與桓，以惡責莊，亦所以自治。

《公羊傳》於此稱讚齊桓公守信於天下，王闓運指出，《春秋》稱讚齊桓，反而貶魯莊公，這也是對內從魯國嚴格要求做起的意思。

    5、經文：莊公二十三年，十有二月，甲寅，公會齊侯盟於扈。

        傳文：桓之盟不日，此何以日？危之也。何危爾？我貳也。魯子曰，
            我貳者，非彼然，我然也。

        王箋：君子但自責，我既貳，則不貳齊，故非彼然。

齊桓公的盟會，於《春秋》之中都是不書日的，表示桓公彰大信於天下。但是此條書日，《公羊傳》指出，這是因爲魯國有貳心的緣故。王闓運認爲，《春秋》是故意要責備魯國，因爲君子遇到事情，必須先從自己反省起。

    6、經文：僖公元年，十有二月，丁巳，夫人氏之喪至自齊。

        傳文：夫人何以不稱姜氏？貶。曷爲貶？與弒公也。然則不於弒焉

　　　　　　貶？貶必於重者，莫重乎其以喪至也。
　　　王箋：……重之而貶之，乃見自治之義也。
王闓運認為，《春秋》貶斥魯國自己國內的夫人，這就是要說明「自治」，從自己先要求做起的意思。

　　7、經文：文公十五年，齊侯侵我西鄙。遂伐曹，入其郭。
　　　傳文：郭者何？恢郭也。入郭書乎？曰，不書。入郭不書，此何以
　　　　　　書？動我也。動我者何？內辭也。其實我動焉爾。
　　　王箋：魯不自治而恃晉援，既受齊脅，又為扈盟，卒莫能救，怖懼
　　　　　　求服，深恥之，備書齊兵勢，以見其岌岌也。
王闓運認為，書齊國對魯國的威脅，主要是要貶斥魯國不能自治，內政不修，專靠齊國的援助，因此招致齊國的威脅侮辱，這是魯國不知自愛有以致之。

三、華夷觀

　　王闓運把這種以禮自治的理念，由國內又向外推了一層，即如何處於國際之間。這又牽涉到了對華夷的判分。何休的〈文釋例〉認為，《春秋》對夷國的書寫有七種稱謂。《公羊傳》莊公十年傳曰：「州不若國，國不若氏，氏不若人，人不若名，名不若字，字不若子。」所以對夷國的稱謂，由尊到卑即是：子、字、名、人、氏、國、州。這裡的「子」是爵稱，是最尊的稱呼，包括公、侯、伯、子之類，如齊侯、鄭伯、吳子等稱謂；而稱州名為最卑，如稱楚國為「荊」，即是以州名（地名）稱呼之。因此，《公羊傳》認為，由《春秋》經文所書夷狄之稱謂，可以碗知夷狄之大概。《公羊傳》的華夷觀、最大的特色，就在於據禮義的高下、道義之有無，來區分夷狄與華夏的界限，夷狄固可進至於華夏，華夏亦可能降為夷狄。王闓運承繼了這樣的觀念，他說：「夷國有七等之例，可以漸示進退例也。」〔註54〕而他除了用禮義來判準華夷以外，他進一步的重點，是放在華夏如何與夷狄相處之上。

　　（一）華夷的判分

　　王闓運對夷狄，主要是以行事、禮義教化的有無來劃分的，他認為「夷」並不是本來就為夷，而是做了夷的行為，以下則舉他對楚、秦的看法為例：

　　經文：僖公元年，秋七月，楚人伐鄭。

──────────
〔註54〕王闓運，《春秋公羊傳箋》，頁70。

《解詁》：楚稱人者，爲僖公諱與夷狄交婚，故進使若中國。

何休此處說的「進使若中國」，針對的是經文書寫的「楚人」一辭而發的。在此條經文之前，只要書寫到楚國，皆稱「荊」。〔註55〕「荊」是地名，根據何休〈文釋例〉的進退夷國七等稱號：了、字、名、人、氏、國、州中，稱地名是最卑下的稱號。而此條經文稱楚爲「楚人」，可見已經褒進之。何休對於「楚稱人」這一件事的解釋，有兩個重點，第一是「爲僖公諱與夷狄交婚，故進使若中國」，第二是「明嫁娶當慕賢者」。僖公與夷狄交婚，即是娶楚國的女子，這件事發生在僖公八年。《公羊傳》文說：「（僖公）夫人何以不稱姜氏？貶。曷爲貶？以妾爲妻也。其言以妾爲妻奈何？蓋脅於齊媵女之先至者也。」何休《解詁》曰：「僖公本聘楚女爲嫡，齊女爲媵，齊先致其女，脅僖公使用爲嫡……」所以僖公八年，僖公娶楚國女子爲妻。何休爲什麼認爲娶楚國女子需要隱諱呢？因爲「嫁娶當慕賢者」，而楚爲夷狄，沒有禮義教化，非賢者。陳立引《新書・胎教雜事》云：「爲子孫婚妻嫁女，必擇孝悌世世有行義者，即慕賢者之意也。《解詁》箋云，與楚交婚爲大惡者，言自比於楚也。進楚所以辟外公也。」〔註56〕所以爲了替僖公隱諱，才抬高楚國的地位，進稱楚人，使楚國同中原的華夏諸國一樣。這是接續何休的說法再深一層立論。

王闓運對於楚國進稱人，則有另一個方向的看法。他說：

> 莊公時稱荊人，至此見國名者，楚本非狄，在亂世爲狄行耳。至此近升平，伯功盛，將帖荊，故於其伐鄭始見先進，稱人使與召陵相起（見僖公四年夏），若荊楚本二國矣。

他認爲，楚國原先都是稱荊，現在則稱人，這是因爲僖公時期，距離所聞世的文、宣、成、襄時期已十分接近，齊桓公的霸功非常興盛，將要服楚，於是經文爲了要彰顯時代已經接近升平了，夷狄已經漸漸接受諸夏的禮義教化了，所以進稱楚國。他又說「楚本非狄，在亂世爲狄行耳。」可見他認爲楚並不是本然的應被視爲夷狄，是因爲做了「狄行」，因此被貶爲夷狄。現在近升平，夷狄漸爲諸夏同化，不再爲狄行，便由稱地名褒進爲稱人。所以他是以行事、禮義教化來判定華夷的分界。又例如：

經文：昭公五年，秦伯卒。

《公羊傳》：何以不名？秦者夷也。匿嫡之名也。……

〔註55〕莊公二十八年，秋，荊伐鄭，公會齊人、宋人、邾婁人鄭救鄭。
〔註56〕陳立，《公羊義疏》，頁714。

《解詁》：嫡子生，不以名令于四境，擇勇猛者而立之。

昭公五年，秦伯卒，按照《公羊》的傳例，是必須要書寫國君的名字的，但是此處卻沒有書寫，所以《公羊》在此發傳，解釋何以不書秦伯之名的原因，是因為秦是夷國，夷國的習俗是隱匿嫡子的名字的。何休為此作了解釋，說「嫡子生，不以名令於四境，擇勇猛者而立之。」這是牽涉到華夏與夷狄的制度不同。陳立引《新書・立後義》云：「古之聖帝，將立世子，則帝自朝服立阼階上，妃抱世子自房出，大史奉書上堂，當兩階北面立，曰世子名曰某者，……凡諸貴以下，至於百姓男女，無敢與世子同者，是嫡子生，以名令四境也。秦匿嫡名，擇勇猛者立之，無嫡庶之別，……則此秦伯不名，當亦以為用狄道。」〔註57〕所以秦伯不書名，是《春秋》視秦為夷狄。王闓運箋曰：

秦本非夷，《春秋》夷之同夷國，故君卒不名也。〔註58〕

他說，被《春秋》視同為夷國的秦，本來也不是夷國，但因為風俗教化不若諸夏，所以《春秋》貶之為夷。

由上述兩個例子可以看出，王闓運認為《春秋》對華夏夷狄的判分，是以行事、風俗、禮義教化為基準，而不是以血統來劃分的。而判分華夷以外，他最重視的，其實是華夏如何與夷狄相處之上。

（二）華夷相處之間

1、自正為防夷之道

在華夷雜處之間，王闓運認為，華夏的自處之道，就是在於自正，而自正也是最好的防夷之道。以下舉例說明之，例如：

經文：僖公二十一年，秋，宋公、楚子、陳侯、蔡侯、鄭伯、許
男、曹伯會于霍，執宋公以伐宋。

《公羊傳》：孰執之？楚子執之。曷為不言楚子執之？不與夷狄之執
中國也。

僖公二十一年秋天，宋襄公同楚子、陳侯、蔡侯、鄭伯、許男、曹伯在霍這個地方盟會，拘執宋襄公，並討伐宋國的都城。但是經文並沒有書寫是什麼人執宋襄公的，所以《公羊》由此發傳，指出是楚國的國君所為。為什麼是

〔註57〕陳立，《公羊義疏》，頁 1608。
〔註58〕王闓運，《春秋公羊傳箋》，頁 298。

楚國的國君所爲就不書寫？因爲不贊成夷狄的人逮補中國人。王闓運箋曰：

> 起宋公當自治，故使若我執之而我釋之。不使楚無故而執中國君，
> 明凡夷狄之患不在夷狄，楚之禍由內召之。

這是認爲《春秋》此處書「執」，意爲魯國執宋襄公。雖然歷史上實際拘執宋襄公的人是楚國國君，但是《春秋》不講，故意說成魯國執宋君，這是要揭示，夷狄不會無緣無故的來拘執中國之君，是諸夏的國家自己內亂不自正，才會召致楚國之禍。所以諸夏的國家若遭遇夷狄之患，要對治的重點不是在於夷狄的侵犯，而是諸夏本身的內部出了問題，先要對治的是本身的內務，自己內務修明，夷狄自不會來犯。又如：

經文：宣公十一年，冬，楚人殺陳夏徵舒。

> 《公羊傳》：此楚子也。其稱人何？貶。曷爲貶？不與外討也。不與
> 外討者，因其討乎外而不與也。雖內討亦不與也。曷爲
> 不與？實與而文不與。文曷爲不與？諸侯之義，不得專
> 討也。諸侯之義，不得專討，則其曰實與之何？上無天
> 子，下無方伯，天下諸侯，有爲無道者，臣弒君，子弒
> 父，力能討之，則討之可也。

宣公十一年冬天十月，楚國人殺了陳國的夏徵舒。《公羊》對「楚人」一辭發傳指出，這是楚國的國君，爲什麼稱他「楚人」呢？因爲貶低他的地位。爲什麼貶低他的地位？因爲《春秋》不贊成諸侯去討伐別國的人，即使是對自己國內的人，《春秋》也不贊成諸侯自己作主去討伐，有權力討伐的，只有天子和天子任命的方伯；不過《春秋》雖然在字面上不贊成諸侯自己作主討伐，而實質上卻是贊成的，因爲此時上面沒有賢明的天子，下面也沒有強有力的方伯，《春秋》認爲在這樣的情況下，天下諸侯有暴虐無道的或是有臣弒君、子弒父的事情發生，若諸侯有力量能夠去討伐的，都應該去討伐。王闓運箋曰：

> 中國有伯討，楚唯許其討殺逆耳，故更爲文實之詞，使中國極自正，
> 無爲夷狄所討。〔註59〕

在先前的《公羊傳》中，提到諸侯自己作主討伐別國，《公羊傳》書「實與而文不與」的地方，都是針對齊桓公和晉文公發傳的。而王氏認爲，齊桓和晉

〔註59〕王闓運，《春秋公羊傳箋》，頁 236。

文，是《春秋》中所假託的方伯，可以執行方伯的權力。此處的楚子並不是方伯，所以《春秋》所允許其可以討伐的情況，只有叛逆的情況而已。這又是要說明，如果中國本身非常的自正，就不會被像楚國這樣的夷狄所討伐。而該如何自正呢？自正之道就在於「禮」。

王閩運重視「禮」的價值，背後是有一套傳統思想的影響的。春秋時期，晉國的賢大夫叔向曾說：「禮，王之大經也。」（《左傳》昭公十五年）周的內史過亦說：「禮，國之幹也。」（《左傳》僖公十一年）禮可以爲國幹，爲王者之大經，在春秋時代，確實有其實際的價值存在。春秋時代，雖然周王室的尊嚴漸衰，但尚未到達徹底的「禮壞樂崩」的時代。當時爲政的諸侯或大夫，仍多嚮往於禮，遵禮的程度會影響到一國在國際間的形象與地位，所以即使是小國而能行禮，也能夠獲得大國的敬重，而無大國之侵討。而當時的霸者，除了以國力爲後盾外，也很重視修禮於諸侯，齊桓公之功業爲後世所稱美的一大原因，就是能以禮待諸侯，使人心歸服。〔註60〕這樣的史實，在《左傳》中常可見到，因此王閩運所說的「以禮自防，雖至淺弱，人不敢犯也」這一句話，在春秋時期的歷史中，是找得到根據的；而在《春秋》的《公》、《穀》二傳中，描述列國之間的互動，也常以有禮與否作爲褒貶的標準。這樣的觀念，影響到了中國後世的政治哲學。王閩運認爲，《春秋》一書的精神，主要就在於「禮」的觀念。在《春秋例表・序》中，引用了司馬遷之語：「《春秋》，禮義之宗也。」序文中又說：「《春秋》者禮也，禮者例也，其事則齊桓、晉文，其詞則孔子有焉矣。」可見《春秋》與「禮」是分不開的。

其實，王氏這種以禮處華夷之間的觀念，也應用在他所處的晚清，中國該如何與列強之間相對待的關係上。在王閩運的眼中，當時的天下，列強與中國之間的關係，就如同春秋時期，列國林立，夷狄交侵的情況。中國在這樣的局勢之下，該如何自處，扮演一個什麼樣的角色呢？王閩運認爲，應該用《春秋》中的「禮」的精神。當時中國正議論是否對俄國設防，王氏不贊成，因爲設防則顯示中國對外採取不信任的態度，他說：

> 漢、唐之禮，單于來朝，位王侯之上，天子迎送，或結弟昆。……
> 及我聖祖，大閎帝道，遠結俄國，讓地約盟，迄今百年，神教猶赫，……
> 以禮自防，雖至淺弱，人不敢犯也。……大國於小，義猶弗克，況

〔註60〕方穎嫻，〈周禮與中國之政治哲學〉《鵝湖學誌》，6 期（民國 80 年 6 月），頁12～14。

以天朝之命，告海外之商，躬布大信，何所不服？〔註61〕

王闓運用歷史上的例子，說明傳統中國對待外人的態度。他所舉的例子中的「外人」，包括漢、唐時期的單于，以及近代的俄國，將兩者並舉，可見這兩者在王氏的心中，似乎是沒有什麼差別的，同樣都是要用誠信的心來對待之。王闓運所謂的「躬布大信，何所不服？」指的就是應該用誠信的心，以「禮」的態度來對待外人。在中俄伊犁問題吃緊時，他寫信給李鴻章，說「疆臣握兵，不可言和，而增防二軍，果足以犄角耶？……不如明言撤除禁防，坦然相與，以防之不用，則不如不防也。」他要撤除禁防，坦然相與，也是強調誠信與禮的重要。他在《春秋例表》〈錫求獻例表〉序中認為，春秋列國之間的相處「有禮則安，無禮則危，非在強弱之勢也。」即是這樣的道理。王闓運亦指出，英法於國際之間相處無「禮」，是蹈取死之地。他說：「《詩》曰：『人而無禮，胡不遄死。』英、法蹈取死之地，有自敗之時，故臣以為二者不足憂也。」〔註62〕因此，中國若要自治，則要先以「禮」對待外國，只有禮義之邦的中國先自治以正，反求諸己，才能進一步謀求國際間的和平。

2、化導外夷至於大同

王闓運雖然認為夷國缺乏禮義教化，華夷有異是必然的，在某種程度上的夷夏之防也是必要的，但是並不是因此就要與夷狄隔絕關係，而是要以王者之身來化導之，使其進於禮樂文明，最後達到華夷一家的大同境界。他說：

> 《春秋》設內外之法，《傳》有七等之例，非以隔異夷狄，蓋欲含於
> 大同，……先自治而後大一統，躬自厚而薄責於人，故七等之例，
> 因世而異者也。……而尊中國，攘戎狄，一曲之論，不足與窺聖皇
> 之大經也。〔註63〕

這就說出了他認為《春秋》一書並不是要「尊中國，攘戎狄」，而是要王者本身先自治，責己以嚴，待人以寬，用漸進的方式，來化導夷狄，使夷狄也能同進於和諸夏一樣的境界。所以他說「尊中國，攘戎狄」只是後人的一曲之論，並不是《春秋》這種聖皇大經的意旨。而這種思想，也見之於王氏的日記以及奏疏之中。他將當時的列強比為夷，中國比為諸夏，在同治十一年十一月二十六日的日記中就曾有這樣的說法：

〔註61〕王闓運，〈陳夷務疏〉，《湘綺樓詩文集》，頁45～46。
〔註62〕王闓運，〈陳夷務疏〉，《湘綺樓詩文集》，頁45。
〔註63〕《春秋例表》（清光緒年間，長沙刊本），頁9。

竹丈來，同談海禁。余意謂古無禁隔華夷之制而中外相安。中行說
教匈奴不通漢，強夷狄之述耳。夷之慕華，自古今同，然明人反其
道，終受其禍。論者不悟，猥以不守祖法爲咎，謬矣。

晚清時有人主張海禁，王闓運對之加以批評，認爲古無禁隔華夷之制，明朝
實行海禁，結果受禍；他又在〈陳夷務疏〉中說：

臣聞《春秋》之義，內其國內外諸夏，內諸夏而外夷狄。外之云者，
言略不深責，而先自咎（筆者案：自我反省、矯正）也，非屏之海
外，而不與同也。〔註64〕

《公羊》學的「大一統」觀所具有的特徵，即是拋棄了狹隘的國家主義而擴展
了歷史的視野，從而確立了我國自古早已有之的「天下觀」，而且以「禮義教化」
等文明程度的高低作爲「華夷之辨」的評準，而且「夷狄有過，春秋不譏」這
種恢弘的民族胸襟以及寬恕的教化精神，實爲「天下一家」、「世界大同」的思
想基礎。所以，德光普照，遍及四裔，在「文野之分」爲「華夷之辨」的基礎
之上，以爲「世界大同」不是由武力征服的手段，而是「人文化成」的功夫。
而「躬自厚而薄責於人」的觀念，也是王闓運所強調的。例如：

經文：文公九年，冬，楚子使椒來聘。

《公羊傳》：椒者何？楚大夫也。楚無大夫，此何以書？始有大夫
也。始有大夫，則何以不氏？許夷狄者，不一而足也。

文公九年的冬天，楚國的國君派遣椒來魯國聘問。《公羊》由此發傳，指出椒
是楚國的大夫。在這之前，楚國若是派大夫來魯國，《春秋》都是不書寫的，
在這個地方爲什麼開始書寫呢？這是因爲褒進楚國。然而以《春秋》的慣例，
書寫大夫之名，都有加上姓氏，爲什麼這個地方沒有加上姓氏呢？這是因爲
褒許夷狄，是要慢慢的來，不會馬上就讓夷國等同於華夏的國家。何休《解
詁》曰：

許，與也。足其氏則當純以中國禮貴之。嫌夷狄質薄，不可卒備，
故且以漸。

何休之意是說，若是書寫姓氏，則代表已把楚國進到與諸夏同等尊貴的地步，
但楚究是夷狄，教化薄弱，雖然到了升平世已漸漸的被同化，仍無法完全和
諸夏相同。王闓運箋曰：

一而足者，唯五始耳。伯者，猶以漸進，夷狄君七等，故雖有大夫，

仍使若未命而後再進之，故曰躬自厚而薄責於人。〔註65〕

他說「一而足者，唯五始耳」。《公羊傳》所說的「五始」是「元年」、「春」、「王」、「正月」、「公即位」，要表達的是《春秋》託王於魯。既然託王於魯，假魯以爲京師，則魯是禮樂文明的中心，王道化導的起點，由魯以及於諸夏，再及於夷狄。所以《春秋》必須對魯國最嚴格，這就是自正。而對於夷國，則應寬容、漸進的化導之，這就是「躬自厚而薄責於人」的道理。化導外夷的目的，在進於世界大同，他在《公羊傳箋》中還寄寓了世界大同、天下一家的理想。例如：

經文：哀公十三年，公會晉侯及吳子于黃池。

《公羊傳》：吳何以稱子？吳主會也。吳主會，則曷爲先言晉侯？不與夷狄之主中國也。其言及吳子何？會兩伯之辭也。不與夷狄之主中國，則曷爲以會兩伯之辭言之？重也。曷爲重吳？吳在是，則天下諸侯莫敢不至也。

魯哀公十三年，魯哀公同晉侯和吳子在黃池會盟。吳爲夷狄，爲什麼進稱爲「子」呢？因爲吳人主持會盟的緣故。何休《解詁》指出，當時吳國強大而無道，打敗齊國，乘勝大會諸侯，齊、晉、魯、衛、滕、薛皆參加，諸夏冠帶之國，居然反背天子而事奉夷狄，《春秋》甚恥之而不忍言，所以故意進稱吳國，使若吳國是以禮義會天下。〔註66〕既然是吳主會諸侯，爲什麼要同時提晉侯和吳國？因爲不贊成夷狄主會中國。爲什麼要書寫「公會晉侯及吳子」呢？這是代表魯公會見兩個伯主的言辭。既然不贊成夷狄主持盟會，爲何還將吳國列爲伯主之一呢？因爲吳國在這個盟會中的位置確實很重要，吳國主持會盟，天下的諸侯不敢不到。何休《解詁》說：

以晉大國，尚猶汲汲於吳，則知諸侯莫敢不至也。……此但舉大者，非尊天子，故不得褒也。主書者，惡諸侯君事夷狄。

這是說，以晉這樣的諸夏大國，猶汲汲的要跟屬夷的吳國會盟，其他的國家就更不必說了。因此這條經文稱吳國國君爲「吳子」，並不是在褒之，而是在貶斥天下的諸侯君事夷狄。王闓運沒有否定何休的說法，但是他在這樣的基礎上又轉出了一層新的意義，他說：

言公會二伯，則天下諸侯可知矣。齊伯亦爲莫不至之文。今以吳而

〔註65〕王闓運，《春秋公羊傳箋》，頁211。

〔註66〕何休，《春秋公羊傳解詁》，（校永懷堂本），頁194。

得此，故爲中國憂而託大信以重吳。《春秋》文致太平，立外二伯，

復分陝之舊制，則天下諸侯廣及海外，故云。〔註67〕

王闓運認爲，以《春秋》之制，天子之下設二伯，委任以大權，而《春秋》
是託王於魯，魯公所會的二伯，一是晉君，一是吳君。而吳君爲二伯之一，
這是有特殊意義的。《春秋》文致太平，此時已是魯哀公年間，太平世來臨，
天下的二伯一個是諸夏的晉，一個是夷狄的吳，可見此時中國和夷狄已經沒
有界限，他說「天下諸侯廣及海外」，可見，這是一種將整個世界統一在中國
之下的期待。這種華夷的理念與世界大同的期待，也寄寓了他對時局的看法
與理想，將這種思想與他論政的內容作一比較，可以發現兩者的觀點正是一
體的兩面。

當郭嵩燾奉命出使英國之時，王闓運曾致信給郭嵩燾，陳說自己的計策，
希望郭能採納，依此勸導西人。其信中云西洋之人：

海島荒遠，自禹、墨之後，更無一經術文儒照耀其地，其國俗學者，

專己我慢，沾沾自喜，有精果之心，而併力於富強之事。誠得通人，

開其蔽誤，告以聖道，然後教之以入世之大法，與之切論己之先務，

因其技巧以課農桑，則砲無所施，船無所往，崇本抑末，商賈不行，

老死不相往來，而天下太平，此誠不虛此一使，比之蘇武牧羊，介

子刺主，可謂狂狷無所裁者矣。〔註68〕

由以上的引文可以看出，王闓運並沒有否認西方國家在器物與商業方面的成
就。他說西方的學者「有精果之心，而併力於富強之事」，亦認爲其有「技巧」，
超越中國，但他仍然認爲這只是「俗學者」的作爲而已。在王闓運眼中，西
洋雖然在器物方面有其進步之處，但依然是一個缺乏禮樂文化的地方。他說
英國「海島荒遠，自禹、墨之後，更無一經術文儒照耀其地」，這固然可以理
解爲王闓運對當時的西方國家認識淺薄，但是更值得我們注意的是，他是基
於什麼樣的觀點，才這樣的來評論英國？熊十力曾說「《春秋》明辨義利，先
義後利者，能守禮讓而抑侵奪。」〔註69〕但是在王闓運看來，英國著力於商
業利益的發展，器械技巧的追求，這些都是棄本崇末的行爲，尤其是英國（包
括西洋列強諸國）追求利益的行爲，更是王闓運所不以爲然的，認爲這種崇

〔註67〕王闓運，《春秋公羊傳箋》，頁346。

〔註68〕王闓運，〈致郭嵩燾書〉，《箋啓》，卷二，《湘綺樓詩文集》，頁868。

〔註69〕熊十力，《讀經示要》（台北：明文書局印行，民國88年9月再版），頁812。

利之風是敗壞人心，造成禍亂的根源。王闓運強調，撥亂之首在去利，因爲利之害在於傷害人心。熊十力亦指出，「《春秋》所惡之利，私利也。私利者，以己與人相形，而以利私己。以其國與他國相形，而以利私己國。以其族與他族相形，而以利私己族，皆謂之私利。私利，即仁義之心不存，而人生之目的，只是財利而已。」〔註70〕因此王闓運判別中西的標準，也是以傳統中國的「禮義教化」來判別的，他認爲即使商業器物先進，但是追求私利，不顧禮義道德，仍猶如《春秋》中的「夷」。他又認爲列強之於中國，與苗傜等中國的外族之於中國是一樣的。他說：

> 蠻夷之於中國也，有外，有內，其在外者，如今俄夷諸幫，有立國
> 之本，可以德綏，可以威服者也；其在內者，今諸土司及歸流，諸
> 苗傜自古介居中夏，雖有酋長，而無君臣，不可以臣民畜之者也。
> 〔註71〕

由上看來，我們可知王闓運將西洋人視同爲「夷」的原因。但是西洋缺乏禮義教化，中國並不是就要與其隔絕關係，而是要「告以聖道，教以入世之大法」，使其入於教化，最後進於「炮無所施，船無所往，崇本抑末」，達到「老死不相往來」（沒有爭戰）而天下太平的世界。這就符合了王氏對《春秋》所闡發的理想。

綜上所述，王闓運認爲《春秋》的精神在撥亂反正，唯有從《春秋》所託的魯國自己先做起，以「禮」來「自正」，自正之後，才能正人，漸次的化導外夷，這就是「躬自厚而薄責於人」，而化導外夷正是中國的責任，目標是朝著天下太平的理想邁進。董仲舒在《春秋繁露·仁義法》中說：

> 《春秋》之所治，人與我也。所以治人與我者，仁與義也。以仁安
> 人，以義正我。故仁之爲言人也，義之爲言我也。是故《春秋》爲
> 仁義法。仁之法在愛人，不在愛我；義之法在正我，不在正人。我
> 不自正，雖能正人，弗予爲義。

王闓運的華夷思想，以及由此引申出的世界觀之言論理念，可說就是從《春秋》一書的王道思想而來，特別是他最推尊的《公羊傳》裡的天下一家、世界大同的觀念，對他有許多的啓發。而他的思想與時局的刺激有著密切的關係，我們可以說，他的《春秋》學思想，導出了他對其所處時代的世界觀；

〔註70〕熊十力，《讀經示要》，頁816～817。
〔註71〕王闓運，〈擬李鴻章陳苗事摺子〉，《湘綺樓詩文集》，頁36。

但反過來也可以說，因為當時的局勢，讓他在注解《春秋》時，寄寓了他對當前天下的理想，在此很難分辨是《春秋》學理念影響了世界觀；抑或是世界觀影響了《春秋》學的理念，或者也有可能這彼此是一種互滲的關係，不論如何，他的思想都呈現了一種時代性。

第陸章　結　論

　　此篇研究，筆者覺得頗有創獲的一點是，在深入的研究王闓運的文本之後，能夠看到王闓運《春秋》學的特點，並釐清了前人議論紛云的——王闓運對廖平以及近代中國的思想（如託古改制、變法、疑古等思想）是否有影響之上。經過了深入的研究，筆者可以肯定的說，王闓運對廖平的啟發是不小的，王闓運對廖平的影響表現在對孔子的態度上、經史之分上、解經的態度上，以及世界觀之上，這是前人未曾論述過的。不過，王闓運學術的價值，並不是靠廖平來烘托的。在近代的學術史、思想史或是政治史當中，康有為無疑是一個相當重要的角色，多數學者認為，支持康有為變法的兩部重要論著——《新學偽經考》、《孔子改制考》主要是受了廖平的《知聖篇》、《闢劉篇》的影響。廖平思想的重要性，彷彿因為康有為而突顯。而廖平當初由樸學轉向今文微言大義之學，是因為在尊經書院時受王闓運的啟發，已經是定論的事實，歷來研究廖平的學者，都會提到廖平從學於王闓運的這一段經歷。因此，王闓運的重要性，彷彿也因為廖平而更加突顯。不過，筆者要說的是，王闓運本身的重要性與特色，不能說完全是因為「康有為烘托出廖平，廖平再烘托出王闓運」，因為王闓運本身有他的特色，在時代中有他的意義與價值，對後人的影響，只能說是他特色與價值呈現的一端而已。

　　筆者對王闓運的興趣，另一方面，亦來自於王闓運的反對變政思想與他的《公羊》學成就。一般的學者提到晚清的《公羊》學特色，總會將《公羊》的理論與變法的思想結合在一起。王闓運在清末以治《公羊》學名家，論者甚至認為他影響了康有為，然而王闓運對於改革始終持著保守的看法，這與

多數人認定的晚清《公羊》學者的性格卻是完全相反的情況，這也是筆者欲一探究竟的地方。

本論文分成兩個部分，第一部分則是交代為何王闓運的《春秋》學沒有導向「變政」的方向發展。第二部分是交代王闓運的經學「突破傳注，返回經文」的特色，這樣的特質也造成了一種解經的新風氣。

長久以來，學者對晚清《公羊》家的研究，總將重點放在《公羊》學「變」的思想上，「變」的要求最終就導向變政、學習西法的方向。但同樣是以《公羊》學作為經世內涵的王闓運，卻呈現了一種較為特殊的面貌。王闓運是一個傳統的知識分子，他欲以經典來淑世，改變晚清紛亂的局勢。他認為五經是傳統聖人所流傳下來，具有永久垂法於後世的特性，足供治國、平天下的大法在其中，而《春秋》是孔子所作的經，可以張撥亂之法，故亂世如晚清時期應當用《春秋》救之。他主張《春秋》蘊含孔子的微言大義，這種理念的基礎是得自於公羊學的傳統。

他所謂的《春秋》撥亂之大法就是「禮」，自己的國家要興盛，不在於向外求取西法，也不在於改變政制，而是要在於以「禮」來「自治」，「自治」就是要求自己的國家必須先淑世之意。他認為晚清會內憂外患，是因為社會風氣腐壞頹敝，傳統聖人之道不彰有以致之。《春秋》是聖人為撥亂而垂法於後世的經書，具有永恆的真理性，它的精神在於「禮」。中國不僅要用《春秋》中禮的精神來淑世，更要用這樣的精神來處於國際之間。他視外國如同《春秋》中的「夷」，中國要用禮樂文明來化導之，使進於天下一家的境界，這也是得自於《公羊》學的華夷思想。其實說得更深入一些，王闓運的思想，其實也是「變」的一種，只是要變的方向不同而已，王闓運重視的是《公羊》學中「禮」的層面，他要將整個中國改變成禮興樂盛的一個境界，進一步和諧、化導整個國際世界。

值得注意的是，在時局的日漸危難當中，他堅信孔子之道可以拯救時敝，然而兩千年來，以儒家思想為主流的中國卻仍免不了沉痾，在他心中認為最根本的原因，是後世的儒家都不懂孔子真正的義理，這是他反宋學的根本原因之一，而且他還進一步要拋開經文的傳注，返回經文原典去探求孔子的微言大義，從他的著作中深入研究，可以發現這在他晚年有更加明顯的傾向。筆者從這當中推究王闓運內心深處，他並不是以一個《公羊》學者自許，而是以《春秋》經的探求者、解讀者自居。這也是本論文的題目何以不稱「王

閩運《公羊》學思想研究」，而要說是「王閩運《春秋》學思想研究」的主要原因。

　　而他這種特別強調《春秋》是「經」，不是「史」的理念，擺落了《春秋》中史實的成分，這大幅擴大了經典詮釋的範圍，他的孔子為萬世制法的理念，是從這樣的觀念發展而來的。這是後來廖平、康有為的經學「符號說」的端倪。並且他進一步的要拋開後人的傳注，返回經文原典去探求孔子的微言大義，這就造成了解經的任意性。其後的廖平、康有為將解經的任意性推到極致，造成了孔經可以包羅萬有，經典成為孔子自作的符號，最終引發了疑古的風潮。王閩運當代的人，多認為他的解經開了一個「蜀學」的風氣，其中廖平被認為是一個代表者。康有為之學得自於廖平，學者的研究已多所肯定；而廖平曾從學於王閩運，筆者從種種的跡象來推測，廖平受王閩運的啟發其實是很大的。本文無意探討王氏對蜀學或是廖平的影響，但可以肯定的是王閩運在極度崇經之下，開啟了一種解經任意性的新風氣，他是有其關鍵性的地位的。錢基博曾說疑古非聖之風，其機發自王閩運，應該從這個角度來理解。所以王閩運雖然不贊成變法、變政，卻又對後來的廖平、康有為起了一個關鍵性的影響作用，這兩者是不相矛盾的。

參考與引用資料

一、王闓運著作

1. 《詩經補箋》二十卷，民國十二年長沙彙印本。
2. 《尚書箋》三十卷，民國十二年長沙彙印本。
3. 《尚書大傳補注》七卷，民國十二年長沙彙印本。
4. 《周官箋》六卷，清光緒二十二年東州講舍刊本。
5. 《禮經箋》十七卷，清光緒二十二年東州講舍刊本。
6. 《禮記箋》四十六卷，清光緒二十二年東州講舍刊本。
7. 《周易說》十一卷，光緒三十二年刊本。
8. 《春秋公羊何氏箋》十一卷，清光緒三十四年，廖昺文重校本。
9. 《春秋例表》，光緒年間長沙刊本。
10. 《春秋例表》，光緒三十四年東州刊本。
11. 《唐詩選》六卷，清光緒二年刊。
12. 《貴陽直隸州志》二十七卷，清同治八年刊本。
13. 《湘潭縣志》十二卷，清光緒十五年刊本。
14. 《湘軍水陸戰紀》十六卷，民國間排印本。
15. 《湘軍志》十六卷，清光緒十二年成都墨香書屋刊本。
16. 《湘綺樓日記》不分卷，民國十六年上海商務印書館鉛印本。
17. 《湘綺樓詩集》十四卷，民國十二年上海廣益書局刊本。
18. 《湘綺樓詩鈔》一卷，民國四年四川存古書局印行。
19. 《湘綺樓箋啓》八卷，上海國學扶輪社石印本。

20. 《湘綺樓全集》三十卷，清光緒三十三年墨莊劉氏長沙刊本。

21. 《湘綺樓全集》，湖南，嶽麓書社，1996 年 9 月。

22. 《王湘綺全集》二十六種，民國十二年長沙刊本。

23. 《尊經書院初集》十二卷，清光緒十一年湖北官書處刊本。

24. 《墨子》三卷，清光緒三十年江西官書局刊本。

25. 《八代詩選》二十卷，光緒七年四川尊經書局刊本。

26. 《湘綺樓未刻稿》，朱絲欄鈔本，善本。

二、經籍與史料

1. 王代功述，《清王湘綺先生闓運年譜》，台北：台灣商務印書館，民國 67 年 12 月初版。

2. 王先謙編，《皇清經解續編》，台北：藝文印書館，1965 年。

3. 方東樹，《漢學商兌》，台北：廣文書局，民國 66 年。

4. 皮錫瑞，《師伏堂日記》，收於《湖南歷史資料》，長沙：湖南人民出版社，1958 年。

5. 皮錫瑞，《經學通論》，北京：中華書局，1998 年 12 月。

6. 皮錫瑞，《經學歷史》，台北：藝文印書館，民國 85 年 8 月。

7. 皮名振，《清皮鹿門先生錫瑞年譜》，台北：台灣商務印書館，民國 70 年 12 月。

8. 朱克敬，《儒林瑣記‧雨窗消意錄》，湖南：嶽麓書社，1983 年 7 月。

9. 朱彝尊，《經義考》，台北：中華書局，1960 年台二版。

10. 江藩，《國朝漢學師承記》，台北：華正書局，民國 71 年 10 月。

11. 伍肇齡輯，《尊經書院二集》，清光緒十七年，尊經書局刊本。

12. 何休注、徐彥疏，《春秋公羊傳注疏》，十三經注疏本，藝文印書館，1985 年 12 月。

13. 李慈銘，《越縵堂日記》，台北：文海出版社，民國 52 年。

14. 李肖聃，《星廬筆記》，長沙：嶽麓書社，1983 年。

15. 李肖聃，《湘學略》，長沙：嶽麓書社，1985 年。

16. 李伯元，《南亭筆記》，山西教育出版社，1999 年。

17. 宋翔鳳，《過庭錄》，台北：廣文書局，民國 60 年。

18. 阮元編，《皇清經解》，台北：藝文印書館，1962 年 4 月。

19. 柳興恩，《穀梁大義述》，上海：上海書店，1994 年

20. 張之洞，《書目答問》，收錄於張之洞全集第十二冊，河北人民出版社。

21. 張之洞，《輶軒語》，收錄於張之洞全集第十二冊，河北人民出版社。

22. 張之洞,《四川省城尊經書院紀》,收入叢書集成續編,社會科學類 62 冊,台北:新文豐書局,民國 78 年。

23. 陳立,《公羊義疏》,台北:台灣商務印書館,民國 71 年 5 月。

24. 楊鈞,《草堂之靈》,長沙:成化書局,民國 17 年。

25. 葉德輝,《郋園書札》,清光緒壬寅(1902)長沙葉氏刊行本。

26. 葉昌熾,《緣督廬日記》,收於吳相湘,《中國史學叢書》之五,台北:台灣學生書局,1985 年。

27. 趙烈文,《能靜居日記》,台北:台灣學生書局,民國 53 年。

28. 趙爾巽,《清史稿》,收錄於《中國近代史料匯編》,據民國 16 年出版本影印。

29. 廖平,《今古學考》,據民國十四年四川成都存古書局彙印六譯館叢書刊本影本,台北:長安出版社編輯部編。

30. 廖平,《經學五變記》,台北:學海出版社,1985 年 9 月。

31. 廖幼平編,《廖季平年譜》,成都:巴蜀書社,1985 年。

32. 劉逢祿,《春秋公羊經何氏釋例》,據北京圖書館分館藏,清嘉慶養一齋刻本影印原書版。

33. 劉禺生,《世載堂雜憶》,台北:長歌出版社,民國 65 年。

34. 薛福成,《庸盦筆記》,台北:廣文書局影印本,民國 70 年。

35. 鍾文蒸,《春秋穀梁經傳補注》,北京:中華書局出版,1996 年 7 月。

36. 繆荃孫纂錄,《續碑傳集》,台北:文海出版社。

37. 魏源,《魏源集》,台北:鼎文書局,民國 67 年 11 月。

38. 譚宗浚編,《蜀秀集》,清光緒五年刊本。

39. 蘇輿,《春秋繁露義證》,北京:中華書局出版,1996 年。

40. 蘇輿,《翼教叢編》,台北:台聯國風出版社,民國 59 年 12 月出版。

三、專 書

1. 丁平一,《湖南維新運動史》,台北:漢忠文化事業股份有限公司,2000 年 2 月。

2. 丁亞傑,《清末民初公羊學研究——皮錫瑞、廖平、康有為》,台北:萬卷樓圖書有限公司,民國 91 年 3 月。

3. 尹德新主編,《歷代教育筆記資料》,清代部分,北京:中國勞動出版社,1993 年 10 月。

4. 支偉成,《清代樸學大師列傳》,湖南:嶽麓書社,1998 年 8 月。

5. 王汎森,《古史辨運動的興起》,台北:允晨文化實業公司,1987 年 4 月。

6. 王森然，《近代名家評傳》，北京：三聯書店，1998 年 11 月。

7. 王葆玹，《今古文經學新論》，北京：中國社會科學出版社，1997 年 11 月。

8. 王葆玹，《西漢經學源流》，台北：東大圖書公司，民國 83 年 6 月。

9. 王爾敏，《中國近代思想史論》，台北：台灣商務印書館，1995 年 2 月。

10. 王繼平，《湘軍與晚清湖南》，北京：中國社會科學出版社，2002 年 3 月。

11. 史革新，《晚清理學研究》，台北：文津出版社，民國 83 年 3 月初版。

12. 本田成之，《中國經學史》，台北：廣文書局有限公司，民國 90 年 10 月。

13. 田漢雲，《中國近代經學史》，西安：三秦出版社，1996 年 12 月，第 1 版。

14. 成曉軍，《晚清第一智庫──曾國藩的幕僚們》，台北：捷幼出版社，2002 年 6 月。

15. 朱傳譽主編，《王湘綺傳記資料》，台北：天一出版社，民國 74 年。

16. 朱維錚，《中國經學史十講》，上海：復旦大學出版社，2002 年 10 月。

17. 朱維錚，《求索真文明──晚清學術史論》，上海古籍出版社，1996 年 12 月。

18. 朱維錚，《周予同經學史論著選集》，上海人民出版社，1996 年第二版。

19. 艾爾曼著，趙剛譯，《從理學到樸學──中華帝國晚期思想與社會變化面面觀》，江蘇人民出版社，1997 年 3 月。

20. 艾爾曼著，趙剛譯，《經學、政治和宗族──中華帝國晚期常州今文學派研究》，江蘇人民出版社，1998 年 3 月。

21. 何一民，《轉型時期的社會新群體──近代知識份子與晚清四川社會研究》，四川大學出版社，1992 年 2 月。

22. 何信全，《晚清公羊派的政治思想》，台北：經世書局，1984 年 5 月。

23. 余英時，《中國思想傳統的現代詮釋》，台北：聯經出版事業公司，民國 84 年 12 月。

24. 余英時，《歷史與思想》，台北：聯經出版事業公司，民國 65 年。

25. 余英時，《戴震與章學誠》，台北：東大圖書股份有限公司，民國 85 年 11 月。

26. 吳連堂，《清代穀梁學》，高雄：復文圖書出版社，1998 年 2 月初版一刷。

27. 吳智雄，《穀梁傳思想析論》，台北：文津出版社，2000 年 6 月。

28. 吳雁南等主編，《中國近代社會思潮（1840～1949）》第一卷，湖南教育出版社，1998 年 8 月。

29. 宋鼎宗，《春秋胡氏學》，台北：萬卷樓圖書有限公司，民國 89 年 4 月。

30. 李時岳，《近代史新論》，廣東：汕頭大學出版社，1998 年 8 月。

31. 李細珠，《晚清保守思想的原型——倭仁研究》，北京：社會科學文獻出版社，2000 年 1 月。

32. 李新霖，《春秋公羊傳要義》，台北：文津出版社，民國 78 年。

33. 李劍農，《中國近百年政治史》，台北：台灣商務印書館，民國 81 年 9 月。

34. 李燿仙主編，《廖平選集》，成都：巴蜀書社，1998 年。

35. 汪榮祖，《走向世界的挫折》，台北：東大圖書公司，民國 82 年 10 月。

36. 汪榮祖，《康章合論》，台北：聯經出版事業公司，民國 77 年。

37. 周妤，《中國近代經世派與經世思潮研究》，廣東人民出版社，1999 年 6 月。

38. 周開慶，《民國四川人物傳記》，台北：台灣商務印書館，民國 55 年 3 月。

39. 季嘯風，《中國書院辭典》，浙江教育出版社，1996 年。

40. 尚小明，《學人游幕與清代學術》，北京：社會科學文獻出版社，1999 年 10 月第一版。

41. 房德鄰，《儒學的危機與嬗變——康有為與近代儒學》，台北：文津出版社，民國 81 年 1 月。

42. 林能士，《清季湖南的新政運動》，台北：台大文學院文史叢刊，1972 年。

43. 林慶彰主編，《國際漢學論叢》第一輯，台北：樂學書局，1999 年 7 月。

44. 林慶彰主編，《經學研究論叢》第八輯，台北：學生書局印行，2000 年 9 月。

45. 林慶彰編，《中國經學史論文選集》，台北：文史哲出版社，民國 81 年 10 月。

46. 柳定生，周開慶補，《四川史話》，台北：正中書局，民國 64 年 11 月。

47. 胡鈞，《張文襄公（之洞）年譜》，收於沈雲龍主編，近代中國史料叢刊第五輯，台北：文海出版社。

48. 胡楚生，《清代學術史研究續編》，台北：學生書局印行，民國 83 年 12 月。

49. 胡維革，李書源合著，《衝擊與蛻變——西方文化與中國政治》，台北：萬象圖書股份有限公司，1993 年 5 月。

50. 倉修良主編，《中國史學名著評介》，台北：里仁書局，1994 年。

51. 夏長樸，《兩漢儒學研究》，國立台灣大學文史叢刊。

52. 孫春在，《清末的公羊想思》，台北：台灣商務印書館，74 年 10 月。

53. 孫燕京，《晚清社會風尚研究》，北京：中國人民大學出版社，2002 年 6 月。

54. 徐一士，《一士類稿》，上海：古今出版社，民國 33 年再版。

55. 徐復觀，《中國經學史的基礎》，台北：學生書局印行，民國 85 年 4 月。

56. 桑咸之，《晚清政治與文化》，北京：中國社會科學出版社，1996 年。

57. 翁銀陶，《公羊傳漫談》，台北：頂淵文化事業有限公司，1997 年。

58. 浦衛忠，《春秋三傳綜合研究》，台北：文津出版社，1995 年 4 月。

59. 馬宗霍，《中國經學史》，台北：學海出版社，民國 74 年。

60. 康有爲，姜義華、吳根樑編校，《康有爲全集》，上海古籍出版社，1987 年 10 月第一版。

61. 張立偉，《歸去來兮——隱逸的文化透視》，北京，三聯書店，1995 年 9 月。

62. 張舜徽，《清人文集別錄》，台北：明文書局，民國 71 年。

63. 張舜徽，《清儒文集筆記》，台北：明文書局，民國 71 年。

64. 張舜徽，《清儒學記》，山東：齊魯書社出版發行，1991 年 11 月。

65. 張舜徽，《愛晚盧隨筆》，湖南教育出版社，1991 年 2 月。

66. 張壽安，《以禮代理——凌廷堪與清中葉儒學思想之轉變》，台北：中央研究院近代史研究所，民國 83 年 5 月。

67. 張麗珠，《清代義理學新貌》，台北：里仁書局，民國 88 年 5 月。

68. 梁啓超，《中國近三百年學術史》，台北：里仁書局，民國 89 年 5 月。

69. 梁啓超，《清代學術概論》，台北：台灣商務印書館，1994 年 1 月。

70. 許晏駢、蘇同炳編，《花隨人聖盦摭憶全編》，台北：聯經出版事業公司，68 年 8 月。

71. 陳文豪，《廖平經學思想研究》，台北：文津出版社，民國 84 年 2 月。

72. 陳其泰，《清代公羊學》，北京：東方出版社，1997 年 4 月。

73. 陳柱，《公羊家哲學》，民國十八年排印本，台北：台灣力行書局印行。

74. 陳學恂主編，《中國近代教育大事記》，上海教育出版社，1980 年。

75. 陸寶千，《清代思想史》，台北：廣文書局，民國 72 年。

76. 章太炎，《國故論衡》，台北：廣文書局，民國 64 年 4 月再版。

77. 章太炎，《國學概論》，基隆：法嚴出版社，民國 89 年 1 月。

78. 傅劍平，《縱橫家與中國文化》，台北：文津出版社，民國 84 年 2 月。

79. 傅隸樸，《春秋三傳比義》，台北：台灣商務印書館，民國 72 年。

80. 彭明輝，《晚清的經世史學》，台北：麥田出版，2002 年 7 月。

81. 彭明輝，《疑古思想與現代中國史學的發展》，台北：台灣商務印書館，1991 年 9 月。

82. 湯志均等著,《西漢經學與政治》,上海古籍出版社,1994 年 12 月。

83. 湯志鈞,《近代經學與政治》,北京:中華書局,1989 年。

84. 湯志鈞,《經學史論集》,台北:大安出版社,民國 84 年 6 月。

85. 費行簡,《近代名人小傳》,台北:文海出版社,民國 56 年。

86. 賀廣如,《魏默深思想探究——以傳統經典的詮說爲討論中心》,國立台灣大學文史叢刊,民國 88 年 6 月。

87. 馮爾康,《清代人物傳記史料研究》,北京:商務印書館,2000 年 8 月。

88. 馮爾康,《清史史料學》,台北:台灣商務印書館,1993 年 11 月。

89. 楊念群,《儒學地域化的近代型態——三大知識群體互動的比較研究》,北京:三聯書店,1997 年 6 月。

90. 葉國良等著,《經學通論》,空大出版,民國 85 年。

91. 路新生,《中國近三百年疑古思潮研究》,上海人民出版社,2001 年 8 月。

92. 熊十力,《讀經示要》,台北:明文書局股份有限公司,民國 88 年 9 月。

93. 熊明安,《四川教育史稿》,四川教育出版社,1993 年。

94. 蒙文通,《經史抉原》,成都:巴蜀書社,1995 年。

95. 劉泱泱,《近代湖南社會變遷》,湖南人民出版社,1998 年 12 月。

96. 劉晴波主編,《楊度集》,長沙:湖南人民出版社,1986 年。

97. 劉廣京,《經世思想與新興企業》,台北:聯經出版事業公司,1999 年 6 月。

98. 蔣慶,《公羊學引論》,遼寧教育出版社,1995 年 6 月。

99. 蔡長林,《崔適與晚清今文學》,台北:聖環圖書股份有限公司,民國 91 年 2 月。

100. 鄭師渠,《國粹、國學、國魂——晚清國粹派文化思想研究》,台北:文津出版社,民國 81 年 8 月。

101. 鄧洪波,《中國書院章程》,湖南大學出版社,2000 年 10 月。

102. 蕭艾著,《王湘綺評傳》,湖南:嶽麓書社,1997 年 12 月。

103. 錢基博,《近百年湖南學風》,湖南:嶽麓書社,1985 年。

104. 錢基博,《現代中國文學史》,增訂本,台北:文學出版,1965 年 9 月。

105. 錢穆,《中國近三百年學術史》,台北:台灣商務印書館,民國 55 年。

106. 錢穆,《兩漢經學今古文評議》,台北:東大圖書公司,民國 78 年 11 月。

107. 錢穆,《國學概論》,台北:台灣商務印書館,民國 79 年。

108. 錢穆,《經學大要》,台北:素書樓文教基金會,民國 89 年 12 月。

109. 薛化元,《晚清「中體西用」思想論（1861～1900）》,台北:稻鄉出版社,

民國 90 年 1 月。

110. 羅志田，《權勢轉移——近代中國的思想、社會與學術》，湖北人民出版社，1999 年 7 月。

111. 羅檢秋，《近代諸子學與文化思潮》，北京：中國社會科學出版社，1998年 6 月。

112. 龔鵬程，《近代思想史散論》，台北：東大圖書公司，民國 80 年，9 月。

四、博碩士論文

1. 方莊貴，《漢宋調和與經世之學——論曾國藩的學術特色》，國立台灣大學中文研究所碩士論文，民國 85 年 6 月。

2. 王玉華，《清代春秋公羊學之研究》，輔仁大學哲學研究所博士論文，民國 90 年 7 月。

3. 江素卿，《論常州學派之學術特質與其經世思想》，台北：花木蘭文化，2008 年。

4. 吳月美，《王闓運觀世變》，國立政治大歷史研究所碩士論文，民國 70 年 6 月。

5. 吳明德，《王闓運及其詩研究》，國立師範大學國文研究所碩士論文，民國 77 年。

6. 吳龍川，《劉逢祿公羊學研究》，台北：花木蘭文化，2008 年。

7. 李新霖，《清代經今文學述》，國立師範大學國文研究所碩士論文，民國 66 年 6 月。

8. 阮芝生，《從公羊學論春秋的性質》，台北：國立台灣大學文學院，民國 58 年。

9. 林秀富，《論春秋的屬辭比事》，輔仁大學中國文學研究所碩士論文，民國 82 年 6 月。

10. 林義正，《從公羊學論春秋的王道思想》，國立台灣大學哲學研究所碩士論文。

11. 金榮奇，《莊存與春秋公羊學研究》，國立政治大學中國文學研究所，民國 79 年 6 月。

12. 洪妙娟，《葉德輝的政治思想與活動》，國立清華大學歷史研究所碩士論文，民國 87 年 7 月。

13. 張清泉，《清代論語學》，台北：花木蘭文化，2008 年。

14. 張廣慶，《何休春秋公羊解詁研究》，國立台灣師範大學國文研究所碩士論文，民國 78 年 5 月。

15. 許英才，《皮錫瑞經學史觀及其經學問題之探討》，國立政治大學中文研究所碩士論文，民國 81 年 6 月

16. 簡松興，《公羊傳的政治思想》，國立師範大學國文研究所碩士論文，民國 68 年。

五、期刊資料

1. 丁亞傑，〈皮錫瑞、康有為、廖平公羊學解經方法〉，《元培學報》，第 6 期，民國 88 年 12 月。

2. 吳志鏗，〈王闓運的夷務思想——近代中國保守知識份子對西方衝擊反映的個案研究〉，《師大歷史學報》，十八期，1990 年 6 月。

3. 吳志鏗，〈「湘軍志」與「湘軍志評議」〉，《師大歷史學報》，15 期，民國 76 年。

4. 吳伯卿，〈記近代大儒與奇士王闓運〉，《湖南文獻》，第六卷第二期，1978 年 4 月。

5. 吳承仕，〈公羊徐疏考〉，《師大國學叢刊》，第 1 卷，第 1 期，1930 年 11 月。

6. 何佑森，〈清代經世思潮〉，《漢學研究》，第 13 卷，第 1 期，民國 64 年 6 月。

7. 李新霖，〈公羊新周故宋說〉，《復興崗學報》，第 34 期，1985 年 12 月。

8. 李壽崗，〈王壬秋（闓運）評傳〉，《湖南文獻》，第 19 卷，第 2 期，1991 年 4 月。

9. 汪林茂，〈論道光朝經世思想的不同流派〉，《學術研究》，1989 年，第 5 期。

10. 林秀富，〈范甯《春秋穀梁傳集解》在解經觀念上的突破〉，《輔大中文研究所期刊》，第三集，民國 83 年 6 月。

11. 林淑貞，〈廖平經學六變所建構的歷史圖像〉，《中國學術年刊》，第 18 期，民國 86 年 3 月。

12. 林麗娥，〈春秋公羊華夷論〉，《研究生》，第 19 期，1980 年 9 月。

13. 段熙仲，〈公羊春秋『三世』說探源〉，《中華文史論叢》第四輯，台北：中華書局，1963 年 10 月。

14. 胡楚生，〈試論《春秋公羊傳》中「借事明義」之思維模式與表現方法〉，《文史學報》30 期，民國 89 年 6 月。

15. 奚敏芳，〈公羊傳災異說考辨〉，《孔孟學報》，第 73 期。

16. 奚敏芳，〈何休與漢代之公羊學〉，《孔孟月刊》，第 35 卷，第 11 期，民國 86 年 7 月。

17. 孫海波，〈西漢今古之爭與政治暗潮〉（上）（中）（下）（完），《中國學報》，第 2 卷，第 1、3、4 期，民國 33 年；第 3 卷，第 2 期，民國 34 年。

18. 張永雋，〈春秋「大一統」述義〉，《哲學與文化》，第 3 卷，第 7 期，1976

年 7 月。

19. 張美櫻，〈《公羊傳》稱賢事例的價值判斷及其意義〉，《中國文哲研究集刊》，第 13 期，1998 年 9 月。

20. 張添丁，〈春秋年時月日例新探〉，《國立新竹師範學院語文學報》，第 3 期，1996 年 6 月。

21. 張穩蘋，〈啖、趙、陸《春秋》學中的「治經論事」觀研究〉，《大陸雜誌》，第 100 卷，第 4 期，2000 年 4 月。

22. 莊萬壽，〈中國上古霸權主義思想〉，《國文學報》，第 24 期，民國 84 年 6 月。

23. 許秀霞，〈《春秋》三傳「執諸侯」例試論〉，《中華學苑》，第 44 期，民國 83 年 4 月。

24. 陳其泰，〈何休公羊學說的體系及其學術特色〉，《中國文化月刊》，196 期，民國 85 年 2 月。

25. 陳登祥，〈《公羊傳》正名思想之返經原則〉，《輔大中研所學刊》，第 3 期，1994 年 6 月。

26. 陳傳芳，〈《春秋》書「戰」試論〉，《中國歷史學會集刊》，第 25 期，民國 82 年 9 月。

27. 黃開國，〈王閻運與廖平的經學──清末今文經學發展的重要一環〉，《船山學報》，1989 年第二期。

28. 楊淑華，〈試探曾國藩以禮經世之思想〉，《台中師院學報》，第 12 期。

29. 路新生，〈莊存與的治學與清代今文經學之興起〉，《孔孟學報》，第 72 期，1996 年 9 月。

30. 趙伯雄，〈《左傳》無經之傳考〉，《文史》，1999 年第 4 輯，總第 49 輯。

31. 潘文光，〈左傳書名及其性質辨疑〉，《新加坡大學中文學會學報》，第 8 期，1967 年 9 月。

32. 賴炎元，〈春秋尊王攘夷〉，《孔孟月刊》，第 4 卷，第 3 期，1965 年 11 月。

33. 賴炎元，〈董仲舒與何休公羊學之比較〉，《南陽大學學報》，第 3 期，民國 58 年。

34. 簡光明，〈漢宋學試論〉，《中國國學》，第 22 期，民國 83 年 10 月。

35. 簡博賢，〈徐疏公羊述稿〉，《興大中文學報》，第 3 期，民國 79 年。

36. 魏慈德，〈《春秋》「公至」例辨〉，《中華學苑》，第 44 期，民國 83 年 4 月。

37. 龔鵬程，〈唐代的公羊學：徐彥義疏研究〉，《興大中文學報》，第 12 期，民國 88 年 6 月。

六、英文資料

1. Benjamin A. Elman, From Philosophy to Philology:Intellectual and Social Aspects of Change in Late Imperial China, Cambridge, Mass.: Council on East Asian Studies, Harvard University: Distributed by Harvard University Press, 1984.

2. Benjamin A. Elman, "The Inter-relation between Changes in Ch'ing classical Studies & Changes in Policy Questions on Civil Examinations,"收入《清代經學國際研討會》，台北：中央研究院中國文哲研究所籌備處，1994 年。

3. Liu, James T.C.,China Turning Inward: Intellectual－Political Changes in the Early Twelfth Century. Cambridge, Harvard University Press,1988.

七、日文資料

1. 日原利國，《春秋公羊傳の研究》，東京：創文社，1976 年。

2. 山田塚，《春秋學の研究》，東京：明德社，1987 年 12 月。

3. 中村俊也，〈公羊傳の霸者觀——宋の襄公について〉，《東京教育大學漢文學會會報》第 33 號，1974 年 6 月。

4. 鈴木茂，〈春秋公羊傳の價值世界〉，《松山商大論集》第 30 卷 4 號，1979 年 10 月。

5. 田村和親，〈伯姬に對する「三傳」の評價〉，《二松學舍大學東洋研究所集刊》第 27 期，1997 年 3 月。